HRD
실무
교과서

최용범 지음

이비락樂

신입사원부터 관리자까지 HRD 교육담당자의

HRD 실무 교과서

개정증보판 2쇄 발행 2023년 9월 15일

지은이   최용범

펴낸이   강기원
펴낸곳   도서출판 이비컴

편 집   박진실
표 지   초록비책공방
마케팅   박선왜

주 소   서울시 동대문구 천호대로81길 23 수하우스 201호
전 화   02)2254-0658   **팩스** 02-2254-0634
메 일   bookbee@naver.com
출판등록 2002년 4월 2일 제6-0596호
I S B N   978-89-6245-175-7   13320

• 이미지 출처 : 게티이미지뱅크, PIXABAY
• 책 값은 뒤표지에 있습니다.
• 파본이나 잘못 인쇄된 책은 구입하신 서점에서 교환해드립니다.

30년 전 처음 기업에 온라인 교육이 도입될 때만 하더라도 전통적인 집합교육에 익숙해져 있던 HRD 담당자들에게 이러한 낯선 교육 방식의 교육은 역시 강사와 학습자가 대면으로 하는 게 정석이라며 회의적인 반응을 보였다. 이후 정보통신기술의 발달과 4차산업혁명 시대를 맞으며 기업경영환경의 변화와 함께 기업 교육에도 큰 변화를 가져왔다.

인구 감소와 기업의 첨단산업화는 직장 내 작업 환경을 스마트워킹으로 변화시켰으며 디지털 환경에 익숙한 밀레니얼 세대가 대세를 이루어 감으로써 기업 교육은 인포멀러닝이 기존 집합교육의 대체 또는 보완으로서 큰 발전을 이루어왔다. M-러닝, 쇼셜러닝, 스마트러닝, 마이크로러닝 등 새로운 교육 용어들이 등장했고 AI의 발전은 앞으로 기업 교육에 큰 혁명을 가져올 날도 멀지 않았음을 예고한다. 기업 교육은 그 적용방식이 에듀테크의 발전에 따라 끊임 없이 진보하고 있는 것처럼 보이지만 교육을 조직원 역량의 지속적인 변화 활동으로 정의한다면, 이 모든 신기술은 조직원의 역량 변화를 용이하게 만들고 교육 본연의 기능을 돕는 이기(利器)라고 할 수 있다.

조직 내에 교육을 담당한다는 것은 무엇을 의미하는 것일까? 무엇보다 조직을 이해하고 조직의 핵심역량을 이해하는 것이 중요하다. 저

성장시대 기업의 성과가 중요시되고, 조직 전략에 맞는 핵심 인재양성을 위해서는 교육 업무에 대한 깊은 이해와 발전하는 에듀테크의 효율적인 적용을 통해 직무 역량과 기술, 태도, 지식을 적시 적소에 강화할 수 있는 시스템 구축이 중요하다.

HRD 기능은 조직 성과에 직접적으로 기여할 수 있도록 성과지향적인 업무로 전환되고 단순 교육 운영 업무에서 전략적인 역량 배양 업무로 무게 중심이 옮겨가고 있다. 이러한 변화 속에 HRD 담당자는 단순 기능인이 아닌 전략가가 되기를 요구받고 있다. 조직 내 전략가로서 그리고 퍼포먼스 컨설턴트 기능을 수행하기 위해서는 기계적인 교육담당자 역할을 벗어나 창의적이고 능동적인 교육담당자가 되어야 한다. 상당 부분의 HRD 실무는 과거 선배로부터 전수받아 판박이처럼 수행되는 일이 많다. 물론 오랜 교육 기획과 운영 과정에서 베스트 프랙티스를 찾아 이를 적용하고 있다고도 볼 수 있다. 그렇지만 교육은 하나의 예술 공연과 닮았다. 어떠한 스토리인가? 배우는 누구인가? 청중은 누구인가? 장소는 어디인가? 등에 따라 공연 효과는 상당한 차이를 보인다. 교육도 마찬가지 아닌가. 교육 내용, 강사, 학습자, 강의 장소에 따라 효과는 달라지고 이때 교육 기획, 운영 담당자가 누구인가에 따라 그 진행이 달라진다. 따라서 교육 업무에도 창의성이 필요하다. 교육담당자의 창의적 시도가 성공하려면 각 교육 업무에 관한 풍부한 식견과 경험을 지녀야 한다.

이 책은 이러한 의도로 집필했다. 기계적인 운영에 신념과 철학을 부여하여 창의적인 교육 운영이 되게 만드는 것, 각종 교육 업무 수행을 위한 의사결정 시 올바른 판단을 내릴 수 있도록 지침을 제공하는 것이 중요한 목적이다. 책에는 기업 내 HRD 기능에 해당하는 업무 전반을 포괄한 방대한 주제를 다루었다. 그러므로 교육 부서에 처음 배치받은 신입사원에서부터 교육 기획과 전략을 수립하는 관리자까지, 그리고 강의를 주 업무로 하는 사내 강사나 HRD 전문 컨설턴트에게도 도움이 될 수 있도록 내용의 폭을 넓히고 깊이를 더하였다. 다만 에듀테크의 발전과 밀레니얼 세대가 중심에 선, 변화의 시대라 할지라도 교육 변화의 내용보다는 교육 기능의 코어적인 기능에 중심을 두었다. 즉 기본기를 강화할 수 있는 것에 집중하려고 노력하였다 본문 구성은 총 5장으로 구성하였고 각 장을 요약하면 다음과 같다.

1장은 조직 내 인재개발의 역할과 인재개발은 무엇이며 기업 교육은 왜 필요한지 설명한다. 또한 HRD 담당자는 어떠한 인재상을 지니고 있어야 하는지를 조직 전략과 연계하여 기술한다.

　2장에서는 교육기획자로서 HRD 담당자의 실무에 관한 설명으로 교육 업무는 기본적으로 기획부터 출발하며, 올바른 기획을 위해서 어떠한 능력과 지식이 필요한지, 어떻게 자기 계발을 해야 하는지 등을 설명한다. 구체적으로 교육 기획 실무 차원에서 정보를 수집하는 방법, 교육 계획의 입안, 교육 요구분석, 계층교육 기획 실무, 직능별 교육 기획 실무와 같이 실제 기획 업무에 접근하고 체계화할 구체적인 사례와 접근법을 통해 프로세스를 학습한다.

　3장에서는 교육운영자로서 HRD 담당 실무에 관한 이야기다. HRD 부서에 입사하면 교육 운영 업무를 가장 먼저 맡게 되는데, 그렇다고 교육 운영 업무를 쉽게 볼 수는 없다. 교육운영자의 역량에 따라 교육 만족도는 상당한 편차를 보이기 때문이다. 교육 운영 실무로 교육 준비, 교육 장소의 선정, 교육대상자의 선정과 모집, 교육장 레이아웃, 강사 선정, 연수 시설 이용법, 교육 전문 컨설팅사 활용법, 교육 평가와 사후 관리 등에 대하여 구체적으로 살펴본다.

　4장은 사내 강사로서 HRD 담당 실무에 관한 설명이다. HRD 담당자의 커리어 개발 차원에서 보면 장기적으로 전문 강사가 되거나 강의 업

무가 많아지게 된다. 따라서 강의에 필요한 역량을 강화해야 한다. 즉, 사내 강사의 조건과 역할, 강의 프로세스, 강의 내용의 구성과 강의 준비, 강의 도구 활용, 강의 성공 원칙, 강의 전개 기술, 강의 진행 방식, 학습자와의 키뮤니케이션, 교육 방법의 선택을 주제로 살펴본다.

5장은 관리자로서 HRD 담당 실무에 관한 이야기다. 다양한 교육 자료 처리와 통계 등의 사무 업무와 예산 관리, 각종 기자재나 교육장 관리 등을 어떻게 효율적으로 수행할 수 있는지에 대해 살펴본다.

본문 내용은 단순히 기업 교육에만 적용하지 않는다. 조직원의 역량개발을 필요로 하는 곳이라면 어디든 적용할 수 있다. 교육 속성상 조직 형태가 달라도 인간의 능력을 개발하는 활동은 유사하기 때문이다. 이 책은 다양한 이론과 실무를 바탕으로 현장실무에 도움이 될 수 있도록 구성하였다. 4차산업혁명 시대를 맞는 현대 기업에서 HRD 업무가 인재개발에 좀 더 인간적이면서 흥미롭고 창의적인 역할을 수행하고, 이 책이 그 역할에 작게라도 일조한다면 저자로서 큰 기쁨이다.

2020년 2월 최용범

차례

들어가는 말   003

1장 | 조직 내 인재개발의 역할

1-01 인재개발의 배경   015
인재개발이란 무엇인가   018
기업 교육은 왜 필요할까   020
인재개발의 프로세스   022

1-02 HRD 담당자의 인재상   023
조직 전략과 인재개발 기능의 연계   027
프로젝트 매니지먼트 능력   021
조직원과 조직에 대한 깊은 통찰력   030

2장 | 교육기획자로서 HRD 담당자

2-01 교육기획자의 조건과 역할 행동   033
교육기획자가 되는 길   033
교육기획자에게 요구되는 전제 조건   034
교육기획자로서의 능력을 기르는 방법   039
교육기획자의 자기 계발   041

2-02 교육 기획을 위한 정보 수집   043
교육 필요성 파악을 위한 사내 정보 수집   043
교육 필요성 파악을 위한 사외 정보 수집   046
교육 훈련을 구성하는 3요소   048

2-03 인재개발과 교육 계획의 입안　060

장기적 인적자원관리 관점에서의 인재개발 기획　060

단기적 역량 차이 관점에서의 인재개발 기획　063

교육 간의 유기적 관계　065

2-04 교육 요구 분석　071

기업 이념과 역사로부터 교육 요구를 파악한다　072

경영 방침, 경영 전략으로부터의 교육 요구 명확화　074

교육 요구 파악 프로세스　076

교육 요구 기술 방법　082

인재개발 방침, 교육이념, 인재개발 방법의 체계화　086

인재개발체계, 인재육성 시스템, 경력개발 계획의 작성　090

연간 교육 계획(단기 교육 계획), 중장기 교육 계획의 수립　093

2-05 계층 교육 기획의 실제　096

교육 체계의 이해　096

계층별 교육 파악법　096

계층별 교육 프로그램의 실제　098

2-06 직능별 교육 기획의 실제　105

직능별 교육 방법　105

특수성에서 오는 기획의 한계　106

교육 기획과 기획자의 역할　108

3장 | 교육운영자로서 HRD 담당자

3-01 교육 효과 극대화 준비　115

교육 기획에서 평가까지　117

구성 요소별 준비　119

교육 장소의 선정과 고려사항　128

교육 안내서의 작성과 교육대상자 모집   132

교육 경비의 책정   133

교육장 레이아웃   136

강사 선정과 활용   149

강사 유형과 기대되는 역할   165

연수 시설 잘 이용하는 법   182

교육 전문 컨설팅회사의 활용법   190

3-02 교육의 운영   **202**

교육 시작 전 확인 사항   202

교육 운영   206

교육 참가자를 활기 있게 만드는 포인트   214

교육 후 네트워크 관리와 학습 전이   222

3-03 교육 평가와 사후 관리   **227**

사후 관리의 중요성   227

교육 평가   234

교육 평가 설문지 사례   257

4장 | 사내 강사로서 HRD 담당자

4-01 사내 강의의 실제   **269**

사내 강사의 조건과 역할   269

강의 프로세스의 이해   285

강의 내용의 구성과 강의 준비   294

강의의 성공 원칙   316

강의 전개 기본 스킬   347

강의 진행 방식   365

학습자와의 커뮤니케이션   382

4-02 교육 방법의 선택과 효과적인 진행   398

아이스 브레이크   398

그룹 토론   402

역할 연기   411

교육 게임   417

사례 연구   422

4-03 교육 목적에 부합한 교육 방법의 선택   428

교육의 구분   428

5장 | 관리자로서 HRD 담당자

5-01 HRD 담당자의 업무 관리   445

업무 분장의 명확화   445

달성해야 하는 과제의 설정   447

5-02 교육 예산 관리   453

교육 예산 책정과 관리   453

그밖의 교육 관리   457

참고문헌   462

1장

조직 내
인재개발의 역할

기업 조직은 살아있는 유기체와 같아 창업 이후 성장과 발전 쇠퇴 등의 성장 사이클에 따라 흥망을 결정한다. 호황기의 기업은 모든 기능이 정상 작동하고 조직원의 역량개발 활동 또한 적극적이다. 그렇지만 불황의 시련이 닥치면 위기 경영하에 인재개발 업무는 급속도로 위축된다.

따라서 최고경영자는 언제나 시련에 노출된 상황이기 때문에 문제 해결을 위하여 필요한 인재를 확보하고 육성하기 위해 노력해야 한다. 기업의 경영 주체는 기계가 아닌 인간이기 때문에 기업의 경영자 관점에서는 지속해서 기업을 발전시키고 영속시킬 수 있는 우수한 인재를 보유하려는 강한 갈망을 지니고 있다. 이러한 최고경영자의 갈망을 대신해 조직 내 HRD 기능이 얼마나 충실히 미래 경영자를 육성해 내느냐는 결과적으로 기업의 흥망성쇠와 직결한다고 볼 수 있다.

인재개발의
배경

　기업은 다양한 사업의 진출과 진행에 따라 시의적절하게 인재를 요구한다. 이러한 때 인사 책임자는 고민한다. 인재를 채용할 것인가? 아니면 육성할 것인가? 인재를 육성할 경우 많은 시간이 소요되고 당장 필요한 인재를 공급하기 힘들다. 채용할 경우는 즉각적인 도움은 된다. 인재의 육성과 채용의 유효성을 따져보면 초기 효과는 채용에 있지만 중장기적으로 보면 인재육성이 유리하게 되는 경우가 많다. 인재 육성과 개발은 경영상 다양한 장점이 있고 조직원의 입장에서도 다양한 장점이 있다.

　인재개발의 경영상 장점

　· 기업활동의 계획적 전개를 가능하게 한다.

　· 생산성을 극대화 할 수 있다.

　· 부족한 인재를 유효하게 활용할 수 있다.

　· 일의 성과나 성취 수준이 높아진다.

　· 목표 관리가 가능하다.

　· 기업의 목표 실현을 위한 추진이 가능해진다.

　인재개발이 조직원에 주는 장점

　· 새로운 일이나 경험해보지 못한 일의 담당자가 될 수 있다.

　· 활동적이고 도전적인 일을 해볼 수 있다.

· 자신의 능력이나 기술력의 폭을 넓히고, 깊이를 더할 수 있다.

· 자격 취득이나 처우의 개선을 기대할 수 있다.

지속적으로 성장하는 기업에는 다음과 같은 공통점을 발견할 수 있는데 이는 다음과 같다.

· 업무에 있어 다른 기업과는 달리 차별화된 내용을 담고 있다는 점

· 경영자에게 활력이 있다는 점

· 인재개발에 열심이라는 점

· 젊은 조직원을 육성한다는 점

· 주어진 조건에 안주하지 않고 주도적으로 환경을 리드해 간다는 점

주도적으로 환경을 리드해 가는 조직은 조직문화가 매우 활성화되어 있고, 인재개발 또한 충실하게 실행한다. 즉, 기업활동의 전개에 따라 필요한 인력을 적시에 육성하는 것이다. 이들 조직은 인재육성을 구체적인 로드맵을 가지고 조직의 성과와 연결하는데 이들 프로세스를 간단히 정리하면,

· 계획적인 인재개발

· 조직원들의 기대를 회사 전략과 일치시킨다.

· 교육을 계획대로 실시한다.

· 교육 성과를 철저히 업무와 연계시킨다.

· 교육을 통해 습득한 스킬을 활용할 수 있는 장을 마련해준다.

등이라고 말할 수 있다.

사람들이 일한다는 의미를 다시 생각해 볼 때, 사람들은 단지 생계를 위해 일을 하지는 않는다. 일을 통해 충실한 생활뿐만 아니라 정신적인 자아실현의 만족을 느끼고 싶은 것이다. 조직 입장에서 사람을 고용한다는 것은 조직원의 인격과 행동과 그 생애에 일부 책임감을 느껴야 한다는 것을 의미한다. 인재개발의 기본적인 조건은 우선 인재를 소중히 여기는 사고가 최고경영자에서부터 일선 관리자에게까지 필요하다. 또한 조직 자체적으로 교육 훈련을 중시하는 풍토도 필요하다.

모든 조직원이 육성의 대상으로 여기고 이를 인재개발의 역할이라고 생각하는 기본 의식이 필요하며 교육 훈련에 대한 투자도 적극적이어야 한다. 하지만 실제 기업에서 인재개발을 적극적으로 시행하는 데는 다양한 문제가 상존하는데 이 중 몇 가지 적극적이지 못한 이유는 다음과 같다.

· 교육을 하거나 참여할 수 있는 시간적 여유가 없다.
· 경비 절감으로 교육비의 삭감 등 교육 예산의 여유가 없다.
· 교육을 하고 싶어도 필요한 정보를 가지고 있지 않다.
· 교육을 올바로 진행하는 방법을 모르고 있다.
· 인재개발의 필요성에 대해 총론은 찬성하나 각론은 반대한다.

이러한 다양한 문제에도 불구하고 최고경영자와 교육책임자는 인재개발을 전략적으로 간주하여 정면으로 이러한 문제를 해결해야 한다. 기업에서의 인재개발은 단지 일을 시켜 이익을 추구하는 것도 중요하지만 인재를 육성하여 일자리를 창출한다는 사고도 필요하다. 사람을 육성할 때 중요하게 생각하는 것은 시켜야 할 일 중심으로 육성하는 것이 아닌, 하고 싶어 하는 일을 중심으로 육성을 고려해야 한다. 이러한 생각은 기업 교육에도 적용할 수 있다. 즉, 현재보다는 미래지향적이고, 현재의 능력보다는 미래의 가능성을 보고, 현재 일할 수 있기를 기대하는 것보다는 육성하여 일할 수 있게 만드는 것, 단기적으로 생각하지 않고 중장기적으로 사고하는 것이 HRD 담당자에게 필요하다.

인재개발이란 무엇인가

인재개발이 중요하다는 것은 누구나 쉽게 말할 수 있지만 어떻게 인재를 개발할 것인가에 대하여서는 다소 막연하다. 인재개발을 단지 '조직원을 육성한다'라고 이해하고 있을 수 있지만 조직에서의 인재개발은 좀 더 명확한 목적을 가지고 있다. '조직원은 조직원 자신의 노력으로 필요한 능력을 갖춘 조직원이 되는 것이 아니라, 교육에 의해 필요한 조직원이 되는 것이다'라는 시각을 견지한다.

따라서 인재개발이라는 조직 기능을 통해 필요한 조직원이 육성되는 것이다. 조직에서는 조직원의 능력을 배양하는 데 힘쓴다. 우선 조직원들 개개인의 능력개발도 중요시하고 조직 내에서도 업무상 필요한 능력을 최우선으로 육성하게 된다. 그다음으로 조직원이 잠재적으로 보유하고 있는 능력으로 현재는 어떠한 이유로 발휘하고 있지 않은 능력을 발굴하여 개발시켜주는 것이다. 인재개발의 중요한 역할은 조직원 개개인의 잠재능력을 발견하고 이를 육성하여 발휘할 수 있는 장(場)을 마련해 주는 것이다. 모처럼 획득한 능력이라도 이를 발휘할 기회나 여건이 주어지지 않는다면 인재개발의 의미가 없어지게 되고 조직에 대한 불신으로 이어질 수도 있다.

일반적으로 인재개발이라 하면 교육을 기획하고 이를 운영하는 것으로 단순하게 생각할 수 있지만 좀 더 넓게 의미를 확대하여 보면 기업의 전략을 이해하고 이를 기초로 인재를 육성하며 시의적절하게 능력 발휘 기회를 제공해 나가는 깃, 또 그러한 환경을 만드는 것을 포함하는 것으로 볼 수 있다. 인재개발은 또한 조직원들 간 협업을 충실히 수행할 수 있도록 조직원을 지원하는 역할을 수행하여야 한다. 인재개발에서 능력개발이라는 본연의 사명을 다시 말하면 조직원이 당면한 문제들을 해결할 수 있고 이를 수행해 갈 수 있도록 돕는 것이라고 할 수 있다.

이를 통해 조직원들이 일할 맛, 살 맛을 느끼게끔 만드는 것이다. 결국 조직원 개개인은 충실한 조직원으로서 자기 일에 몰입하게 되는 것이다. 이러한 종업원 몰입은 기업에 있어서 조직문화의 활성화와 생산성 향상으로 이어진다. 인재개발은 궁극적으로 기업을 성장시키는 역할을 수행한다. 인재개발을 통해 조직문화를 활성화하고 조직을 성장시키는 것이다. 기업이 만드는 상품과 서비스는 기업이념과 기업문화를 반영한다. 따라서 기업문화 활성화와 건강성은 곧바로 제품과 서비스의 질로 이어진다. 달리 말하면 기업문화가 좋은 기업은 인재개발이 우수한 기업이라 할 수 있다. 품질 저하의 원인을 설비나 생산 방식에서 찾을 수도 있지만 인재개발의 부재에서도 찾을 수 있다.

결국 품질 개선을 위해서는 설비, 인재개발 모두에 신경을 써야 한다. 인재개발은 인재 육성을 통해 기업, 그리고 상품과 서비스의 가치를 높인다. 그리고 인재개발은 조직원의 능력을 개발시켜줌으로써 자칫 무료해 할 수 있는 업무를 보람된 일로 바꿔주는 기능을 지니고 있다.

기업 교육은 왜 필요한가

인재학교 교육이나 전문 교육 기관이 실시하는 교육 내용은 기본적이고도 기초적인 교육에 속한다. 비록 실습 등의 형태로 실시하는 교육일지라도 현장과는 동떨어진 모델적이고 가상적인 것이 대부분이다. 이러한 이유에서 직장 내 성인에 맞는 교육이 필요하다. 직장은 그 직종과 제품 그리고 일의 형태에 따라 수많은 종류로 분류할 수 있기 때문에 공통적인 직장 교육을 하기는 쉽지 않다.

따라서 기업별로 자신에 맞는 기업을 기획하고 이를 조직원에게 교육할 필요가 있는 것이다. 기업 교육의 내용은 항구적이라고 보기 힘들다. 기업 교육의 내용은 주로 변화에 대응하여 그때그때 내용을 달리한다. 통상적인 기업 교육은 채용 시, 승격 시, 새로운 프로젝트의 수행 시, 업무 내용의 변경이나 조직 변경이 있을 시, 체제 정비 시, 조직

문화 개선 시 많은 요구 사항이 발생하고 이에 부합한 최적의 프로그램을 최단 시간에 실시한다. 대체로 이와 같은 이유로 기업 교육이 진행되는데 이때 교육을 체계적으로 정리하면 일관성과 연속성을 발견하게 되고 이를 체계화하면 조직원 경력개발과 연관시킬 수 있다. 직장에서 조직원 개개인의 발전과 성장은 기업 교육과의 일정한 연관성과 연속성을 함께 공유한다. 따라서 기업 교육은 임기응변적인 교육도 필요하지만 조직과 조직원의 성장을 지속해서 지원할 수 있는 체계성을 갖추고 있어야 한다.

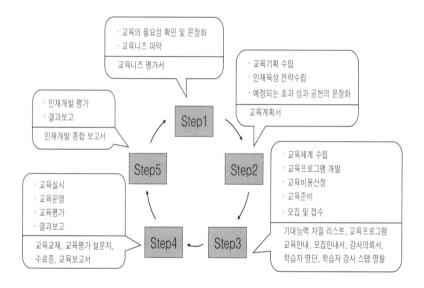

인재개발 단계별 프로세스와 필요 문서

인재개발의 프로세스

인재개발의 프로세스는 다섯 단계로 구분하여 설명할 수 있다. 제 1단계는 '교육 니즈의 파악'이다. 기업 내에 있는 교육의 필요성이 무엇인지를 확인하는 것이다. 파악된 필요성을 문장화하여 명확히 하는 것이라고 할 수 있다. 제 2단계는 이러한 정보를 기초로 기획을 세우는 것이다. 우선 인재육성 전략을 세워 요구되는 효과, 성과, 공헌 등을 명확히 한다. 현재 달성해야 하는 부분과 중장기적으로 달성해야 하는 부분을 고려해 전략을 수립하고 문장화한다. 이 단계에서 기업 인재개발의 상당 부분이 명확히 기술된다.

제 3단계에서는 교육 체계를 만들어 필요한 개개의 교육 프로그램을 선정한다. 동시에 교육비용과 필요한 준비를 시행하며 본격적으로 학습자를 모집하고 접수한다. 제 4단계에서는 교육을 실시하고 운영한다. 제 5단계에서는 모든 교육 프로세스와 결과에 대하여 평가한다. 이를 정리하여 상사에게 보고한다. 연말에는 전체 연간 교육에 대한 평가와 보고를 진행한다.

HRD 담당자의
인재상

기업 경쟁력의 원천인 인재개발을 담당하는 HRD 담당자는 조직 전략을 이해하고 그것을 구체적인 인재개발 전략으로 전개 가능한 전문지식과 능력이 요구된다. 기업의 성과중시 경향과 중앙에 집중되었던 역할의 일부가 일선 사업부로 이전되면서 조직 내 인재개발의 역할은 본사만의 역할이라 할 수 없게 되었다. 따라서 전사적인 HRD 담당자이든 아니면 일선 부서에서 현업과 함께 HRD 기능을 수행하는 인력이든 공통으로 필요한 역량과 마인드는 다음과 같이 정리할 수 있다.

조직 전략과 인재개발 기능의 연계

1) 조직 전략을 깊이 있게 이해하고

인재개발 전개 장기적인 인재개발은 조직의 장기적인 전략 파악부터 시작한다. 따라서 우선 전략에 대한 깊은 이해가 필요하다. HRD 담당자는 조직의 장기 전략에 구체적인 인재개발 전략이 포함되어 있기를 바라지만 사실 구체적이고 전략적인 인재개발에 대한 세부사항을 쉽게 찾아보기는 힘들다. 또한 능력 있는 HRD 담당자는 조직 전략으로부터 인재개발 전략을 도출하고 구체적인 방침과 정량적인 목표를 제시한다. 국내 유수의 기업들이 로컬이 아닌 글로벌 기업을 자리매김하고 있다.

이러한 시점에, 필요한 인력은 무엇보다도 글로벌한 사업을 전개할 수 있는 국제화된 인력이 요구된다. 해외기업과의 합작, 해외지점의 개설 등 글로벌한 인력의 필요사항은 조직 전략으로부터 어느 정도 파악할 수 있다. 현명한 HRD 담당자라면 조직 사업 전개에 따른 필요 인재를 연도별로 유추할 수 있고 이에 대한 육성 전략을 세부적으로 제시할 수 있어야 한다. 이러한 전략은 전사 HRD 부서만의 역할을 넘어 일선 부서의 관리자에게도 육성 책임이 있는 만큼 전사 HRD 부서와 유기적인 인재육성 협력이 필요하다.

전략파악 후 인재개발 전개

2) **인재풀의 전사적 관리** HRD 기능은 탑-다운으로 기안되는 경영 과제에 대처하는 경우가 대부분의 업무를 차지한다. 하지만 일선 조직원들의 문제에 귀를 기울이고 이들이 문제라고 인식하는 사항을 전사적으로 공론화하여 대책을 강구하는 것도 중요한 역할 중 하나이다. 따라서 HRD 담당자는 최고경영진의 의향도 관심을 가져야 하지

만 일선 조직원의 요구 사항에도 귀를 기울여야 한다. HRD 부서는 조직원이 필요로 하는 지식이나 스킬을 개발하는 것만이 유일한 목적이라 할 수 없다. 이보다 더 조직원이 지니고 있는 문제를 민감하게 대처하고, 높은 동기부여를 유지해 생산성을 향상하는 일이 더 중요할수 있다. 그러기 위해서는 가능한 한 많이 현장의 조직원과 소통하는것이 우선이다.

간혹 HRD 담당자들은 바쁜 업무처리 때문에 현장 방문이나 조직원의 목소리를 듣는 것에 소홀한 경우가 있는데 적극적으로 현장의 소리를 들으러 갈 필요가 있다. 바로 현장에 교육의 필요성이 있기 때문이다. HRD 기능을 수행하는 담당자들은 각각의 사업 부분이 어떠한 사람들로 구성되어 있는지, 어떠한 인재가 있어 어떠한 경력을 쌓고 있는지를 파악해 두는 것이 중요하다. 인재는 시간이 지나면 자연스럽게축적이 된다. 다소의 인재가 조직을 떠나고 합류하기도 하지만 조직이성장을 지속하는 한 인재는 계속해서 증가한다. 더욱이 인재는 설비와는 달리 기능이 저하되는 것이 아니라 능력이 향상된다.

인재관리는 일차적으로 부서장이다. 부서장은 조직원의 능력 향상이나 경험의 축적을 근거로 경력개발을 돕는다. 이러한 상황에서 전사HRD 담당자의 역할도 여전히 주직원의 경력개발에 많은 책임을 진다. 따라서 일선 관리자와 함께 HRD 담당자의 일선 인재들에 대한 파악과관리는 절대적으로 필요하다. 선진 기업의 경우 조직 내 인재관리를위해 TM팀(Talent Management Team)을 운영하기도 한다. 이러한 공식 조직을 통해 조직 내 인재를 발굴하고 지원하는 역할을 공식화한다. 비공식적이라도 인재풀에 대한 정보를 수집, 축적하는 것이 중요하고, 그것을 위한 스킬을 HRD 담당자가 가지지 않으면 안 된다. HRD 부서의 경우 중요 핵심 인재 교육에 어떠한 대상자를 선정할 것인가를 고민하는 가운데 조직 내 인재를 평가하게 된다. 대상자 선정은 일선 관리자가 하는 경우도 많지만 HRD 부서 주관하에 선정되는 경우도 많다.

따라서 HRD 부서 주관으로 핵심 인재 육성 교육대상자를 선정하기 위해서는 나름대로 인재풀을 가지고 있어야 한다.

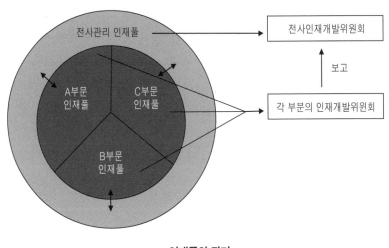

인재풀의 관리

3) 교육 참여를 관철시킬 수 있는 추진력 교육은 실적을 내야 하는 경영자나 사업부장에게는 적잖이 귀찮은 일이다. 조직원이 교육에 참여

한다는 것은 그 어떠한 이유에서도 실적에 마이너스라고 생각한다. 또 교육의 효과는 즉각적으로 나타나지도 않기 때문에 당장의 성과에 큰 도움이 되지 않는다고 생각한다. 이러한 이유에서 교육 참여로 인한 기회비용이 크면 클수록 현장의 저항은 크다.

영업사원의 경우 교육에 참여한다고 참여한 시간만큼 할당량을 감해 주는 곳은 없기 때문에 더욱 교육 참여를 망설인다. 따라서 HRD 담당자는 이러한 저항을 넘어설 수 있는 기획력을 갖추어야 한다. 조직의 분위기를 전환하고 조직원들로 하여금 교육이 업무에 도움이 된다고 느끼도록 만들어야 한다. 또한 나타날 수 있는 저항을 극복하고 필요한 인재에 대한 교육 참여를 관철해야만 장기적으로 조직역량에 도움 된다.

프로젝트 매니지먼트 능력

1) 가능하면 많은 관련 당사자를 참여시킨다

여시킨다 성공적인 교육을 운영하기 위해서 HRD 담당자는 프로젝트 매니지먼트 능력이 필요하다. 교육 프로젝트에서는 가능하면 사내외 다양한 관련 당사자를 참여시킨다. 사내에서는 HRD 부서, 인사부서뿐만 아니라 학습자 근무하는 부서, 회사 연수 시설이 있는 경우는 연수부서, 간부교육의 경우는 경영진도 참여시킬 필요가 있다. 사외에서는 사외 강사, 교육 컨설팅회사, 교육 시설 임대 운영 회사, 이외에도 여행사나 숙박시설도 관련된 것이 많다. 사내외 이처럼 많은 관련 당사자들이 교육을 성공적으로 만드는데 이런저런 방식으로 참여한다. 각각의 관계 당사자의 교육에 대한 중요성이나 인식이 다른 만큼 어떻게 이들을 관리할 것인가 하는 고도의 프로젝트 매니지먼트 능력이 요구되는 것이다.

2) 적절한 여유 시간을 가지고 효율적인 일정 관리 교육 프로젝트의 기획과 동시에 전체 일정을 그려볼 필요가 있다. 이때 연수 장소의 준비, 강사의 확보, 일선 부서에의 사전 교섭, 교재의 제작과 배포, 사전 과제의 예습 등 각각 일정한 필요 시간을 상정해 두지 않으면 안 된다. 어느 정도의 시간이 필요한가는 과거의 경험이 도움 된다. 뛰어난 담당자는 과거의 기록도 즉시 참조할 수 있게끔 자료를 정리하여 보관한다. 물론 일을 진행하다 보면 특정 업무에서 시간이 지체되어 전체 일정이 어긋나는 경우도 발생하는데 이러한 때는 좀 더 현실에 맞는 일정을 새로 만들어야 한다. 필요 시간을 길게 잡으면 여유는 있지만 너무 길게 잡으면 교육 실시 및 그 효과 실현에 시간이 많이 소요된다. '시간은 비용이다'는 전제하에 이는 교육의 전체 ROI(Return on Investment, 투자수익률)에 역행한다. 따라서 HRD 담당자는 이러한 ROI를 높이기 위한 시간의 효율적인 사용과 배분을 할 수 있는 균형감각을 지니고 있어야 한다.

3) 항상 복수의 대안을 마련하고 우선순위를 매긴다 많은 과제를 검토하고 조정하다 보면 반드시 최선의 방향으로 가지 않는 경우가 있다. 이러한 때를 대비하여 복수의 대안을 마련하고 우선순위를 정해 놓아야

한다. 제 1순위가 안되면 곧바로 제 2순위로 넘어가야 한다. 흔한 예로 동시에 여러 교육 과정이 진행될 경우 아니면 동일 교육을 여러 반으로 나눠 진행할 경우, 강사의 진행 방식에 따라 강의장을 바꿔줘야 하는 경우가 있다. 이럴 경우 강의장 변경에 대한 대안을 미리 생각해 놓아야 한다.

4) 배려하는 커뮤니케이션 효율성에만 정신을 집중하여 프로젝트를 진행하다 보면 생각하지 못한 어려움에 봉착하여 이를 해결하는데 많은 시간과 에너지를 소모하게 된다. 프로젝트 매니지먼트란, 설계도에 따라 업무를 진행해나간다는 하드한 측면도 있지만, 다양한 이해당사자들로부터 지원을 끌어내고 협력하게끔 해야 하는 소프트한 측면도 매우 중요하다. 이러한 의미에서 뛰어난 HRD 담당자는 배려심 있는 커뮤니케이션에 뛰어나다고 할 수 있다.

그렇다면 배려하는 커뮤니케이션은 무엇일까? 다음과 같은 능력을 지닌 사람이 배려심 있는 커뮤니케이션을 할 수 있는 사람이라고 말할 수 있다.

· 상대의 입장이나 상황을 깊이 있게 이해한다.(상상력)

· 적절한 커뮤니케이션 도구를 활용한다.(합리성)

· 장기적 관계를 중시해, 필요한 조치를 할 수 있다.(전략성)

· 불필요하게 시간을 낭비하지 않고, 시간이 필요할 경우 참고 시간을 기다린다.(인내력)

· 상대를 정면으로 바라보고, 상대를 의심하지 않는다.(성실함)

조직원과 조직에 대한 깊은 통찰력

사람이나 조직은 어떤 원칙대로 만 움직이는 것이 아니다. 물론, 행동의 논리성이 중요한 때도 있지만 대체로 감정, 사고, 가치관과 같은 보이지 않는 요소들이 행동의 주요 한 원천이라고 할 수 있다. 따라서 인간행동에 관한 선행연구나 전문 자료를 통해 본질을 연구해볼 필요가 있다. HRD 담당자는 각자 자신 만의 인재개발에 대한 통찰력과 철학을 가질 필요가 있다. 이러한 통 찰력을 오랜 경험에 의해 개발된다. 우선 HRD에 대한 다양한 지식을 습득해야 한다. 이외에도 기업경영 전반에 대한 이해, 인적자원관리 영역, 조직행동, 심리학, 행동과학, 교육학, 프로젝트 매니지먼트, 통계 학 등 유관한 지식에 많은 관심을 가져야 한다. 이러한 학습을 통한 경 험은 자신의 경력개발과 관리에 도움 된다. 경영의 시점에서 볼 때 조 직원에 대한 깊은 통찰이 필요한 부서는 단연 HRD 부서이다. 대부분 의 리더가 훌륭한 인재개발 전문가라고 할 수 있는 것은 인간에게 주 어진 통찰력 때문이다.

2장

교육기획자로서 HRD 담당자

　조직 내에서 실행되는 교육이 성과로 이어지기 위해서는 과정의 기획이 잘 돼야 한다. 최고 경영자와 조직이 요구하는 목표와 경영 전략을 파악하고 조직원들의 필요 역량을 개발할 수 있도록 기획이 이루어져야 한다. 성과 있는 기획이 이루어지기 위해 HRD 담당자는 교육 요구분석에서부터 과정 개발에 필요한 기본적인 지식을 갖추고 있어야 한다. 또한 조직 내 교육 요구를 파악하기 위해 다양한 정보수집 능력도 필요로 한다.

　HRD 담당자로서 능력을 인정받기 위해서는 다른 어떠한 기능보다도 기획능력에서 탁월함을 보여야 하고 기획에 필요한 지식과 스킬을 갖추어야 한다.

교육기획자의
조건과 역할 행동

교육기획자가 되는 길

HRD 담당자는 기본적으로 다음과 같이 네 가지 기본적 기능을 수행한다고 할 수 있다.

· 교육 훈련 계획의 기획 입안
· 교육 훈련의 실시
· 교육 훈련의 평가
· 교육 훈련에 관한 관리 부문 정리 등이다.

교육기획자라 지칭할 때는 처음의 기능 즉, 교육 훈련의 기획 입안을 주요 업무 내용으로 할 때 HRD 담당자의 역할을 말하는 것이다. 실제 교육기획자라 할 때의 HRD 담당자는 교육 훈련 계획의 기획 입안만을 전담한다고 할 수 없다. 현재 교육 기획 업무를 하고 있다 하더라도 대부분의 HRD 담당자들은 동시에 교육을 운영하거나 사내 강사의 역할을 수행하는 경우가 많다. 교육기획자로서의 역할이라 함은 이러한 여러 수행 기능 중 기획 부분만을 따로 떼어 기능을 생각해 볼 때의 호칭이다. HRD 담당자가 교육기획자로서 주로 담당하는 기획 업무 내용을 살펴보면 다음과 같은 업무를 예로 들 수 있다.

- 교육 훈련의 요구(필요성) 파악
- 교육 과정 및 교육 프로그램 기획 입안
- 교안 및 교재의 개발과 작성
- 교육 훈련 운영 전후 사내 홍보 등이다.

교육기획자로서의 필요 자격은 이러한 기획 업무를 자기 나름의 지혜와 역량으로 완수해 나가는 능력을 갖추어야 한다고 할 수 있다. 그렇다면 교육기획자에게 필요한 능력과 역량을 어떻게 함양할 수 있고 배양할 수 있는가? 우선 HRD 담당자가 교육기획자로서 기획 능력을 향상시키기 위해서는 평상시 어떠한 시점과 의식을 가지고 자기 계발을 해나가면 좋을지에 초점을 맞춰 바람직한 교육기획자로서의 상을 만들어가야 한다.

교육기획자에게 요구되는 전제 조건

일반적으로 HRD 담당자가 교육기획자로서의 역할을 수행하는데 필요한 능력을 정리하면 다음과 같이 정리할 수 있다.

**교육기획자에게
요구되는 3가지 능력**

교육훈련관련 전문지식과 기술

대인관계능력

문제발견 및 해결능력

교육담당 1~3년 째   교육담당 3~5년 째   교육담당 5년 이상

HRD 담당자가 교육기획자로서 필요한 능력은 크게 교육 훈련 관련 전문지식과 기술, 대인관계 능력, 문제발견 및 해결능력으로 구분해 볼 수 있는데 대인관계 능력은 경력과는 상관없이 여전히 중요하지만 교육 훈련 관련 전문지식과 기술은 담당자로서의 초반에, 문제발견 및 해결능력은 경력 후반에 그 중요성이 부각된다.

1) 문제 발견 및 해결 능력 교육기획자로서의 가장 기본적으로 갖추어야 하는 기본 전제조건은 교육에 관한 필요한 지식을 들 수 있는데 이는 필수 불가결한 절대조건이라 할 수 있다. 이와 함께 반드시 갖추어야 하는 능력은 문제 해결 과정에서 문제의 징후를 민감하게 파악하여 구별하고 그 과정에서 교육 훈련으로 다룰 수 있는 교육 요구 점을 도출한 후 이를 교육 프로그램으로 연결해 결과적으로 문제를 해결하는 능력이다. 교육기획자로서의 기본 역량이란 이처럼 교육의 필요성 파악과 이를 기획으로 연결하는 능력이 기본이 된다고 할 수 있다. 이를 좀 더 체계적으로 구분하여 말하면 다음과 같은 세 가지 능력이라 할 수 있다.

· 교육 필요성을 감지하는 능력(feeling)
· 그 필요성을 분석하고 사고하는 능력(thinking)
· 교육으로 해결해야 할 과제이 도출과 프로그램으로 연결 능력(making)

교육 운영에 필요한 운영 스킬을 보유하고 있다 하더라도 이러한 감성과 사고 능력, 그리고 창조적 표현력이 없다면 실제 교육기획자로서 충분하다고 할 수 없는 것이다.

2) 현장실무의 이해 다음으로 요구되는 것은 교육 훈련 이전에 일선 사업 부문의 현장과 현업을 어느 정도 이해할 수 있는 현장실무의 이해와 경험이다. 현장에 대한 이해와 경험 없이 교육의 필요성을 현장에서 찾기란 쉽지 않다. 그렇다고 해서 모든 현장 경험이 필요한 것은 아니다. 비록 직종은 달라도 현장에는 신기하게도 공통된 분위기나 동일하게 발생하는 문제들이 있다. 이것을 자신의 감각과 직감으로 감지할 수 있는 실무경험이 교육기획자에게 필요하다. 그뿐만 아니라 현장 경험에 맞춰 요구되는 것이 경영진의 경영 방침과 장기 경영 계획, 또는 앞으로 전개될 경영 전략 등을 파악하는 힘과 이해할 수 있는 능력이다. 이것 없이는 부분적인 교육 프로그램의 입안은 가능할 수 있어도 전체 교육 전략과 교육 체계의 수립은 어려울 수 있다. 교육기획자는 최고경영진의 시각으로 전체의 흐름을 파악하고 실제 자신의 행동은 발 빠르게 각각의 현장에 나가 그곳의 문제점을 직접 자신의 눈과 귀로 파악하는 사람이어야 한다. 이상의 내용을 바탕으로 훌륭한 교육기획자가 되기 위해서는

- 문제 발견과 해결 능력(feeling, thinking, making)
- 현장실무 경험과 현장에 나가 교육 요구점을 파악할 행동력
- 회사방침, 장기경영 계획, 경영 전략 등을 읽어내는 경영마인드

등을 들 수 있다.

3) 대인관계 능력 교육기획자에 필요한 다른 능력으로 다른 사람에 대한 관심 및 인간관계 능력이 필요하다. 교육 훈련의 주제가 되는 것은 그것이 어떠한 프로그램이든지 간에 '사람'이란 것은 말할 필요도 없다. 교육 과정을 기획하는 경우에는 그 대상이 되는 사람들이 어떤 식으로 이것을 받아들이고 어떻게 반응하는지 그 마음을 어느 정도 읽어내야만 한다.

교육을 해봐야만 학습자의 반응을 알 수 있다고 한다면 교육기획자로서 부족하다고 할 수 있다. 또 대인관계 능력이 부족하면 현장의 필요성 파악은 물론 교육 기획을 진행하면서 사전 협의에 곤란을 겪게 된다. 여기서 말하는 대인관계 능력이라는 것은 바로 사전 협의 능력이자 커뮤니케이션 기술이다. 보통 커뮤니케이션에 필요한 기술은 읽고, 쓰고, 말하고, 듣고, 생각하는 것, 다섯 가지 능력을 말할 수 있는데 교육 기획에 있어 이러한 능력은 기본이라고 할 수 있고 그 이상으로 인간에 대한 깊은 관심이 필요하다. 인간에 대한 관심은 막연한 것이 아니다. 남성, 여성, 연장자, 연하자와 같이 성별 및 세대를 불문하고 그들에게 평소에 관심을 두고 그 사고나 행동에 있어서 공통적인 면 또는 이질적인 면을 통찰하는 능력과 호기심을 가리킨다고 할 수 있다. 그렇기 때문에 인간에 대한 관심과 도우려는 마인드, 그리고 원만한 대인 커뮤니케이션 능력을 배양하지 않으면 교육기획자의 역할을 충분히 감당할 수 없게 된다. 따라서 교육기획자의 전제조건으로

- 인간에 대한 깊은 관심과 지식을 갖고 커뮤니케이션 기술을 갖출 것을 추가할 수 있다.

(4) 교육 훈련에 필요한 기본적인 지식 위에서 말한 전제조건들이 갖추어졌다면 이후 필요한 것이 교육 훈련에 관한 기본적인 지식이다. 이러한 지식에는 교육 훈련의 시대적 트렌드, 주요 교육 기법의 장단점, 교육의 필요성과 효과 측정, 교육 평가에 대한 것 등을 포함한다. 이와 같은 HRD 지식을 확실히 이해하고 있지 않으면 막상 기획을 해도 체계적이고 전문적인 접근이 아니라 대충대충 프로그램을 모방하든지 짜 맞추기 식으로 구성할 수밖에 없다. 이것은 마치 요리법과 재료에 대한 기본 지식도 없이 프랑스 요리를 준비하려고 하는 것과 같다. 따라서 교육 훈련에 대한 어느 정도의 지식과 기술을 습득하는 것은 훌륭한 교육기획자가 되기 위한 전제조건이다.

· 교육 훈련에 관한 기본적인 지식과 기술을 익혀 둘 것

이것은 어디까지나 교육기획자로서 전제조건이며 깊이 들어가면 교육기획자에게 요구되는 능력은 더 다양하다. 이를 정리하면 한마디로 현장과 동떨어진 좁은 시야를 가진 교육 전문가가 되지 않을 것을 교육기획자에게 요구할 수 있다.

교육기획자로서의 능력을 기르는 방법

1) 교육기획자에게 요구되는 역량

교육기획자에게 요구되는 역량은 다양하게 정의할 수 있는데 이에 속하는 하나하나의 역량이라도 너무 폭이 넓고 깊이가 있어 어떠한 면에서는 막연한 느낌을 준다. 이를 표로 정리해보았는데 교육기획자가 되기 위해서는 다음과 같은 역량을 갖추어야 한다.

교육기획자에게 요구되는 역량(지식면)

경영 관리에 대한 일반적 지식	교육 훈련에 대한 전문 지식
· 경영이념 및 방침의 이해 · 장기 경영 계획의 이해 · 계층별 역할 기능의 이해 · 인사노무관리의 이해 · 그밖에 각 직능별로 본 업무내용 이해 등	· 인재육성 이념의 이해 · 능력개발 제도와 관련된 모든 인사제도의 이해 · 교육 훈련의 모든 지식 · 교육 훈련의 역사, 교육 체계, 교육의 필요성, 교육기법, 교육 평가 등
그밖의 일반적 지식	**인간에 대한 지식**
· 경영학 · 산업심리학 · 사회과학 · 문화인류학 · 창조공학 · 조직공학 · 정치학 · 경제학 · 그밖에 일반 상식 등	· 인간의 기본적 행동 패턴에 대한 이해 · 세대간 사고, 행동, 의식 차 이해 · 중장년층에 대한 이해 · 여사원에 대한 이해 · 젊은층에 대한 이해

2) 교육의 필요성은 자신이 만난 사람의 수만큼 교육 과정을 기획하기 위해서 반드시 실시해야 하는 일이 교육 필요성 조사이다. 교육의 필요성을 파악하는 방법으로 다음의 사항들을 살펴볼 필요가 있는데,

· 회사의 이념 및 경영 방침 확인

· 사업 목표의 확인

· 인사 관리면의 필요점 확인

· 관리자가 안고 있는 과제 확인

· 학습자가 요구하는 과제 확인

· 각 사업부의 문제점 확인

등이다. 이러한 시점과 문제의식을 느끼고 기획자가 교육 필요성을 파악하는 것은 당연히 필요하며 교육기획자가 명심해야 하는 점은 계층별 교육이든 직능별 교육이든 그 필요는 직접 만나 이야기를 나눈 사람의 숫자만큼 많다는 것이다. 이때 교육기획자가 만나는 사람 수에는 사내는 물론 고객, 거래처, 동종 업계 사람과 같은 사외에 있는 사람까지 포함된다. 그 수가 많으면 많을수록 그 안에서 공통되는 요구점을 먼저 파악하려 노력해야 한다. 그리고 이를 바탕으로 현재와 미래의 필요 교육을 찾아내야 한다. 이런 의미에서 교육 필요 점 파악은 연구 활동 그 자체이며, HRD 담당자의 편협한 사고만으로 탁상 위에서 해야만 하는 것은 아니라는 점이 중요하다.

3) 프로그램의 의도를 명확히 파악 교육기획자는 때때로 자기가 기획

한 프로그램의 의도를 명확히 하지 않으면 스스로 어려움에 처할 수 있다. 현실의 필요성과 프로그램의 의도를 정확히 일치시킬 필요가 있는데, 이에 따라 프로그램의 패턴을 정하여 기획하여야 한다. 대체로 교육 프로그램의 패턴은 다음과 같이 나눌 수 있다.

· 교육훈련형 : 일정한 지식과 기능의 수준 향상을 목적으로 한다.

· 정보제공형 : 새로운 정보를 제공하는 것을 목적으로 한다.

· 인간계발형 : 강사의 인품이나 식견을 통해 인품 개발을 목적으로 한다.

· 문제 해결형 : 문제 해결에 필요한 힌트나 기법 제공을 목적으로 한다.

· 문제제기형 : 명확히 요구하는 것은 없지만 장래에 걸려있는 문제의식을 환기하는 것을 목적으로 한다.

실제 교육 프로그램의 내용은 이 몇 가지 교육 패턴을 따른다. 교육 기획자는 교육의 의도가 과연 어디에 있으며 어디에 무게를 둘 것인가를 잘 판단하여야 한다.

교육기획자의 자기 계발

교육기획자로서 기획력을 기르고 연마하기 위해서는 다른 업무에 관계하는 사람들 이상으로 폭넓은 분야에서의 자기 계발이 필요하다는 것은 말할 것도 없다. 다음과 같은 노력은 HRD 담당자가 교육기획자로서 자기 계발에 도움 된다.

· HRD 분야 관련 도서를 탐독한다

자신의 전문 분야에 관한 지식이 얕으면 매우 불안하게 된다. 적어도 HRD 분야에 관한 도서 및 자료 등은 두루 탐독해 둘 필요가 있다.

· 교육 방법을 체득한다

HRD에 관한 지식과 함께 하나라도 더 많은 교육 방법 또는 기법을 실제로 체득해 둔다. 기법을 모르는 상태로는 효과적인 교육 계획을 수립하기 힘들다.

· 경영관련 잡지 또는 전문지를 가까이한다

동종 업계, 이종 업계 뉴스에 관계없이 경영관련 잡지나 신문 등은 항상 눈여겨 보고 경영의 흐름에 관심을 둔다.

· 외부 전문 단체 및 기관의 정보를 수시로 파악한다

외부 세미나나 설명회에서 현재 무엇이 화제가 되고 있고 어떠한 교육 테마에 타기업들이 관심을 두고 있는지를 설명해주는 경우가 많으므로 수시로 참석하여 정보를 수집한다.

· 자신만의 인맥, 정보 채널을 만든다

자신의 기획력을 향상시키기 위해서는 수많은 업계 브레인과 외부 전문가를 찾아 상담을 받아 보는 것이 좋다. 이렇게 활동하느냐 않느냐에 기획능력의 차이는 현격해질 수 있다.

교육 기획을
위한 정보 수집

교육 필요성 파악을 위한 사내 정보 수집

1) 전사적 차원에서 살아있는 정보 수집하기

① 학습자의 교육 평가로부터

교육 운영 후 설문조사를 통해 조직원의 관심과 문제의식을 파악할 수 있는데, 예를 들면 중견사원 교육 후 설문 내용에

"일상 영업활동을 하다 보면 다른 팀 또는 회사 전체적인 차원에서 업무를 좀처럼 하기 힘든데 자칫 이러다간 '우물 안 개구리가 되는 것 아닌가?' 하는 생각을 종종 한다."

"지금까지는 거의 알려고 하지 않았던 우리에 대해 다른 업종 사람들의 생각과 불만, 그리고 우리를 바라보는 시각에 많은 문제점이 있다는 것을 알게 되었다."

"담당 업무에 불평불만이 잠재되어 있다는 것을 눈치채지 못했는데 이를 다른 사람들이 지적할 때 당황스러웠다."

이와 같은 설문 답변은 학습자의 관심과 문제의식을 엿볼 수 있는 포인트이다. 이후 중견사원 대상으로 교육을 할 때, 이러한 관점과 문

제의식을 고려한 프로그램을 구성한다면 좀 더 학습자에게 가까이 다가갈 수가 있다.

② 일선 관리자 회의를 통해

관리자 교육을 하는 경우, 회사 전체의 의견을 수집하거나 관련 부서의 의견을 들은 후, 회사 전체의 교육 기획을 할 수도 있다.

예를 들어, 관리자 회의나 교육에서 다음과 같은 의견이 나왔다고 하자.

· 개인적인 경험을 바탕으로 부하 조직원을 관리하고 있다.
· 관리자로서 가져야 하는 역할 인식이 관리자마다 다르다.
· 일부 관리자의 관리 지식, 스킬, 태도의 부족함이 눈에 보인다.
· 온라인 교육만으로는 관리지식을 충분히 습득할 수 없다.

HRD 담당자는 관리자 교육 기획에 이러한 조건을 반영하고 만족할 수 있는 교육 내용을 검토하면 된다. 관리자 각자의 관리 경험을 공유하도록 하면서 관리의 기본을 몸에 익히는 교육 기획을 제안한다면 필요성에 기반한 교육이라고 할 수 있다.

2) 사내 정보매체나 정보원에 관심 갖기

① 사내 정보매체로부터

경영진에게서 나온 당해 연도 경영 목표 및 방침은 공식적인 루트를 통해 문서나 구두로 전해진다. 경영 목표와 방침에 따라 보조를 맞춘 교육을 전개할 수 있다면 각 부서의 협력을 얻기는 쉬워진다. 예를 들면 사장이 올해 중점 경영 목표로 '고객 제일주의를 통한 매출 극대화'라는 결의를 표하고 조직원 각자가 지향해야 할 방향을 제시하고 강조하였다고 하자. 이에 부응하여 HRD 담당자는 '고객 관계 개선 및 강화 과정'을 기획할 수 있다.

그 내용으로는 영업소마다 관리하는 핵심 고객을 추려 이들 고객을 담당하는 영업 담당자, 기술 담당자, 사무 담당자 등 각 기능 간에 있는 문제점과 향후 대응 방안을 제안하여 지속적인 고객의 유지 및 신규고객 개척 방안을 생각하게 하는 것이다.

② 사내 정보원으로부터

최고 경영진의 경영 회의로부터 유용한 교육 관련 정보를 습득할 수 있다.

예를 들면, 사장이 전 부서장을 모아놓고 신년 경영 방침을 설명하면서 "… 능력을 생각해야 합니다. … 고객에 대한 서비스, 조직원 간의 커뮤니케이션, 고객과 만날 때, 고객에 리포트를 제출할 때, 판매 활동을 평가할 때, 사무처리나 기술적인 일을 할 때 등 언제나 품질 향상을 도모해야 합니다. 조직원 각자는 능력에 차이가 있기 때문에 충분히 고객을 만족시킬 만큼 능력을 배양해야 합니다. … 그리고 고객이 진심으로 칭찬하는 회사를 만들어야 합니다." 라고 했다면 HRD 담당자는 사장의 뜻에 따라 '전 조직원의 고객 만족과 능력 향상'을 목표로 교육 전략을 수립해야 한다. 즉, 사장의 경영 방침에 교육의 나아가야 할 방향이 제시되고 있는 것이다. 이외에도 교육에 중요한 정보원이 되는 것은 많다.

- · 부서별로 실시하는 정례회의의 의사록
- · 고객을 위한 행사나 세미나 등
- · 집합교육에 참가하는 학습자에게서
- · 동기나 이전에 같은 직장에서 일했던 사람들에게서
- · 연수원, 식당, 복도에서 별 뜻 없이 만난 사원들과의 대화 속에서

교육 필요성 파악 위한 사외 정보 수집

① 외부 강사와 접촉한다 사내 교육
에서는 외부 강사를 자주 초청한다. 특히 강사가 학습자와 숙박을 함
께하면서 강의하는 경우에는 강사로부터 교육 방법이나 정보를 얻을
수 있는 가장 좋은 기회이다. 식사 시간이나 휴식 시간을 이용하여 강
사의 살아있는 정보와 풍부한 강의 경험을 통한 교육 운영 방법, 기법
등을 들을 수 있다. 대부분의 강사들은 교육관련 질문을 매우 좋아하
여 친절하게 가르쳐준다. 좀 더 문제의식을 가지고 적극적으로 강사와
폭넓은 의견을 교환하는 것이 좋다.

② 교육전문 컨설팅 회사의 컨설턴트들을 안다

온라인 교육기관, 독서 교육기관, 전문 교육 컨설팅기관, 공개강좌
전문 교육기관 등 다양한 교육 전문 컨설팅기관의 교육 전문가와 친분
을 쌓아 놓고 수시로 커뮤니케이션을 갖는다. 이들을 통해 다양한 교

육 정보를 습득하고 교육 방법 또한 파악한다.

HRD 관련 전문 잡지를 구독하는 것도 좋은 방법이다. 이런 노력을 통해 '오늘날 산업 전반의 키워드는 무엇인지', '평판 좋은 강사는 누구인지', '기업에 인기 있는 교육기법에는 어떠한 것이 있는지'와 같이 HRD 담당자에게 꼭 필요한 정보를 얻을 수 있다. 이는 또한 정보를 얻는 과정에서 자기 계발은 물론, 동기부여가 되기도 한다.

③ 외부 전문 교육 컨설팅회사의 주요 교육 상품을 파악한다

외부 전문 교육 컨설팅회사마다 대표적인 교육 프로그램이나 교재가 있다. 그러나 각 기관의 공개강좌를 수강하거나 모든 교재를 읽어보는 것은 불가능하다. 자사 교육 훈련의 특징이나 회사가 나아가야 할 방향 등을 모색하면서 몇 가지의 과정을 수강해 보거나 과정 소개서를 읽어보는 것이 더 현실적이다.

외부 컨설팅회사의 컨설턴트를 통해 교육 상품의 특징을 잘 파악하고 필요할 때 언제든지 생각할 수 있도록 인덱스 정도는 기억해 두자. 예를 들면, 리더십 과정의 경우 패키지 형태로 대부분 외부 컨설팅회사가 보유하고 있다. 이때 각 리더십 과정의 교재나 워크시트, 학습 방법, 사례, 강사와 담당 컨설턴트 등의 차이점을 체크리스트로 만들어 파악해 두면 자사 교육 기획 단계에서 필요한 부분을 참조할 수 있다.

④ 외부 교육 컨설팅회사의 마케터를 활용한다

외부 교육 컨설팅회사의 마케터 중에서 단지 교육 상품을 소개하고 영업하는 데 그치지 않고 교육 훈련 활동에 대한 깊은 지식과 경험을 가지고 있는 사람들이 많다.

예를 들어, 교육 효과에 대한 고민이 있을 경우 마케터에게 이야기하면 교육 효과를 높이기 위한 방법, 전개상의 노하우를 지도해주는 경우가 많다. 이들은 다양한 교육 현장과 학습자들을 겪어 보았기 때문에 학습자의 피로도를 줄이고 즐거운 학습 분위기가 되게끔 하는 방법을 경험적으로 많이 알고 있다.

⑤ 타기업의 교육 활동 사례를 파악한다

예를 들면, 《월간 HRD》나 《월간 인사관리》와 같은 인사 교육 전문지 등을 보면 타사의 교육을 포함한 다양한 HRD 관련 사례가 소개되어 있다. 이러한 정보를 통해 타기업의 교육 활동 방식이나 목적, 교육 시스템, 기법의 활용 등을 알 수 있다. 그렇지만 조심해야 할 점은 타사의 사례를 무조건 좋게 생각하여 자사에 똑같이 도입해야지 하는 판단은 위험하다. 자사의 교육 상황과 타사의 교육 상황을 상호 비교하여 공통 필요 점을 발견하고 동일한 교육 효과가 기대될 때 도입하는 것이 바람직하다.

교육 훈련을 구성하는 3요소

교육 훈련을 기획하고 설계하기 위해서는 우선 목적, 내용, 운영이라는 세 가지 요소를 명확하게 할 필요가 있다.

프로젝트의 기획 및 설계

목적	· 최고경영자는 누구인가? · 최고경영자는 어떠한 목표를 기대하고 있는가?	
내용	학습자	· 대상집단 · 우선순위 · 대상조정
	콘텐츠	· 분야 / 테마 · 교육 방법 · 교재
	강사	
운영	비용 vs 효과 → 커리큘럼에 반영	

1) 목적 : 교육을 통해 최고 경영자 또는 오너가 기대하는 목표 이미지

'목적'이란 교육의 결과 조직과 개인이 어떻게 변화되어 있기를 기대하는 목표 이미지이다. 중요한 것은 누가 기대하는 이미지인가를 명확히 하는 것인데 이는 최고 경영자 또는 오너가 기대하는 이미지이다. 이를 명확히 하지 않으면 교육담당자의 만족이나, 학습자의 만족만을 추구하여 교육 운영의 본질이 바뀔 수도 있다. 따라서 성과 있는 교육 훈련이 되기 위해서는 명확한 목표의 설정과 기대 이미지를 구체화하여야 한다. 교육 훈련 프로젝트를 요리에 비유하면 요리사는 교육기획자라 할 수 있다. 교육 훈련 오너는 요리를 먹게 될 고객이라 할 수 있다. 먹는 사람이 맛있다고 느끼지 않으면 아무리 수고와 비용을 들여도 의미가 없게 된다. 교육 훈련의 종류에 따라 교육의 오너는 달라질 수 있다.

'21세기 경영자양성과정'에서는 최고경영자가 오너이다. '신임관리자과정'에서는 인사부장이 오너인 경우가 많다. '신입사원 과정'의 경우는 HRD 부서장이 오너인 경우가 많다. 부문 주도의 '영업 인력 양성 과정'의 경우는 영업 일선 부문장이 오너인 경우가 많다. 실제 각 교육 훈련 과정의 오너가 어디까지 기획에 참여하고 교육 현장에 참석해 보았는가와는 상관없이 교육기획자는 교육 훈련의 오너를 상시 상기하면서 기획을 해야 한다.

교육 프로그램 오너가 기대하는 목표 이미지를 실현해 나가는 것이 기획자의 역할이다. 요리를 먹는 고객의 표정을 신경 쓰지 않는 요리사는 없다. 그리고 고객의 평가 기준은 무엇인가를 올바르게 파악하는 것도 중요하다. 매너, 요리의 순서, 분위기, 가격 등 고객의 평가 요소는 실로 다양하다. 이러한 요소 중에 우선순위는 어떻게 되는지 어떠한 맛을 중요하게 평가하는지 파악하고 검토해야 할 점이 많기에 기획단계에서 이를 고려하여야 한다. 기획자에게 어려운 점은 교육 프로그램의 오너가 명확하게 교육의 목적을 제시해주지 않은 경우가 많다는 점이다.

따라서 최고 경영자를 포함한 교육 프로그램 오너들의 평상시 주요 대화 내용이나 지시 사항들을 적절히 잘 이해해 해석해야 한다. 이러한 해석을 자신의 기획서로 옮긴 후 이를 오너에게 확인받는 등의 커뮤니케이션이 필요하다. 기획자는 일상에서 커뮤니케이션과 감수성 능력을 배양해 두어야 한다.

2) 내용 : 학습자와 콘텐츠, 강사의 최적 편성

교육의 내용이라고 하면 그 영역 정의가 애매한 면이 있지만 요리로 말하면 식자재에 해당한다. 구체적으로 말하면 학습자, 콘텐츠, 강사 등이 해당된다고 할 수 있다.

① 학습자

누구를 학습자로 할 것인가는 매우 중요하다. 학습자를 선정할 때 다양한 검토 사항들이 있다.

· 어떠한 집단의 능력을 개발하고 싶은가? 대상으로 하고 싶은 집단은 어떻게 정의할 것인가?
· 만약 수강 대상자를 소그룹으로 나누어 단계적으로 실시한다고 하면, 어떠한 절차로 나누어 그 우선순위를 정할 것인가?
· 교육 대상 중에 실제 학습자를 정해야 한다면 어떻게 최종 학습자를 결정할 것인가?

교육 비용의 제한이 있는 경우 교육대상자의 선정은 제한적일 수밖에 없다. 일반적으로는 상사의 지명이나 추천, 인사부서의 지명, 공모, 공모자로부터의 선발, 필요 시 시험에 의한 선발, 고과 우수자 순으로의 선발 등 다양한 방법이 있다. 따라서 교육기획자는 각 방법의 장단점을 잘 이해해 선정할 필요가 있다. 기업에서는 핵심인력 양성을 위한 비용과 기간이 큰 핵심과정에 누가 선정되느냐는 조직원 개개인뿐만 아니라 조직 전체에 상당한 영향을 미친다. 이러한 과정에 선발되지 않은 조직원의 경우 사기가 저하될 수 있다. 따라서 중요 교육 과정의 경우 HRD 부서와 인사 부서 간의 긴밀한 협조하에 대상자를 선정한다. 부서의 경우 교육은 모든 조직원에 평등해야 한다는 기본적인 원칙이 있기는 하지만 실제 조직원들은 그렇게만 생각하지 않고 있다는 점도 명시할 필요가 있다.

조직원이 많은 대기업의 경우 교육대상자가 많아 분반해야 하는 경우가 많다. 교육대상자가 많을 경우 사업부나 지역 등이 같은 대상자끼리 반을 구성할 것인지, 아니면 혼합하여 반을 구성할 것인지를 결정하는 것이 중요한데, 기본적으로 동일 클래스에서는 학습자의 다양성을 고려하는 것이 좋다. 연령이나 사업 부문, 성별 등 가능한 한 혼합하는 편이 새로운 발상을 접할 기회를 증가시키고 사내 인맥 형성에도 도움 된다.

② 콘텐츠

교육 훈련에서 다루려고 하는 분야나 주제를 말한다. 또는 이러한 교육 내용을 학습자에게 전하는 교육 방법도 포함한다. 컴퓨터 게임을 할 경우 게임을 시작하기 전 결정해야 하는 사항들이 많다. 대전 형인가? 롤 플레이 형인가? 혼자 하는 것인가? 여럿이 하는 것인가? 등 사전 설정이 필요하다. 교육도 마찬가지다. 교육 기획에 있어서 실제 운영에서 강의형으로 할 것인지, 시뮬레이션 형으로 할 것인지, 액션 러닝(Action Learning)으로 할 것인지를 미리 결정해야 한다. 이러한 결정은 학습자의 특성, 시간, 비용 등을 고려해야 한다. 또한 수업을 실제 진행하는 강사와 사전 조율이 필요하다. 이렇게 여러 교육 운영 결정 사항을 취합한 것이 교재이다. 일반적으로 교재만을 콘텐츠라 부르기도 하지만 실제 활용에서는 훨씬 복잡한 교육 방법이 포함되어 있다고 할 수 있다. 같은 요리책이라도 어떻게 요리하느냐, 즉 요리 방법에 의해 완전히 다른 요리가 된다는 점과 유사하다. 따라서 교재를 포함한 다양한 교육 방법 전체가 콘텐츠라고 할 수 있다. 콘텐츠 선정에 있어 고려해야 할 점은 학습자의 수준과 콘텐츠 수준이 일치해야 한다는 점이다. 아무리 수준 높은 강사를 초대하였다고 하더라도 학습자가 이해하고 받아들일 수 있는 콘텐츠나 강의 수준이 되지 않으면 안 된다.

이때 중요한 것이 교육기획자의 학습자 수준 파악 능력인데, 잘못 파악하여 학습자의 능력을 과대 해석하거나 비하하는 경우가 있다. 학습자의 수준을 정확하게 파악하고 경쟁사와의 수준을 정확하게 비교할 수 있는 능력이 필요하다. 학습자 수준 파악뿐만 아니라 학습자의 학습 의욕을 파악하는 것도 중요한데, 교육담당자가 학습자가 확실히 예습해 올 것이라고 강사에게 보증해 주어 실제 강의 수준을 높여 시작하였는데 알고 보니 아무런 예습이 되어 있지 않아 당황하는 경우도 있다. 따라서 교육기획자는 정확히 학습자의 능력 수준과 학습 참여 의욕을 파악하여 이를 강사에게 전달하고 강의를 준비해 올 수 있도록 하는 것이 중요하다.

③ 강사

'강사'란 콘텐츠를 전달하는 가장 중요한 미디어라고 할 수 있다. 교육 목적에 합당하게 설정한 콘텐츠를 가장 효과적으로 학습자에게 전달하고 변화를 유도하려면 어떠한 유형의 강사가 적합한 것인지는 교육의 목적과 콘텐츠에 의해 결정될 수 있다. 학습 전이나 지식 전달에 자신 있는 강사와 경험 학습으로의 성찰을 촉진하는 것에 자신 있는 강사는 교육 내용에 따라 성과가 다를 수 있다. 강사 선정이 교육의 성패에 큰 영향이 있다는 것을 고려한다면 교육기획자는 적합한 강사 선정을 위해 노력해야 한다.

3) 운영 : 비용대비 효과를 극대화한다.

교육 목적과 교육 내용이 결정되면, 대부분의 기획이 끝났다고 생각할 수도 있지만 실제로 운영의 잘잘못에 따라 교육 효과가 크게 차이 난다는 점을 대부분의 HRD 담당자는 경험적으로 알고 있다. 운영의 중요성은 아무리 강조해도 지나침이 없다. 교육 목적이나 콘텐츠는 기업에 따라 큰 차이가 없지만, 운영에는 큰 차이가 있을 수 있다. 교육 주제와 대상자 선정에는 많은 신경을 쓰면서도 실제 운영 면에서는 크게 신경을 쓰지 않는 기업도 있다.

그렇다면 바람직한 운영은 어떻게 하는 것일까? 그리고 이를 어떻게 평가할 것인가? 무엇보다 중요한 점은 비용대비 효과일 것이다. 한정된 교육 예산으로 얼마나 높은 성과를 실현하였는가는 운영의 성공을 평가할 수 있는 중요한 기준이다. 물론 이에 못지않게 교육 예산을 확보하는 것도 HRD 담당자의 중요한 능력이라고 할 수 있지만 교육에서의 비용대비 효과를 도출하는 것은 더 확실한 능력이라 할 수 있다. 비용대비 효과를 구체적으로 이해하기 위해서는 비용과 효과라는 두 가지 변수를 조절할 수 있는 변수들을 먼저 이해해야 한다. 비용대비 효과를 높인다는 것은 비용을 낮추든지 아니면 효과를 높이든지, 두 가지를 다 하든지의 문제이기 때문이다.

연수 비용대비 교육 효과 극대화 방안

① 비용면

비용을 검토할 때에 눈에 보이는 비용과 눈에 보이지 않는 비용을 나눠 볼 수 있다. 눈에 보이는 비용은 대부분 회사에서 외부 컨설팅회사나 교육장 임대 비용과 같이 회사 밖으로 나가는 비용이다. 교육 기간이 길어질수록 숙박비나 이동 비용이 증가한다. 이에 비해 눈에 보이지 않는 비용은 기회비용을 말한다. 기회비용이란 만약 교육을 받지 않았다면 벌을 수 있었던 비용을 말한다. 신입사원의 경우는 기회비용이 작을 수 있지만 고급 간부의 경우 수일간 일선 부서에서 떨어져 교육을 받을 경우 발생하는 비용은 상당하다.

사내 강사의 경우 외부 강사보다 비용이 적게 든다고 생각할 수 있으나 사내 강의를 하기 위한 준비 시간과 실제 현업을 하지 않고 강의를 함으로 발생하는 기회비용을 생각하면 실제 눈에 보이지 않는 비용은 눈에 보이는 비용보다 크다고 할 수 있다.

② 효과

효과를 측정하는 것은 매우 어렵다. 어느 교육 운영이 효과를 보이더라도 이 효과를 발생하기 위한 추가 비용이 더 크다면 그 효과는 없는 것과 마찬가지다. 항상 효과 그 자체만을 생각할 것이 아니라 비용 대비 효과를 생각해보아야 한다. 어떻게 하면 비용 대비 효과를 높이는 방법이 될 것인가?

a. 수강 의욕을 높인다

무엇보다 효과에 영향을 크게 미치는 것은 학습자의 의욕이다. 의욕 없는 학습자에게 아무리 투자를 해도 효과는커녕 역효과만 발생할 수도 있다. 어떻게 하면 학습자의 의욕을 고취하는 것이 좋을까?

· 콘텐츠 수준을 학습자 수준에 맞춘다

콘텐츠와 학습자의 수준 일치는 매우 중요하다. 학습자 자신이 도움이 된다고 생각하는 주제 설정과 난이도 수준이 아니면 학습자의 의욕은 높아지지 않는다. 너무 어려워도, 너무 쉬워도 문제가 있다. 따라서 학습자(대상자)에게 맞는 강의 수준을 어떻게 설정할지도 매우 중요하다.

· 사전에 교육의 의의와 중요성을 제대로 인식시킨다

도대체 이번 교육에 왜 참석해야 하는지를 이해 못 하고 당일 교육에 와 있는 대상자가 많다. 이러한 상황은 본인은 물론 다른 학습자,

강사, 교육기획자 모두에게 불행이라 할 수 있다. 사전 교육의 의의에 대한 이해도와 교육 의욕 사이에 상관관계가 있다는 것은 확실하기 때문에 가능한 한 빨리 학습자를 대상으로 교육 오리엔테이션을 실시하는 것이 중요하다.

b. 학습자에게 사전 과제를 부여한다

이것은 물론 교육 내용이나 목적에 따라 다르므로 전체적으로 말할 수는 없다. 그러나 막대한 기회비용을 지불하고 교육에 참여하는 학습자들이 최대의 교육 효과를 얻기 위해서는 사전 과제를 검토해 보는 것도 중요하다. 예를 들면, 사례연구법을 활용한 교육을 진행한다면 사전 예습은 필수다. 왜냐하면 사전 예습이 안 된 경우 귀중한 교육 시간 내내 사례를 읽고 이해하는 데 많은 시간을 소비해야 하기 때문에 그 기회비용은 정말 막대하다 할 수 있다.

c. 관계자들을 참여시킨다

한때 교육에 참여한다고 하면 가서 '푹 쉬다 와~'라고 한다던가 '이렇게 바쁜 때에 주위 사람들에게 민폐를 끼쳐서 되겠어?' 등 핀잔주는 분위기가 있었다. 최근에는 교육에 대한 인식이 바뀌어 이러한 반응은 쉽게 찾아볼 수 없지만 여전히 교육 참가를 부정적으로 보는 상사의 시각은 존재한다.

따라서 교육기획자는 사전에 학습자뿐만 아니라 직속 상사 등 관계 당사자들에게 교육에 대한 오리엔테이션 실시나 최소한의 상세한 설명 자료라도 전달해 주는 것이 중요하다. 이렇게 상세 교육 설명서를 보낼 때는 책임감과 무게감이 있는 교육 담당 임원 명의로 보내는 것도 효과적이다.

d. 적절한 스케줄과 규모로 한다

교육 기간을 어떻게 할 것인가는 교육 장소 임대료를 포함한 학습자의 기회비용에도 상당한 영향을 미친다. 그렇다고 해서 무조건 교육 기간을 짧게 잡고 한 반에 많은 인원을 배정하는 것이 옳다고 할 수는 없다. 교육 기간과 규모를 결정할 때 고려해야 할 변수로는

· 한 반의 적정 인원수
· 연간 교육을 이수해야 하는 총 수
· 목적을 달성하는데 적절한 수강 시간과 일수

그리고 비용이 제약조건이 된다. 이때의 비용은 교육 예산과 학습자가 업무로부터 일시적으로 제외되는 기회비용의 합계를 말한다. 또한 어떤 교육에 6일간의 시간이 필요하다면 이를 6일 연속으로 할 것인지, 간격을 두고 며칠씩 진행할 것인지 그 장단점을 따져 결정할 필요가 있다.

이때 교육의 주제가 중요한데 대체로 실무에 가까운 주제의 경우는 간격을 둔 교육을, 지식 습득형 주제의 경우 연속적인 교육이 적합하다고 할 수 있다. 교육기획자는 교육 내용을 잘 이해하고, 사내 실정과 조화되는 기획이 필요하다.

이상과 같이 교육 운영을 기획할 경우 비용면과 효과면을 고려하여

비용-대비 효과를 극대화할 수 있는 기획을 하여야 한다.

연속 교육 실시 시

장점	· 교육 이동은 1회에 해결되어 교통비가 적게 든다 · 일정기간 업무를 벗어나 진행되므로 교육에 몰입할 수 있다 · 교육이 일단 시작되면 집합되어 있는 상황에서는 전체 운영이 비교적 쉽다
단점	· 교육이 일시적인 이벤트로 끝날 수 있다. 교육과 실무의 연계가 어렵다 · 연속되는 교육의 경우 업무에 부정적인 영향이 커지게 되고, 그 결과 교육의 집중력을 약화시킬 수도 있다 · 장기간의 교육이 가능한 교육 장소나 숙박시설 확보가 쉽지 않다

간격을 둔 교육 시(몇 번에 나눠 교육을 실시할 경우)

장점	· 교육에서 학습한 내용을 업무에 적용하고 이때 발생하는 의문점을 다음 교육에서 확인할 수 있으므로 교육과 실무의 연계가 용이하다
단점	· 출석 확인, 교통 수단 확보라고 하는 작업이 여러 차례 발생하기 때문에 운영이 어렵다 · 교통비가 중복 발생한다

인재개발과
교육 계획의 입안

　　교육 계획은 장기적 인적자원관리 차원에서 HRD 부서가 어떻게 인재개발 계획을 수립하고 실제 교육 계획으로 연계시키는지와 단기적 능력 차이를 극복하는 관점에서 일선 부서의 인재개발지원과 교육 계획은 어떻게 기획되는지를 살펴볼 필요가 있다.

장기적인 인적 관리 관점에서의 인재개발 계획

　　동태적 인재 포트폴리오 : 인적자원 계획 인재관리와 개발이 잘 이루어지는 기업에서는 필요한 인재가 조직 내에 적시에 존재하는지 안 하는지를 파악하는 것이 최대의 관심사다. 대부분 조직에서 인재가 부족하다 하여 중도 채용하는 일은 생각보다 간단한 일이 아니다. 필연적으로 장기적 관심을 두고 내부에서 인재를 육성하는 것이 중요하다.

　　그러기 위해서는 원칙적으로 탑-다운 방식으로 인재개발 계획을 수립해 놓아야 한다. 기업 전략을 기반으로 하여 향후 어떠한 인재가 얼마나 필요한지, 필요 인재를 포트폴리오 해 놓은 것을 '인적자원 계획'이라 한다. 이러한 인적자원 계획을 어디까지 어떻게 상세하게 해 놓는가 하는 점은 기업별로 차이가 있다. 벤처기업과 같이 부침이 심한 기업의 경우 1년 앞의 인력 계획을 수립하는 것 자체가 힘들 수 있다. 장기 경영 계획을 수립한 기업의 경우 인재확보에 대한 전략이 제 각각인데 대부분 다음의 네 가지 수준 어느 부분에 해당한다.

제 1수준 : 1~2년 정도의 부문별 인원수의 예측

제 2수준 : 3~5년 정도의 부문별 인원수의 예측

제 3수준 : 중장기 경영 계획에 연계한 인원수와 능력의 조합에 따라 포트 폴리오 구성

제 4수준 : 상기 계획에 더해 승계 계획(후계자 계획)을 매년 수립

제 1수준의 기업은 예산 편성의 근거가 되는 인원수 예측이 각 부 문으로부터 신청되고 그것을 바탕으로 전사의 단기 인원수 예측이 이 루어진다. 제 2수준 기업은 예산과는 별도로 3~5년 후의 인원수를 예 측한다. 그만큼 근거가 있는 예측도 아니고 경영 계획에 연계된 것도 아닌 순전히 투자가에게 어필하기 위한 자료인 것도 많다.

제 3수준이 되면 중장기 경영 계획에 연계하여 인원 계획을 수립 한다. 경쟁 환경의 변화를 예측하고 대응하는 수준에서 준비된다. 인 원수뿐만 아니라 필요 능력이나 역량도 함께 예측한다. 제 4수준의 기 업에서는 간부마다 다음 후계자를 리스트하고, 후보자의 육성 계획까 지 구체적으로 수립한다. 이처럼 인재 포트폴리오 계획은 가지각색이 지만 이러한 인재개발 계획을 책정하여 이를 기반으로 인력개발을 구 상하게 된다. 인재개발 계획을 구체적으로 수립하기 위해서는 우선 현 재의 인재 포트폴리오는 어떤 상황인가를 정확히 파악할 필요가 있다. 그리고 목표로 해야 할 인재 포트폴리오와 현재의 인재 포트폴리오와

의 차이가 바로 인재 필요 수요인 것이다. 이때 고려해야 할 점이 인력
면과 능력면을 함께 고려해야 한다는 점이다.

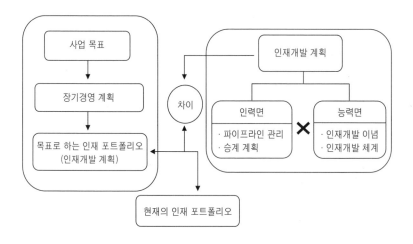

인재개발 계획의 수립

인재는 시간을 들여 개발해야 하므로 시간 축을 고려해야 한다. 예
를 들어, 3년 후에는 연구개발 부문의 프로젝트 매니저가 50명 필요하
다고 하자. 현재는 20명 밖에는 없는 상황이다. 1년 후에는 30명으로,
2년 후에는 40명으로 늘려가고 싶다. 이렇게 하기 위해서는 이 포지션
에 매년 배정하기 위한 후보자를 몇 명이나 사전 선정하여 육성해야
하는지를 계산하여야 한다.

인재개발 계획은 인원수의 측면에서 보면 파이프라인 관리라고 할
수 있는데 시간 흐름에 따라 동태적으로 변화하는 계획이라 할 수 있
다. 고급 관리자의 승계 계획 또한 대표적인 파이프라인 관리라고 할

수 있다. 승계 계획에서 후보자를 선정하였다고 하더라도 승계 계획자를 점진적으로 능력 배양해 주지 않으면 향후 고급 관리자로서 성장할 수 없다.

따라서 인재개발 계획에서는 인원수뿐만 아니라 능력 배양이라는 능력면을 함께 고려해야 한다. 인재개발 계획은 이처럼 탑-다운 방식 형태로 기업의 사업 목표에서부터 시작하여 인재개발 계획을 수립하는 것을 기본으로 한다. 하지만 인재개발 계획의 수립은 갈수록 어려워져만 가고 있다. 경영환경이 안정적이지 않고 시시각각 변화하는 시대에 가장 기본적이라고 할 수 있는 신입사원 충원 계획조차 수립하기가 쉽지 않다.

단기적 역량 차이 관점에서의 인재개발 계획

1) 역량 차이는 현장이 먼저 느낀다

아무리 장기적 관점에서 인재개발 계획에 근거해 인재개발을 시행하여 왔다 하더라도 환경 변화는 예측을 항상 뛰어넘는다. 그 결과 사업 수행에 필요한 임직원의 역량 차이는 피할 수 없는 상황이다. 중요한 점은 환경이 크게 변화하여 발생한 필요 역량의 차이를 어떻게 신속히 극복하기 위한 조처를 취하느냐가 중요하다. 경영진의 의사결정으로 전략적 대처를 한다면 어느 정도 계획적으로 대처할 수 있지만, 대부분의 경우 변화는 외부로부터 돌연히 발생하는 해일과 같다. 때문에 변화를 가장 신속하게 감지할 수 있는 것은 본사 담당 부서가 아니라 일선 현장 부서라고 할 수 있다. 만약 본사의 담당 부서가 변화를 인지하고 손을 쓸 때가 되면 이미 늦어버린 경우가 있을 수도 있다. 따라서 일선 현장 부서에서 역량 차이를 인식하고 이에 필요한 적절한 조처를 할 필요가 있다.

2) 문제와 원인을 올바르게 파악한다 임직원들의 필요 역량을 파악하기 위해서는 발생한 현상에 대한 정확한 원인 파악이 중요하다.

한 사례로, 어느 기업의 영업 부문의 기획 담당자는 영업사원들이 고객사를 상대로 적절한 프레젠테이션을 하지 못하고 영업 실적이 부진하므로 프레젠테이션 교육을 해 주었으면 하는 교육 요구를 HRD 담당자에게 피력하였다. 영업 부문에서 당초 기대한 것은 보기 좋은 프레젠테이션 자료의 작성과 고객 앞에서 자신감을 가지고 효과적으로 프레젠테이션 할 수 있는 여러 스킬을 교육해 주었으면 하는 것이 일차 바람이었다. 하지만 현장의 영업과장이나 영업사원들로부터 상황을 파악해보면 사정이 조금 달랐다. 일선 영업사원들이 고객을 상대로 프레젠테이션을 진행할 시 가장 어려운 점은 프레젠테이션 후 고객들의 질문에 잘 대답하지 못하는 경우가 많다는 점이었다. 프레젠테이션 자료는 잘 만들었는데 모든 질문에 대한 답을 포함하기는 불가능한 상황이다. 이때 고객이 아주 세부적인 질문을 하게 되면 이를 논리적으로 답변하지 못하고 횡설수설하게 된다는 점이 문제였다. 즉, 문제는 순발력 있게 자기 생각을 논리적으로 정리하여 설명하지 못하고 있다는 점이었다.

정리하자면 영업사원의 프레젠테이션 실패는 고객의 질문에 적절히 대답을 못 했기 때문이고 이는 순발력 있게 자기 생각을 정리하지 못한 데 원인이 있다.

결과적으로 영업사원들에게 논리적인 사고력이 부족함으로 인해 발생한 것이다. 진정한 원인은 논리 사고력이 약한 데 있었다. 이러한 때 필요한 교육은 철저하게 논리 사고력을 훈련하여 높은 스트레스 상황에서도 논리적으로 자기 생각을 설명하게 만드는 것이다. 이처럼 현상으로서 표면화하고 있는 문제를 적절히 분석하면 역량의 차이를 발견하게 된다.

교육기획자는 이처럼 문제와 원인을 올바르게 파악하는 것이 중요한데 이러한 문제 원인을 정확하게 파악하지 못하면 결과적으로 교육이 포인트를 잃게 되고 요구되는 교육 성과를 얻지 못하게 된다. 또한 귀중한 조직원의 시간과 교육 예산을 낭비하게 된다.

교육 간의 유기적 관계

교육을 기획할 때 반드시 지녀야 할 태도는 체제적인 관점이다. 이에는 두 가지 의미가 있는데 첫째, 인재개발 체계 전체 중에 어디에 위치하는가와 다른 교육과는 어떻게 연계되는가 하는 관점이다. 즉, 어느 특정 교육만이 아니라 여러 교육의 집합체로서의 인재개발 계획을 통해 성과를 창출해 간다는 유기적인 관계성을 중시하는 거시적인 관점이다. 둘째, 한 교육에서의 시사점이 다른 교육에 직접적으로 영향을 줄 수 있다는 미시적인 관점이다. 조직원은 교육을 통하여 다양한 정보를 얻을 수 있다. 그것을 다음 교육에 활용하지 않을 수 없다. 일종의 피드백을 다음 교육에 해주게 되는 것이다. 교육 계획 수립 단계에서부터 교육 간의 피드백을 고려하여 연계된 체계를 수립하는 것도 필요하다.

이때 필요한 관점이 체제적이어야 하는데 교육체제설계(ISD: Instructional System Design) 프로세스가 도움 된다.

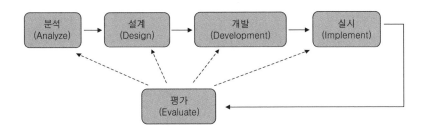

ADDIE 모델

1) 교육체제설계 디자인 교육체제설계(ISD)란 교육을 효과적 효율적으로 설계 운영하기 위한 방법론이라고 할 수 있다. 원래는 2차 세계대전 중 미군 병사나 근로자 훈련의 생산성을 향상시키기 위해 도입된 기법이지만, 이후 아동 교육이나 기업 교육 훈련에도 응용되었고 근래에는 온라인 교육의 과정 개발에 자주 활용되고 있다.

교육체제설계를 프로세스화 한 모델로 유명한 모델이 소위 'ADDIE 모델'이다. 이는 분석(Analyze) → 설계(Design) → 개발(Development) → 실시(Implement) → 평가(Evaluate)의 영문 머릿글자를 취해 만든 모델이다.

- 분석(Analyze) : 학습자의 특성이나 학습 과제의 분석 등
- 설계(Design) : 학습 목표의 설정, 교수 방법의 선택
- 개발(Development) : 학습 활동을 위한 교재의 작성
- 실시(Implement) : 개발한 교재를 이용한 교수의 실시나 교재의 배포
- 평가(Evaluate) : 학습 활동이 당초의 목적을 달성했는지의 확인

PDCA(Plan → Do → Check → Action) 모델에 익숙한 조직원들에게 친숙하게 보일 수 있는 모델이다. 분석은 정확한 문제의 원인을 찾는 활동이다. 원인이 정확하게 분석되지 않으면 교육 전체는 잘못된 목적을 갖고 성과 없이 비용만 낭비하게 된다.

이러한 교육 교육체제설계 프로세스를 교육기획자가 행하지 않고 전체를 외부 전문 교육 컨설턴트에게 외주를 주는 경우가 있다. 현상의 문제만 가지고 이에 적절하다 싶은 교육 과정이나 컨설팅회사를 찾아 의뢰하는 것이다. 교재는 컨설팅회사의 표준 패키지 프로그램을 사용하므로 개발 과정이 생략된다. 그리고 곧바로 교육이 실시된다. 평가도 학습자의 반응도 평가 수준에 머무르고 이에 대한 다양한 피드백에 향후 제대로 활용되지도 않는다.

즉, 교육기획자의 역할이 거의 없이 교육 요구를 그대로 외부에 전가하는 상태이다. 외부의 전문 교육 기관에 교육을 의뢰한다고 하더라도 기업의 인재개발을 책임지는 HRD 담당자는 전체 교육 프로세스에서 교육체제설계 프로세스를 명심하고 전체를 감독하려는 자세를 견

지하여야 한다. ADDIE 모델의 중요한 점은 실시 평가가 다음 교육 과정에 피드백되어 반영되어야 한다는 점이다.

2) 동일 교육 프로그램에의 피드백 피드백은 두 개의 방향으로 진행된다. 한 가지 방향은 동일 교육의 각기 다른 차수이다. 동일 내용의 교육 프로그램이 복수로 운영되고 있다고 할 경우 빠른 차수의 교육이 다음 차수의 교육에 내용 면이나 운영 면에서 긍정적인 피드백을 줄 수 있다. 가령, 올해부터 3개월에 거쳐 총 3일간의 신임관리자 교육을 하려는데 대상이 되는 올해의 신임관리자가 50명 있다고 하자.

이때는 한 차수에 25명씩 2개 차수로 운영하되 차수 간 1개월의 시차를 두고 실시하기로 하였다. A차수는 9월 시작, B차수는 10월 시작하며 커리큘럼은 3개의 프로그램으로 구성되어 있다. 첫째 달은 리더십, 둘째 달은 재무분석, 셋째 달은 마케팅이 진행된다. 각 차수가 1개월의 차이가 있기 때문에 A차수가 리더십 과목을 마치게 되면 다양한 개선 점이 발생하게 되고 이는 B차수 운영 시 반영하게 된다.

동일한 강사가 A차수의 리더십과 B차수의 리더십을 강의하게 된다면 당연히 강사는 A차수의 경험을 바탕으로 B차수를 운영하게 될 것이다. B차수를 다른 강사가 담당하게 되더라도 A차수의 경험을 바탕으로 B차수의 강사에게 필요한 피드백을 줄 수 있다.

동일 차수 교육에서 리더십을 강의했던 강사가 다음 달의 재무분석 강사에게 학습자와 교육 운영에 대한 피드백을 줄 수 있다. 대부분의 학습자 특성은 첫 강사가 대체로 파악할 수 있다. 첫 번째 강사가 직접 전달하지 못한다 하더라도 이를 교육담당자가 이어받아 피드백을 다음 강사에게 전달하는 방법도 있다. 첫 번째 강의를 맡은 리더십 강사가 학습자들이 예습도 해오고 이해력이 빠른 것을 느껴 강의를 빠르게 진행하거나 강의 수준을 높일 필요성을 느꼈다면 이러한 정보를 다음 강사들에게 전달해주어야 전체적인 강의 만족도가 높아진다. 물론 이러한 피드백은 사전에 예상하기 쉽지 않고 운영 과정에서 이루어진다. 중요한 점은 교육기획자가 이러한 교육 운영상의 피드백이 원활하게 이루어지게끔 조직적 흐름을 기획해야 한다는 점이다.

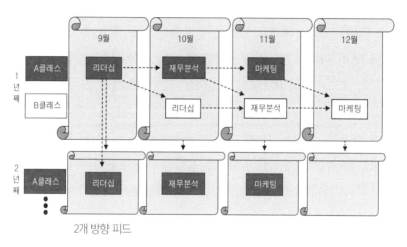

신임관리자 교육

3) 차년도 유사 교육에의 피드백 또 다른 방향은 차년도 유사 교육에의 피드백이다. 많은 교육 프로그램이 매년 연속적으로 실시되어 조직의 역량을 향상시키고 있다. 일정 수준의 교육 수료가 되어야 이러한 새로운 기술이 조직에 스며들게 되기 때문이다.

또한 조직에는 새로운 인재의 지속적인 유입이 이루어지므로 교육도 지속해서 반복된다. 동일한 주제의 교육 프로그램이 매년 반복된다고 해서 내용까지 모두 똑같아야 한다는 것은 아니다. 이렇게 동일 과정이 반복되는 경우 발생할 수 있는 문제는 교육담당자가 전년과 똑같이 진행함으로써 편해지려는 경향이 있을 수 있고 동일 강사를 초청할 경우 오히려 교육담당자보다 강사가 더 사정을 잘 파악하고 대처하게 될 수도 있다는 점이 있을 수 있다. 이것은 학습자나 조직 모두에게 좋은 현상이라고 할 수 없다.

시간이 지나면 환경도 변하고 수강하는 사원 또한 특성이 매년 바뀐다. 전년 과정의 피드백을 참조하고 이에 환경 변화사항을 반영하여 새로운 프로그램을 개발하려는 자세를 견지해야 한다. 또한 새로운 교육담당자가 기존 과정을 담당하게 되면서 기존 과정을 전폭적으로 새롭게 바꾸는 경우도 있는데 이러한 과정에서 프로그램의 연속성과 일관성이 무시되는 경우가 있다. 그 결과가 바람직한지 아닌지는 쉽게 판단할 수 없지만 중요한 것은 일관성과 혁신성이 적절하게 균형을 이루어야 한다는 점이다.

교육 요구
분석

　이번에는 교육 체계 수립에 가장 기본이라 할 수 있고 첫 단추라고 할 수 있는 교육 요구 분석에 대하여 알아보자. 우선 기업에서 무엇이 가장 중요한 수행과제이고 그것을 어떻게 교육으로 풀어 갈 수 있는지를 분명히 하는 데서 교육 요구 분석은 시작된다. 다시 말해, 교육 요구 분석은 '교육과제의 명확화'라고 말할 수 있다. 교육 요구 분석은 어떻게 진행되는지, 교육 요구란 무엇인지에 대하여 생각해 볼 필요가 있다. 단어 자체로만 보면 요구, 영어로 니즈(needs)는 필요성이라는 의미다. 따라서 교육 요구는 교육에 대하여 무엇이 요구되고 있는지, 교육의 필요 점은 무엇인지, 왜 그 교육을 해야 하는지 등을 말한다. 즉, 필요성이 없는 교육은 소용없는 것이라고 말할 수 있고 요구를 충족시키지 못하는 교육은 의미가 없기 때문이다.

　교육 기획에서 핵심은 '왜 이 교육을 해야 하나?'를 명심하는 것이다. 교육 요구 분석단계에서 명확하지 않은 요구 파악 내용을 바탕으로 교육을 운영하게 되면 성과 없는 교육으로 끝나는 경우가 많다. 또 HRD 담당자의 주관에 의지해 자의적으로 교육 요구를 규정하여 교육을 기획한 경우에도 좋은 성과를 얻기가 힘들다. 이들 모두의 경우 교육 요구의 명확한 파악, 정보 수집에 힘을 기울이지 않은 결과다. 경쟁사나 다른 회사에서 '창의적인 시대에 부합한 인재를 양성한다'라고 매스컴을 통해 발표하였더라도 반드시 이와 같은 인재양성 목표가 자사의 사정과 부합된다고 할 수 없다. 일반적인 교육 요구에 관한 기사나 정보가 자사의 교육 요구에 정확하게 부합되는 경우는 많지 않다. 성실한 교육 요구 조사 활동에 의해 사내의 교육 요구를 파악하는 것이 지름길이며, 정확한 정보를 얻을 수 있는 방법이다.

기업 이념과 역사로부터 교육 요구를 파악한다

교육 요구를 파악하려 들면 좀처럼 쉽게 눈에 띄지 않는다. 하지만 다소 어려운 점이 있다고는 하나 노력만 하면 보이는 게 교육 요구라고 할 수 있다. 우선 기업의 이념과 역사로부터의 교육 요구를 파악하는 것이 교육 요구를 명확화하는 첫 단계이다.

창업 정신에는 기업 이념을 말하는 것을 자주 볼 수 있다. 기업 내 창업자의 발언이나 기록, 어록 등에서 기업은 어떻게 존재해야 하는지, 어떻게 행동해야 하는지, 조직원은 어떻게 해야 하는지 등을 파악할 수 있다. 이것들로부터 시작해 기존 문서 안에서도 기업의 이념을 담고 있는 것을 많이 발견할 수 있다. 다음은 전통이다. 우리 회사는 어떠한 행동규범을 지니고 있는지, 무엇을 하는 것을 옳다고 하는지, 무엇은 해서는 안 되는지 등의 조직원 공동체가 지키려고 노력하는 가치관이다. 또한 직장의 규칙이나 전통적인 일, 일의 방법, 좋은 습관, 지켜가고 싶은 기업 풍토 등 구체적으로 명시한 기업도 있지만 암묵적으로 존재하는 경우도 있다. 이러한 전통적인 부분을 HRD 담당자는 문장화하게 되면 이것이 교육 요구로 이어질 수 있다. 이렇게 함으로써 기업의 역사를 되돌아보게 됨과 동시에 기업의 미래를 생각하게 된다. 기업의 미래상은 기업은 어떻게 행동하고 싶은지, 무엇이 되고 싶은지, 무엇을 하고 싶은지 등의 사항을 구체화하는 것도 필요하다. 기업의 이상에 대하여도 정리해 두면 좋다. 우리 회사가 모델로 삼고 싶은 기업은 어떠한 모습인지, 그리고 그 기업은 어떠한 특징을 지니고 있는지를 기술한다. 이러한 내용은 사내에 존재하는 다양한 문서에 산재되어 있을 가능성이 크다. 대체로 쉽게 얻을 수 있는 정보로는 회사 개요, 연혁, 경영 방침, 경영이념, 사회공헌 활동 등이 있다. 좀 더 적극적으로 창업자나 창립멤버 등과의 면담을 통해 구체적인 정보를 물어보는 것도 한 방법이며 이러한 활동을 통해 기본적인 교육 요구를 발견할 수가 있다.

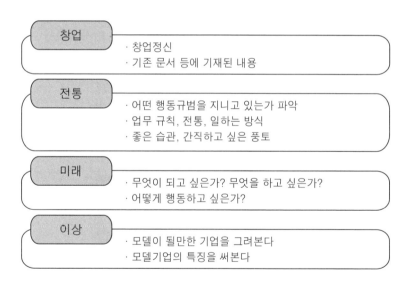

교육니즈 원천 파악

경영 방침, 경영 전략으로부터의 교육 요구 명확화

교육 요구 정보는 경영 방침, 경영 전략에서도 발견할 수 있다. 이것은 현재 기업에 무엇이 요구되고 있는지를 나타낸다. 최고 경영자가 생각하는 경영 방침이나 경영 전략에 기재되어 있는 것으로부터 경영상의 과제를 정리할 수 있다. 경영 전략에 기재된 내용을 바탕으로 '무엇을 어떻게 하고 싶은지, 언제까지 어떻게 할 것인지'를 기술한다.

예를 들어, '3년 내에 신기술 개발을 통해 경쟁사와 차별화된 상품 라인을 구축한다'라고 전략이 기술되어 있다면 '신기술개발과 상품개발의 동시 추진', '상품 라인의 차별화',' 3년 이내에 달성한다'라고 하는 식으로 인재개발에 무엇을 기대할 것인지, 인재개발을 통해 조직에 무엇을 공헌할 것인지를 연상하다 보면 교육 요구가 명확해진다.

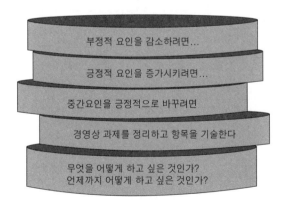

부정적 요인을 감소하려면...

긍정적 요인을 증가시키려면...

중간요인을 긍정적으로 바꾸려면

경영상 과제를 정리하고 항목을 기술한다

무엇을 어떻게 하고 싶은 것인가?
언제까지 어떻게 하고 싶은 것인가?

경영 전략 구체화

또 기업의 성장 발전에 있어 무엇이 부정적 요인인지를 파악하게 되면 역으로 이를 제거하는 것이 중요 과제가 될 수 있다. 반대로 긍정적 요인을 생각하면 그것을 어떻게 증가시킬 것인지가 과제가 된다. 한편 중립적인 요인도 어떻게 하면 긍정적인 요인으로 전환할 수 있을지가 과제가 될 수 있다. 이와 같은 방법으로 교육 요구를 명확히 할 수 있다. 이러한 방법에 더해 회사 비교 방식을 통해 교육 과제와 요구를 명확히 할 수 있다. 파악이라는 것이 결과적으로 경영 과제를 명확화하는 작업상의 한 부분일 수도 있다. 'A사의 특징은 매출과 판매력은 우수하다는 점이고 B사의 특징은 생산성이 높다는 점이다. 당사는 판매력은 우수하지만 생산성과 매출이 뒤떨어진다.

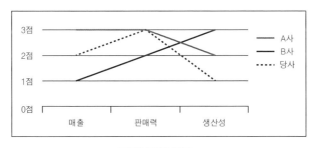

경쟁사와의 비교

당사의 경쟁사에 비해 우위에 있는 점은 판매력이지만 생산성이 특히 낮아 신속히 대책이 요구되는 상황이다. 또한 매출을 늘리기 위해서는 상품개발이나 타사 제품과의 차별화를 꾀할 필요가 있다'와 같이 문장화하는 것만으로도 인재개발에서 어디에 주력해야 할지를 알 수 있다. 이와 같은 작업을 몇 가지 주요 사항에서 문장화하면 현시점에서의 교육 요구가 파악된다.

교육 요구 파악 프로세스

교육 요구 파악 프로세스에서 우선 해야 할 점은 착안점, 지표를 정리하여 기술하는 것이다. '판매고, 시장, 개선 제안, 작업표준의 정비, 사원의 연령 분포, 클레임 건수…' 등의 리스트를 만들어 보는 것이 중요하다. 조목별로 나누어 쓴 글로, 간결하게 단문으로 쓴다. 다음으로는 쓰인 내용을 검토하면서 인재개발의 관점에서 하나하나 평가를 해본다. 상황에 대한 평가 결과를 "◎, O, △, X, XX" 또는 "5, 4, 3, 2, 1"과 같이 기호화한다. 이 평가 결과에 대한 이유와 분석 결과, 데이터 등이 있으면 기재한다.

이상의 작업을 통해 판명된 것, 결론 지을 수 있는 것 등을 목록화해 4~10개 항목으로 문장화한다. 이처럼 해서 문제 상황을 교육 요구의 관점에서 정리할 수 있다.

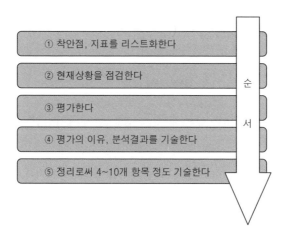

문제 상황을 문장화하는 프로세스

교육 요구 분석에서 이와는 다른 관점에서 생각해보는 것도 필요하다. 예를 들면, 기업을 둘러싼 환경변화에 주목해 요구 사항을 정리하는 것이다. 변화의 동향은 인재육성에 있어 유용한 정보를 제공하는 것이 많다. 따라서 이러한 정보로부터 교육 요구를 생각해보는 것도 한 방법이다.

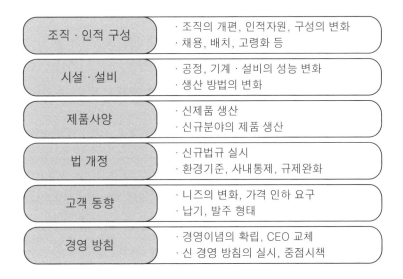

조직 · 인적 구성	· 조직의 개편, 인적자원, 구성의 변화 · 채용, 배치, 고령화 등
시설 · 설비	· 공정, 기계 · 설비의 성능 변화 · 생산 방법의 변화
제품사양	· 신제품 생산 · 신규분야의 제품 생산
법 개정	· 신규법규 실시 · 환경기준, 사내통제, 규제완화
고객 동향	· 니즈의 변화, 가격 인하 요구 · 납기, 발주 형태
경영 방침	· 경영이념의 확립, CEO 교체 · 신 경영 방침의 실시, 중점시책

기업을 둘러싼 환경변화의 파악

각각 항목마다 어떤 변화가 발생하고 있는지를 생각해보는 것이다. 조직, 인적구성 변화에 대해서는 '조직 개편, 인적자원 구성 변화', '채용, 배치, 조직원 고령화로의 변화' 등의 내용과 같이 현상을 기술한다. 시설, 설비의 변화에 대해서는 '공정의 변화, 기계의 설비 성능의 변화', '생산 방법의 변화'와 같은 변화를 기술한다. 라인 생산에서 셀 생산으로의 전환과 같은 생산 방식의 변화는 기업에 상당히 영향을 미치는 변화 사항이다. 제품 사양의 변화에서는 '신제품의 생산', '신규분야의 제품 생산'이 시작된다면 요구하는 인재의 자질이 새롭게 요구될 것이다.

법 개정도 상당히 조직에 영향을 미치는 요소이다. '신규법규의 실시', '환경기준, 사내 통제, 규제 완화'와 같이 해당 법이나 규정의 변화를 미리 대비하여 나가고 조직원들에게 인지를 시켜놓지 않게 되면 사업 전개에 어려움을 겪을 수 있다. 고객 동향도 수시도 변화한다. '고객 니즈의 변화', '가격 인하 요구', '납기, 발주 형태의 변화' 등과 같은 요구가 있을 수 있고, 경영 방침의 변화에는 '경영이념의 확립, CEO 교체', '신경영 방침의 실시, 중점 시책의 발표'와 같은 것이 있을 수 있다.

다양한 관점에서 기업의 변화를 살펴보았는데, 인재개발은 변화의 요구에서 시작되는 경우가 많기에 '변화는 곧 교육의 시작점'이라고 할 수 있다. 변화가 없는 곳에서는 인재육성이나 교육이 활발하지 않은 경우가 많다.

교육 요구에 대해 좀 더 상세히 파악해 나가려면 이보다 좀 더 구체적인 방법이 필요하다. 지금까지는 일반적으로 대부분의 조직에서 접근할 수 있는 방법들로써 가장 기본적인 교육 요구 파악 방법들이었다.

교육 요구 파악의 3가지 방법

면 담	· 사전 준비한 질문사항과 관련하여, 직접 관계자를 면담하여 답변을 모은다. 화답 결과에 따라 판단한다.
문서 조사	· 사내문서를 중심으로 문서를 수집한 후, 문서에 기재된 내용을 검토한다.
설문 조사	· 질문사항을 사전 준비하여 보내주고 회답을 모은다. 회답결과에 따라 판단한다.

　구체적인 교육 요구 파악 방법으로는 '들어 본다(면담)', '질문 조사해 본다(설문 조사)', '문서를 찾는다(문서 조사)'의 3가지 방법이 있는데 이들은 교육 요구를 현실적으로 파악하는데 매우 유효하다. 교육 요구를 파악하는 방법으로 면담은 매우 간편하고 단시간에 정보를 수집할 수 있는 장점이 있다. 대체로 개별적으로 나가 실시하는데, 간혹 관계자를 집합시켜 실시할 경우도 있지만 이때는 내용이 약간 다르게 나올 수도 있다. 개별 면담이 좋은 점은 그 부서만의 특색이나 상황, 배경 요인들을 깊이 있게 청취할 수 있다는 점이다. 단체 집합 면담의 경우의 장점은 모인 사람들의 의견이나 설명을 통해 다양한 정보를 입수할 수 있고 그 자리에서 내용을 수렴하고 정리할 수 있다는 점이다.

　20분 면담의 예를 들면 다음과 같다.

1) 면담의 주제 설명 [3분]
→ 신입사원 교육에 관한 면담

2) 질문 [15분]
① 최근 신입사원 상황과 문제(행동, 능력, 태도, 의욕 등)
② 지금까지의 신입사원 교육의 문제점 (강의, 실습, 단체행동 등)
③ 교육 내용. 방법. 강사 등에 관한 건의 사항(시간, 기간, 시기, 실시 방법 등)
④ 그 외, 인재개발에 관한 의견

3) 정리와 보고의 방법 설명, 감사의 표시 [2분]

이러한 방법으로 각 현업 부서를 순회한 후 수집한 정보를 정리하면 좋은 기초 자료가 된다. 설문 조사는 주로 문장 형태로 질문을 하고 이에 대한 답변 또한 문장 또는 기회 등으로 회신한다. 이 방법은 사전에 준비한 질문에 답변을 받는다는 점에서 면담과 유사하다. 문장의 경우 그 질문이 다소 오해를 불러일으키거나 의도를 정확히 파악하기 힘든 경우도 있음으로 질문 항목을 신중하게 만들어야 한다. 교육 요구를 파악하는 것은 실태 조사보다 힘든 작업이라 할 수 있다. 구체적인 답변 예를 제시하면서 설문이나 질문 항목을 작성하는 것도 효과적이다. 단문으로 답변을 하도록 하면 설문 답변자는 답변하기가 편하고, 조사는 정리하는데 편리하다. 설문의 회답은 통상 1~2주 이내에 이루어질 수 있도록 요청해야 한다. 기간이 너무 길면 답변자가 조사 자체를 잊어버릴 수 있다. 최근에는 메일이나 SNS를 이용한 설문조사가 발달하여 이런 수단을 잘 활용하면 시간과 비용 절감은 물론 답변

정리도 편리하게 할 수 있다. 설문 마감일 되었어도 답변이 없을 경우 독촉 메일을 보내면 효과적인데 이러한 점은 면담에는 없는 장점이라 할 수 있다.

다음은 문서 조사인데 사내 문서 중 교육 요구에 참조할만한 복사하여 수집한다. 수집한 문서는 제본하고 각 내용을 분류하여 목차를 만들어 정리하면 효과적이다. 반드시 원본이나 종이 문서를 갖고 있을 필요는 없다. 기록이나 가공이 용이한 컴퓨터 파일 형태도 매우 유용하게 활용할 수 있다. 이러한 작업의 결과를 '교육 요구에 관한 기본적 사항'과 '교육 요구 조사 결과'양식에 기재한다. 이 표를 통해 교육 요구가 상당히 구체적으로 표현될 수 있고 좀 더 명확해진다.

교육 요구에 관한 기본적인 사항

항 목	요 점	기 타
기본이념, 역사로부터의 기본 교육 요구		
경영 방침, 경영 전략에서의 교육 요구		
기업을 둘러싼 변화로서의 교육 요구		

교육 요구 조사 결과

항 목	요 점	기 타
면담을 통한 교육 니즈		
문서 조사에 따른 교육 니스		
설문 조사에 따른 교육 니즈		

교육 요구 기술 방법

사내의 다양한 실태와 현황을 파악했고 각 방면의 의견도 취합하였다면 이것들을 현시점에서 정리한다. 정리하지 않으면 각각은 하나의 자료일 뿐 인재개발을 추진하는데 필요한 유용한 정보가 되지 못한다. 요구 파악 결과는 단문이 좋으며 이때 논점을 명확히 해야 한다. 파악 결과는 현상, 사상, 상황 등 어떠한 내용이든 상관없지만 교육 요구 정리는 인재육성체계 개발에 도움이 될 수 있도록 '무엇을', '언제까지', '어떻게' 수행할 것인가를 기술하지 않으면 안 된다.

조사 결과를 파악한 결과

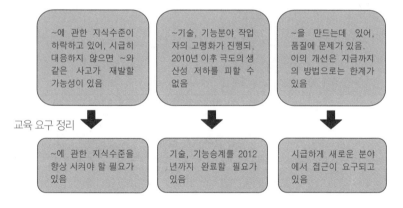

교육 요구의 기재 방법

면담 등을 기초로 정리하는데 예를 들면, '~에 관한 지식수준이 하락하고 있어, 시급히 대응하지 않으면 ~와 같은 사고가 재발할 우려가 있음'과 같이 단문으로 정리한다. 이러한 기술문으로부터 사고의 원인이 지식수준이 낮기 때문이라는 것을 알 수 있다. 또 '하락하고 있어'와 같은 문장을 통해 언제부터인지는 몰라도 전에는 이러한 지식수준이 높았다는 점을 유추할 수 있다. 교육 요구는 현실, 현상의 문제와 관련되는 기술문이 되게 해야 한다. 이처럼 명확히 현상을 기술하게 되면 '~에 관한 지식수준을 향상시킬 필요가 있다'라고 하는 인재개발의 과제가 도출된다. 좀 더 구체적으로 기술한다면 'ㅇㅇ부서의 반장 클래스 4명에 대해 202X년 12월까지, ~에 관한 지식수준을 4수준으로 끌어올릴 필요가 있다'라고 할 수 있다. 다른 조사 결과 기술 문장도 이처럼 구체적으로 기술할 수 있다.

이러한 기술문을 표로 정리해 교육 기획을 구체적으로 진행한 것이 다음 쪽의 표다. 먼저 교육 요구의 파악 결과를 3개 정도 기술하였고, 이러한 정리를 바탕으로 교육 요구를 정리하였다. 교육 요구 사항들을 기초로 하여 구체적 교육 기획으로서 '~와 관련한 불량 발생을 방지하기 위해 ~의 기능 수준을 2에서 3수준으로 상향 조정한다'라고 정리하였다. 구체적인 인재개발 방법으로 'Off-JT, 기능 현장교육과 연계하여 36시간 정도의 실기 중심 교육을 실시한다'고 기술하였다.

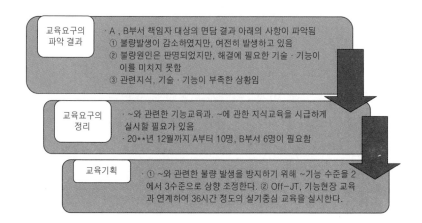

교육 요구 파악을 통한 교육 기획

이 예는 매우 구체적인 내용을 기초로 하고 있지만 좀 더 포괄적인 내용이라도 상관없다. 예를 들면, '설계개발 부문과 면담 결과 제품개발과 생산부서와의 관계가 원만하지 않아 불량이 많이 발생하고, 또 제품을 제조하는 데 있어 상당한 노력이 필요하다'와 같이 원인을 파악하였다면, 교육 요구의 정리는 '개발담당자가 제품 생산 프로세스를 파악하게 하고, 이를 업무에 반영하도록 한다'라고 기술할 수 있다. 교육 기획 기술에서는 '3개월 이내에, 제품개발 담당자 3명을 1개월 간 제품 생산 현장에 파견하여 교육을 받도록 한다'라고 기술하면 좋다. 교육 기획은 '무엇을 실시할 것인가, 왜 실시하는가, 이의 근거는 무엇인가'라고 구체적으로 표현하면 좋다.

교육 요구로부터 교육 기획 요점

항 목	요 점	기 타
교육 기획	[목표 설정과 실시 기획] 목적, 내용, 방법을 기재한다.	
교육 요구의 정리	[교육에의 기대 사항] 조사 결과 정리를 통해 판명된 교육 니즈를 기재한다	
교육 요구의 파악 결과	[문제상황의 정리] 면담, 문서 조사, 질문 조사의 결과 사항을 기재한다.	

    지금까지 살펴본 사항을 표로 정리하면 '교육 요구의 파악 결과'란 에는 면담, 문서 조사, 설문 조사 결과를 내용을 기재한다. '교육 요구 의 정리'란에는 조사 결과에서부터 규명된 교육 요구를 기재한다. 바 로 이것이 교육에의 기대 요망 사항이 된다. '교육 기획'란에는 교육의 목적, 내용, 방법을 기재한다. '기타'란에는 관련한 문서 이름이나, 간 단한 자료 종류를 기입하면 된다.

    교육 기획서를 작성할 때는'기업을 둘러싼 변화'를 면담한 후 이들 변화가 어떠한 교육 요구를 함의하고 있는지를 정리해보는 것이 중요 하다.

교육 기획서

항 목	교육 요구 사항
조직 · 인적구성의 변화 「조직개편, 인적자원 · 구성의 변화」 「채용 · 배치, 고령화 변화」	
시설 · 설비의 변화 「공정의 변화, 기계의 연식변화, 설비 노후화」 「생산 스타일 변화」	
제품사양의 변화 「신제품의 생산」,「 신규분야의 제품생산」	
법개정에 따른 변화 「신법의 시행」 「환경기준, 사내통제, 규제완화」	
고객취향의 변화 「니즈의 변화, 가격인하 요구」 「납기, 발주형태의 변환」	
경영 방침의 변화 「경영이념의 확립, CEO 교체」 「경영 방침의 실시, 중점시책」	

인재개발 방침, 교육이념, 인재개발 방법의 체계화

인재개발에서의 기본은 교육 요구 분석을 기초로 하여 인재개발 기획을 수립하는 것이다. 기업이 교육하기로 결정한 경우 뭔가 기업에 기여할 수 있는 내용으로 교육을 진행하여 기업에 성과를 보여줄 필요가 있다. 이전 기업 발전과정이나 역사

중에 시행되었던 교육 등을 고려하면서, 시대에 맞는 새로운 주제를 기획하는 것이 중요하다. 구체적인 인재개발 기획내용은 다음과 같은 것이 있다.

- 인재개발 방침(육성 방침), 교육이념, 인재개발 전략
- 인재개발체계, 인재개발 시스템, 경력개발 계획
- 인재개발의 조직, 체제
- 교육 프로그램 일람, 교육 프로그램 가이드
- 자격증인정제도, 사내 인정시험
- 연간 교육 계획(단기 교육 계획), 중장기 교육 계획

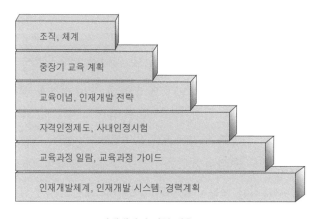

인재개발의 기획 내용

이와 같은 내용을 어떻게 구성할지를 이해하고 구체적인 작성 방법과 프로세스를 살펴볼 필요가 있다. 우선 인재개발 방침(육성 방침), 교육이념, 인재육성 전략을 설명하면 이 내용은 전체적인 밑그림으로서

전체 인재개발의 방향성을 나타낸다. 이들은 대부분 교육 요구 분석을 기초로 작업이 시작된다. 따라서 일선 현장의 목소리, 관리 감독자의 요구 사항 등이 반영되어 작성되어야 한다. 다음의 인재개발 체계, 인재개발 시스템, 경력개발 계획을 작성하게 되는데, 이들은 인재개발 방침을 실현하기에 가장 적절한 체계, 시스템을 설정하는 것을 말한다. 그리고 인재육성 조직, 체제를 설정해야 하는데 무엇보다도 실행 가능성이 높고 순조롭게 기능할 수 있도록 조직해야 한다. 이상의 전략적 부분의 설정을 바탕으로 연간 교육 계획(단기 교육 계획), 중장기 교육 계획을 수립한 후 이들 내용을 '교육 프로그램 일람', '교육 프로그램 가이드북' 등을 만든다. 동시에 교육 기획으로서 자격인정제도, 사내인정시험 등도 작업 내용에 포함하면 좋다.

인재개발 방침을 육성 방침이라고도 하는데 이것은 교육으로 말하면 교육 이념에 해당한다고 볼 수 있다. 이러한 육성 방침이 없는 가운데 교육을 진행하고 있는 기업을 볼 수도 있지만, 제대로 된 교육 운영이라고 보기는 어렵다. 언젠가는 시간을 가지고 자사의 인재개발 방침을 점검해 조직 전략과 부합된 방침을 만들어야 한다. 다음에 수정 보완할지라도 우선 초안이라도 조직의 인재개발 방침을 그려보는 것이 중요하다. 구체적인 전략이 도출되고 타당한 내용이 도출될 때 이러한 방침이 적절하게 작용하기 시작한다.

기업 교육에 대한 인재개발 방침을 간략하나마 정리하게 되면 조직문화 차원에서도 직원들에 대한 배려가 자리 잡게 되고 인재개발의 세부방침이 세부적으로 제시되게 되면 좀 더 실행이 성과로 이어지게 된다.

예를 들면, '제품 제작의 기본을 중요시한다', '설계개발과 제조 사이의 벽을 없애 구별 없는 작업환경을 중시한다', '고객의 의견, 의향을 이해하고 제품에 반영하는 노력을 기울인다', '타사와의 차별화되는 기술, 기능의 발전을 촉진한다', '신입사원에서부터 간부까지 조직 커뮤니케이션이 활발한 조직문화를 중요시한다' 등의 간단한 문장을 구체적인 교육 내용으로 정리해 나가는 것이 중요하다.

인재육성 방침 설정 배경

이런 인재육성 방침은 다음과 같은 소재나 정보를 바탕으로 작성하여야 하는데, 우선은 경영 방침, 비전에 중요한 정보가 들어가 있다. 이에 더해 경영자의 다양한 어록, 문서화되어 있는 기업이념, 회사 경영방침 등 경영의 뼈대를 이루는 내용이 많은 참고가 된다.

더욱이 현장에서 듣고 얻은 조사 결과는 많은 것을 말해 준다. 상품, 제품의 특성은 인재개발의 방향을 어느 정도 정해준다. 또한 현장에서의 제조, 생산과 관련한 사고방식과 일의 특성, 진행 방법의 차이점 등은 육성 방침 작업에 많은 도움 된다.

인재개발 체계, 인재육성 시스템, 경력개발 계획의 작성

인재개발 방침(육성 방침) 수립에 이어 이를 실현하기 위한 인재개발 체계, 인재육성 시스템을 만들어야 한다. 인재개발 체계와 단순히 교육 프로그램의 나열을 의미하지 않는다. 체계화되어 있다고 하는 것은 교육 프로그램 상호 관계성이 분명하고, 단계별로 과정이 난이도나 수준을 달리하여 각각의 단계가 명료하게 보이지 않으면 안 된다. 인재개발 체계와 기업이 어떻게 조직원을 육성하여 갈 것인가에 대한 프로세스를 나타내고 있다.

기업에서는 계층별과 직능별로 인재개발 체계를 정리하는 것이 일반적이다. 대체로 인재개발 체계도는 세로축에는 계층을, 가로축에는 직능별로 구별하여 전체적인 교육 구성을 쉽게 파악할 수 있도록 정리되어 있다. 계층과 직능에 따라 필요한 교육 프로그램을 일목요연하게 정리하여 제시하고 있다. 직능은 경영 역량, 직무 역량, 글로벌 역량으로 구분하고 직무 역량은 다시 세부적인 직무 구분에 따른 집합교육과 사이버 교육 과정을 적절하게 구분 표시하고 있다. 일부 교육 체계도에서는 근속 연수와 교육 내용과의 관계를 표하기도 한다.

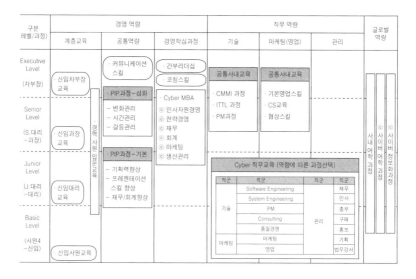

인재개발(교육) 체계도 예

인재개발 시스템을 구축하기 위해서는 이러한 체계를 바탕으로 어디서, 언제, 누가, 어떻게 등의 실시상의 구체적 방향성을 명시해야 한다. 조직 내 인재개발 시스템은 조직원들의 경력개발과 연계되어 조직원들의 목표달성을 지원할 수 있도록 구성되어야 한다.

예를 들어, 어느 직원의 경우 조직에서의 성장과 발전을 고려한 목표를 설정한 후 상사와의 면담을 실시한다. 이어 필요한 교육을 수강하고 결과를 보고한다. 연말에 상사는 목표 달성도를 평가해 차년도 목표 관리에 연결한다. 이러한 흐름을 주기적으로 시행하면 조직원의 경력개발에 도움 된다.

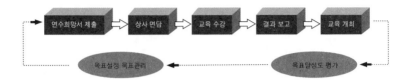

목표관리와 인재개발의 관계

직장생활에서 성공적인 미래상을 구축하기 위해서는 무엇보다 경력관리가 중요하다. 조직원 개개인이 경력개발 계획을 세우고 행동으로 옮기는 것으로 주체적인 인재개발이 가능하다. 전문기능인으로서 조직 내 비전을 가지고 있는 사람이 실제로 다음의 표와 같이 상세한 경력 계획이 있다면 이를 현실화하기 훨씬 쉬워진다.

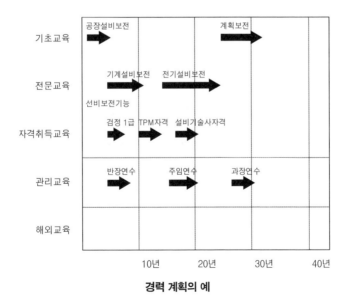

경력 계획의 예

이 예에서 전문 교육 중심으로 자격 취득과 관리 교육이 병행됨으로써 나름대로 훌륭한 경력을 형성해 가려 하고 있음을 알 수 있다. 이러한 경력 계획을 상사와 상담해 가면서, 정기적으로 조사, 확인, 실시, 검증해나가는 것이 좋다. 이와 같은 과정을 일반적으로 경력개발 프로그램(CDP, Career Development Program)이라고 한다.

연간 교육 계획(단기 교육 계획), 중장기 교육 계획의 수립

인재개발의 기획은 교육 계획을 수립함으로써 현실화된다. 언제까지, 누구를, 어느 정도 육성하고 개발할 것인지가 구체적으로 표시되기 때문이다. 교육 체계에서 단기 계획은 보통 연간 계획이나 월간 계획을 말한다. 중장기 계획이란 조직의 중장기 전략과 계획에 맞추어 세운 3~5년 정도의 인재개발 계획이다. 이러한 인재개발 계획에 보통 포함되는 내용으로는 다음과 같다.

· 교육의 시기, 기간
· 교육대상자
· 지도자/관리자/담당자
· 교육 내용과 교육 방법
· 장소

연간 계획을 세우는데 있어 우선 '교육의 시기 및 기간'은 실제 교육 개시 일부터 완료 일, 소요 일자나 시간을 기재한다. 이때 회사의 행사 등을 고려해 계획하는 것이 좋다.

장소가 마땅치 않은 경우에는 교육 요구 사항에 따라 교육 완료일을 미리 정하는 경우도 있다. 이런 경우 일정에 맞게 교육 계획을 잘 설정하여야 한다. '교육대상자'는 대략 개개인을 미리 상정해 놓는 것이 좋다. 근무 일정이나 생산계획 등과 관계가 되므로 사전 교육 대상으로 지정해 놓으면 교육대상자가 교육 일정에 맞춰 업무를 사전에 조율할 수가 있다. '교육 내용과 교육 방법'은 명확하게 사전 결정할 필요가 있다. 교육 내용은 도달 목표이기도 하므로 어떠한 상태가 되어야 교육 목표를 달성한 것인지를 명확하게 기술하는 것이 좋다. '장소'는 교육이 가장 효과적으로 진행될 수 있는 곳이 좋다. 집합교육의 경우 대부분 직장을 떠나 진행하는 경우가 많기 때문에 사전 교육 장소를 고려해 놓는 것이 향후 교육 운영에 도움 된다. OJT(On the Job

Training 직장 내 교육)의 경우 현업에서 진행되고 교육 시간과 시기를 사전에 정하기가 어렵기 때문에 장소를 규정하기 힘들지만 현실적인 곳을 선정하는 것이 필요하다.

계층 교육
계획의 실제

교육 체계의 이해

교육 체계는 보통 계층별 교육과 직능별(전문) 교육으로 구분할 수 있다. 계층별 교육은 경영의 각 계층(경영층, 중간관리자, 사원)을 대상으로 하는 교육이고, 일반적으로 경영 간부 교육, 관리감독자 교육, 중견사원 교육, 신입사원 교육과 같이 직급 체계상의 계층별로 구분한다. 또 하나의 구분인 직능별 교육은 경영의 각 기능(예를 들면 영업, 생산, 인사, 재무, 연구개발 등)을 대상으로 하는 교육 훈련이고, 다시 부문별 교육 또는 실무별 교육 등으로 나눌 수 있다. 계층별 교육은 수직적인 교육이고, 직능별 교육은 조직에서 수평적인 교육이라고 할 수 있다. 이처럼 체계화된 교육에 OJT(직장 내 교육)나 자기 계발 프로그램이 추가될 수 있다. HRD 담당자는 교육 체계에 대한 기본적인 지식을 습득하고 있지 않으면 실제로 프로그램을 개발하는데 어려움을 겪을 수 있다.

계층별 교육 파악법

앞에서 말한 바와 같이 계층별 교육이라는 것은 조직의 각 계층에 요구되는 역할 기능이 원활하면서도 충분히 발휘될 수 있도록 그에 필요한 지식이나 기술을 부여하는 것을 목적으로 실시한다. 각 계층에 요구되는 역할 기능이라는 것은 경영 간부층에는 전략 기능, 관리 감독 계층에는 전술 기능, 일반 사원층에는 실시 기능이 요구된다.

여기에서 말할 수 있는 것은 계층이 위로 가면 갈수록 거기에 요구되는 것은 추상적이며 일상적인 것보다 미래적이며, 반대로 계층이 아래로 내려가면 구체적이고 보다 실질적이라는 것이다. 언뜻 보기에 당연하다고 생각할지 모르나 교육 계획을 생각한 후 이러한 파악법은 매우 기본적이면서도 중요하다. 이런 파악을 통해 HRD 담당자는 교육 주제, 내용, 강사, 교육 방법 등 프로그램 편성에 필요한 요소 중 최선의 것만 선택할 수 있게 된다. 교육기획자에게 이것이 없으면 단순히 시류에 휩쓸려 목적이 분명하지 않은 일과성 사원 교육을 처음이나 끝이나 똑같은 내용, 똑같은 방법으로 체계 없이 실시하게 되는 원인이 되며, 이 점은 교육기획자가 반드시 피해야 할 것들이다.

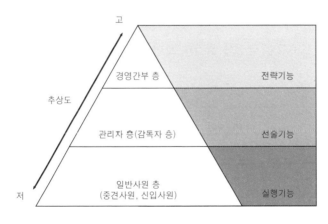

각 계층에 요구되는 역할 기능

1) 갈수록 중요해지는 관리자 계층 능력 향상 HRD 담당자들이 명심해야 할 점 중의 하나는 여러 역할 기능 중에서 전략 전술 기능의 함양이 매우 중요하게 부각되고 있다는 점이다. 오늘날 각 기업에 필요한 것은 관리 계층 역할 기능의 수준을 향상시키는 것에 있다고 할 수 있다. 그 배경을 한마디로 말하면 전략 수립이 경영 간부층에서만의 일이 아니라 모두의 지혜와 역량을 모아 최선을 도출할 필요가 있게 되었고 외부 환경 변화가 심하고 이에 대처하기 어려운 시대가 되었다는 큰 변화가 있다.

오늘날 이러한 때에 요구되는 관리자층의 역할 기능이라는 것은 단순히 상층부에서 내려오는 목표나 방침을 기다렸다가 그것을 구체화하는 것은 아니다. 오히려 적극적으로 전략적으로 전략 목표에 관계하고, 때로는 그것을 변혁하는 정책 형성 능력이 요구된다. 이렇게 되면 저절로 관리 계층에 어떠한 교육 프로그램이 필요한지 명확해진다. 관리자의 역할 기능이 한 계단 위로 상승하면 필연적으로 감독자도 이전보다 수준이 향상되어야 한다. 순차적으로 지금까지 해온 교육 내용을 바로 지금 재고해야 하는 시점에 와 있는 것이다. 이 관점에서 다음의 계층별 프로그램 작성을 생각해 보아야 한다.

계층별 교육 프로그램의 실제

1) 신입사원 교육 프로그램 만들기와 유의점 신입사원을 대상으로 하는 도입 교육 프로그램도 요즘 이전

의 교육과는 매우 다르게 변화하기 시작하였다. 그 차이는 과거 주입식 교육에서 체험형, 행동형 교육이 다수를 차지하고, 일방적인 강사의 강의 형태는 점차 줄고 있다는 점이다. 즉 가르치는 교육보다는 체험을 통해 스스로 깨닫게 하는 교육이 증가하고 있다.

'가르치지 않는 교육'이라는 것은 약간 의미가 혼동될 수 있는데 즉, 주어지는 지식과 정보는 최소한으로 줄이고 재능과 감각을 기반으로 자발적 성장과 주체적 성취를 이루어갈 수 있도록 행동을 통해 생각하게 하고 그 후 지식과 정보를 받아들이게 하는 방식을 말한다. 근래에는 실천적 맞춤 워크샵 및 팀워크 활동, 트랜디한 조직 활성화 팀빌딩, 아웃도어 연수 등 다양한 방식의 체험 교육이 이루어지고 있다.

신입사원 교육 프로그램의 기획에 있어서 필요하다고 생각되는 기본적인 포인트를 정리하면 다음과 같다.

① 목적 – 신입사원이 앞으로 직장생활을 해나가는 데 있어서 환경 변화에 수월하게 적응해 나갈 수 있도록 필요하다고 생각하는 마음가짐, 업무의 기초적 지식 및 기능, 사회인, 조직인으로서의 태도 등을 습득하게 한다.

② 기간 – 신입사원 교육은 크게 도입 교육, 현장실무 교육, 멤버십 교육의 사이클로 전개된다. 물론 기업의 실정에 따라 기간은 다르겠지만 이 사이클 대로 진행한다면 입사 후 1년 간은 교육 기간으로 간주할 필요가 있다.

③ 방법 – 도입 교육 단계에서는 강의 방식에 머무르지 않고 토의, 역할 연기, 견학, 시청각 교육, 체험 학습 등을 겸하여 프로그램이 정적으로 흐르지 않도록 해야 한다. 현장실무 교육은 소속 부서에 OJT 및 멘토링 교육을 위임할 수 있지만 이 단계에서도 독서통신 교육, 온라인 교육, 과제 리포트 작

성 등을 병행할 수 있다.

구 분	수습 과정(3개월)				업무현장 육성(9개월)			
일반직 신입사원	신입사원 입문과정 [1개월]	업무현장 실습 [1개월]	영업현장 실습 [1개월]	중간·수습 마무리 워크샵 [2박3일]	FP 역량강화 [2주]	업무현장 육성	전문화 과정	신입사원 마무리 워크샵 [2박3일]
		Mentoring system						
사무직 신입사원	신입사원 입문과정 [11박12일]	정보화 과정 [1주]	업무현장 [2개월]	수습 마무리 워크샵 [2박3일]	업무현장 육성		전문화 과정	

국내 주요 기업 5개사의 신입사원 교육 체계 및 프로그램

2) 중견사원 교육 프로그램 만들기와 유의점 중견사원 교육이라고 할 때 대상은 입사 대략 3~5년 차에서부터 선배 사원이라 할 수 있는 입사 10년 차 사원까지 상당히 폭이 넓다. 이 계층을 대상을 어떤 식으로 구분할 것인가에 따라 프로그램의 내용은 상당히 달라질 수 있다.

기업에 따라 다르지만 일반적으로 중견사원 교육은 입사 3~5년 차, 5~8년 차, 8년 차 이상으로 구분하여 진행할 수 있다. 이러한 중견사원 교육의 주요 내용은 실무적 색채가 강하고 실제적인 직능별 교육을 요구하는 경우가 많다. 이것은 교육대상자가 대부분 현장 제일 선에서 실무를 담당하는 담당자이기 때문이다. 그러나 한편으로는 이 시기에 팀워크나 코칭, 자기 계발 등의 내용과 협조성, 리더십, 판단력, 목표지향성과 같은 역량 개발을 통해 미래 리더가 되는 토대를 만드는 중요한 단계라는 것을 교육기획자는 알고 있어야 한다.

① 목적 – 중견사원 교육 프로그램은 특별히 그 목적을 명확히 하여 실시하여야 한다. 예를 들면, A코스는 직무능력 향상 중심의 과정으로 전문 지식, 기술 습득에 무게를 둔 교육 프로그램이고, B코스는 경영관리 능력 향상 과정으로 경영관리 지식, 역할 인식, 행동에 중점을 둔 교육 프로그램 등이 형식이다. 그리고 전자 A코스는 기능별로 운영되는 직무 교육으로 설정하고, 공통적인 프로그램으로서 B코스를 설정해 두는 것도 고려해 볼 수 있다.
② 기간 – 특별히 어느 기간이 좋다고 할 수는 없지만 대부분의 대상자가 현장 제일 선에서 일하고 있는 담당자라는 점을 고려하면 장기간 교육은 무리가 따를 수 있다. 따라서 보통 3~4일 정도가 적당하다.
③ 방법 – 각종 교육 기법과 관리적 통계 수치나 관리 기법을 활용한다.

3) 관리자 교육 프로그램 만들기와 유의점 관리자 교육도 신임관리자 교육과 그 후에 행하는 관리자 교육으로 구분한다. 신임관리자를 대상으로 하는 교육에서는 관리자로서의 기본적 역할 임무, 관리 제 원칙, 관리자로서의 마음가짐 등을 익히게 하는 것을 주목적으로 한다.

신임관리자 이후에 이루어지는 각종 관리자 교육이라는 것은 어디까지나 기업의 목표달성을 위한 방향 설정과 확인, 그리고 이에 필요한 지식이나 관련 정보의 습득, 문제 해결과 같은 필요 기법을 학습하는 것을 주요 내용으로 한다. 또 관리자 교육 프로그램의 내용도 기존

에는 각 사 모두 공통의 주제를 가지고 획일적으로 해온 경향이 있는데 그 내용으로는 '리더십', '부하육성과 지도', '문제 해결', '목표 관리' 등으로 구성되었다. 하지만 이러한 내용은 점차 빈도수가 약화되고 지금은 그야말로 각양각색의 자사 경쟁력 강화와 기업 체질 개선에 적합한 주제를 바탕으로 프로그램을 편성하여 교육을 진행하고 있다.

아울러 기존 관리자 교육으로 실시해 온 내용은 신임관리자 또는 감독자 교육으로 옮겨가고 있다. 즉, 관리자 교육 프로그램의 내용은 실제로는 매우 다양하며 그 목적이나 방법을 일률적으로 정리하기는 쉽지 않다. 중요한 점은 관리자 교육 기획에 있어서 자사에서 내건 기업의 목표와 현재의 조직 풍토, 기업 체질 등을 고려하여 어떠한 관리자 교육을 전개해 나가면 좋을지부터 생각하여 자체 프로그램을 만들어야 한다. 앞서 말했듯이 관리자층에 요구하는 역할 기능이 변하고 전략 수립에 대한 요구가 강해지면 교육 프로그램에도 당연히 영향이 미치게 된다. 교육기획자는 이러한 점을 명확히 인식해야 한다.

4) 경영 간부 교육 프로그램 만들기와 유의점 경영 간부 교육도 관리자 교육과 비슷한 양상이라고 할 수 있다. 단지 경영 간부층은 그에 요구되는 주요 내용이 주로 기업의 사업 목표 및 경영 방침의 설정과 같은 전략 수립과 관련되어 있다는 점이다. 따라서 기업을 둘러싼 경영환경의 변화와 같은 신선한 정보가 끊임없이 요구된다. 또한 이러한 점을 문제 해결 차원에서 접근하면 당면한 문제에 대한 대응과 문제 해결 대안의 개발이 주요 교육 주제가 된다.

이러한 점을 고려할 때 '국내외 동향', '시장 동향', '경영자원의 효율적 배분', '조직문화 혁신'과 같은 것이 교육 프로그램의 주요한 주제가 될 수 있다. 그리고 그것은 어떠한 교육 방법(합숙 교육, 특별강연회, 외부 세미나, 파견 교육 등)으로 실시할 것인가 하는 것도 교육 기획 단계에서 검토해야 할 중요한 포인트다.

신임관리자 주요 학습 모듈과 학습 내용

신임관리자의 역할	· 새로운 관리자 역할을 어떻게 받아들일 것인가? · 관리의 정의 · 관리자의 핵심 스킬과 업무 · 신임관리자로서의 준비 사항 · 자신과 새로운 직무의 매치 : 자기 분석하기 · 조직원이 기대하는 관리자상 명심하기 · 조직원 역량 파악하기
조직원의 헌신과 몰입 유도하기	· 규율 적용하기 · 조직원을 협력자로 만들기 · 상벌 등 조직원 관리 문제 다루기 · 관리자로서 자신의 위치 메김하기 · 좋은 커뮤니케이터로서의 역할
성과 도출을 위한 조직원 관리	· 다양한 이해 당사자간 균형 유지하기 · 저 성과자 다루기 · 원칙세우기 : 관리자의 파워와 권한은 조직원으로부터 · 책임자로서의 관리자 · 팀의 일원으로서 관리자 · 동기부여자로서의 관리자 · 조직의 동기부여 분위기 조성에 노력하기 · 조직원과 지속적인 관계 유지 하기 · 지속성의 힘

팀에 활력
불어넣기
	· 팀 성공 토대 만들기
	  – 목표의 설정
	  – 프로젝트 매니지먼트
	  – 지속적인 개발
	  – 업무 성과 관리
	· 팀으로부터 최선을 이끌어내기
	· 자기 만족의 2단계
	· 지속적인 성공을 위한 관리자의 역할
	· 신뢰감 유지
	· 주요 이슈

직능별
교육 기획의 실제

직능별 교육이라는 것은 업무에 따라 조직을 수직으로 나누어 조직의 직능에 필요하다고 생각하는 교육 프로그램을 전개하는 것을 가리킨다. 다시 말해 조직 내 다양한 전문 기능별 실무 교육이라고 할 수 있다.

직능별 교육 방법

계층별 교육이 각 계층에 따라 공통적인 필요를 바탕으로 수평적으로 프로그램이 구성된 것에 비해 직능별 교육의 경우에는 그 직무를 수행하고 구 위에 필요하다고 생각되는 전문 지식이나 기능 향상을 목적으로 프로그램이 구성된다.

물론 직능별 교육도 단계적으로 구분할 필요가 있다. 예를 들면, 같은 영업직이라고 해도 신입사원 계층이 있으면 중견사원 계층이 있고 관리자 계층도 있다. 당연히 각각의 계층에 요구하는 지식이나 기능도 다르고 필요한 교육도 다르다. 이처럼 계층이 존재한다는 것은 우리가 일반적으로 이야기하는 직능별 교육은 언밀히 따지면 '직능별 계층교육'이라고도 할 수 있다. 또 계층을 없애고 직능별로 부서장 포함 중견, 신입사원까지 남녀 구분 없이 그 부서 사람들이 한 장소에 모여서 하는 '사업 부분 전체 교육'도 있는데 이것도 분명 직능별 교육의 한가지라고 할 수 있다.

특수성에서 오는 기획의 한계

직능별 교육 프로그램을 실제로
기획하게 되면 그 일에 정통한 전문적인 지식이나 경험이 어느 정도
필요하다. 만약 이것을 HRD 담당자 한 사람이 하려고 하면 어느 정도
까지는 일반적인 대략의 아웃라인을 제시할 수 있지만 그 내용을 구체
화하는 일이나 현실성이 있는 것인지 등을 확인하는 것은 매우 어려운
일이다. 그렇기 때문에 많은 HRD 담당자들이 비교적 쉬운 직능별 교
육(예를 들면, 영업직, 사무직 등) 프로그램은 직접 기획하고 실시하여 왔
으나 대체로 어려운 직능별 교육(예를 들면, 기술 연구직, IT 직능 등)은 그
범주 밖에 놓여있었다고 해도 과언이 아니다.

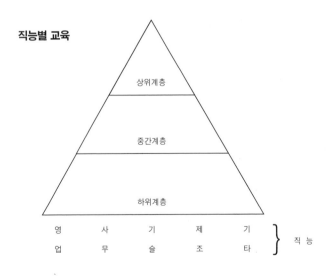

세일즈 기본과정 주요 모듈 및 학습 내용

모 듈	주요 학습 내용 이해
세일즈의 이해	· 판매의 역할 · 세일즈에 있어서 도전과 기회 · 세일즈 임무: 대화/설득/차별화 · 고객 이해하기 · 세일즈 기본 스킬과 성공 요소
세일즈 미팅 준비와 좋은 첫인상 주기	· 기대 : 최상의 잠재고객의 발굴 · 미팅 준비 시 3 가지 핵심 요소 　– 조사, 목표의 설정, 지원 준비물 · 고객 세부사항 파악 · 매너 있게 행동하기 · 흥미 이끌어내기 · 미팅 주도하기
고객 요구 파악하기	· 요구 파악을 위한 질문 기술 · 경청의 중요성 · 요구에 동의하기 · 요구의 우선순위 정하기
최선의 제안과 거절 다루기	· 제안사항 이해시키기 · 제안사항의 명확성과 중요 위험요소 · 전문용어 활용법 · 매력적인 제안 표현 만들기: 상태와 이득 · 경쟁사와 차별화하기 · 가격 흥정하기 · 제안사항에 신뢰감 주기 · 거절은 왜 하는가? · 거절은 기회다 · 거절에 대한 2 단계 접근
성공적으로 클로징 하기	· 클로징의 시기와 잘못된 클로징의 영향 · 성공적 클로징 방법
후속 조치하기	· 주저하는 고객 대응하기 · 지속성 : 방법을 다양화 하기 · 새로운 비즈니스의 개발

물론 이것은 HRD 담당자 한 사람의 책임은 아니다. 현실적으로 직능별 전문 지식(영업, 기술, 생산, IT 등)에 정통한 담당자를 찾는 것은 매우 어렵고 어떤 의미에서 어쩔 수 없는 부분이기도 하다. 그러나 한편으론 자신이 그 방면의 전문 지식이나 경험이 없기 때문에 직능별 교육 프로그램을 기획할 수 없다고 한다면 그것은 교육기획자의 역할을 충분히 수행하고 있지 않은 태만한 변명에 불과하다고 할 수 있다. 왜냐하면 비록 자신에게 이에 대한 전문지식이나 경험이 없다고 해도 그것을 가지고 있는 사람의 지식과 지혜를 빌려오는 것은 얼마든지 가능하기 때문이다. 예를 들면, 영업업무에 필요한 지식이나 기능을 확인하고 판단할 수 있는 사람이라면 영업부서에 있다. 마찬가지로 자사의 기술관련 사원에게 요구하는 전문지식 및 기능의 범위와 정도를 판단할 수 있는 사람이라면 기술 부서에 틀림없이 존재한다. 중요한 것은 이 사람들의 협력을 얻어내어 직능 교육에 필요한 프로그램을 기획할 수 있느냐 없느냐 하는 점이다.

그렇다면 어떻게 각 기능 부서의 협력을 얻어 직능별 교육 프로그램을 기획할 것인가? 교육기획자의 역할 기능을 우선 생각하면서 방법을 모색하는 것이 중요하다.

교육 기획과 기획자의 역할

1) 프로그램을 개발하는데 있어 코디네이터 역할을 확실히 한다. 직능별 교육이라는 것은 그에 요구되는 내

용이 어디까지나 전문적이며 실무적인 지식 및 기능이기 때문에 그 검토에 대해서는 업무에 정통한 사람에게 맡기는 것이 현명하다. 그러나 여기서 오해하지 말아야 할 것은 '업무 전문가'가 반드시 '강의 전문가'는 아니라는 점이다.

예를 들면, 그 업무를 수행하는 데 있어 요구하는 능력을 단계적이면서도 매우 정밀하게 기획하기 위해 이 일에 정통한 사람을 뽑아서 했다고 하더라도 이를 어떻게 다른 사람들에게 가르치면 가장 효과적일 것인가와 같은 강의 방법을 생각하면 이야기는 달라진다. 이러한 점을 고려한다면 업무의 전문성과 지식도 중요하지만 더 중요한 점은 가르치는 방법에 대한 능숙함과 지도의 전문성이 필요하게 된다. 이것이 교육기획자가 직능별 교육에 개입해야 하는 이유이다.

또 교육 기획이 각 부서 내에서 이루어진다고 해도 그것을 가르치는 강사가 없다면 사내 강사를 양성한다거나 외부 전문가의 힘을 빌려야 한다. 여기서도 교육기획자의 역할은 필요하다. 직능별 교육의 경우에 교육 내용 그 자체는 각 부서의 직무 전문가에게 작성해 달라고 하고 그것을 어떠한 형태로 프로그램화할 것인지 조정하는 것이 교육기획자의 중요한 역할이라고 할 수 있다.

2) 직능별 교육 수립을 위해서는 각 부서 업무의 현 상황을 파악할 필요가 있다. 본래 직능별 교육 체계를 수립하기 위해서는 우선 부서별로 현재 각 담당자가 맡은 업무를 자세히 들여다보는 것이 필요하다. 그리고 직능별 계층별로 그에 요구되는 역량의 기준을 명확히 하고 현상과 그 기대 수준과의 차이를 파악해야 한다. 왜냐하면 이러한 차이야말로

교육의 필요이자 당면한 교육 목표가 되기 때문이다.

역량 기준의 설정과 판단은 앞서 말했듯 각 부서 전문가 등의 힘을 빌리면 사내에서 충분히 할 수 있다. 게다가 이 능력 기준을 직무 수행에 필요한 능력 요건(주로 지식, 기술)과 자격요건(예를 들면, 필수 교육 과정 등)으로 구분하여 명문화하는 작업이 필요하다. 이것이 되지 않으면 실제로 사원 누가, 무엇을, 그에 요구하는 전문적 직무능력을, 어느 정도까지 길러야 좋을지 확실히 할 수 없기 때문이다. 이처럼 교육적인 시점에서 각 부서에 적극적으로 알려 협조를 얻어내는 것이 실제 교육 기획자의 중요한 일이다.

3) 각 부서에 교육 어드바이저를 양성한다. 조직적으로 직능별 교육을 전개하기 위해서는 인사 교육 부서만의 힘으로는 한계가 있다. 특히 요즘과 같이 각 부서의 업무 내용이 분화되고 전문화하면 할수록 그에 요구하는 교육내용도 특화된다. 그렇기 때문에 HRD 담당자와는 별도로 부서별로 그 부서에 필요하다고 생각하는 교육을 전담할 담당자를 둘 필요가 있다. 이른바 생산직의 교육은 생산직에서 직접 한다는 발상이다. 부서별로 그 부서의 교육 플랜을 세우는 기획 담당자와 전문 직무교육담당자를 지정해 주 업무 외에 부 업무로서 교육 업무를 수행하도록 하는 것도 매우 효과적이다.

하지만 실제 이러한 생각은 이상에 머물고 실제 부서마다 교육담당자를 지정한다는 것은 현실적으로 어렵다. 때문에 적어도 현실적인 선택이라 할 수 있는 것이 HRD 담당자와 함께 각 부서의 교육 프로그램을 조정하는 교육 어드바이저를 양성하는 것이다. 현재 자신의 주 업무를 책임지면서 교육적 역할을 담당하는 담당자를 각 부서 내에 지정하는 것은 직능교육을 매우 효과적으로 만든다.

4) 회사 전체 교육에서 부서별 필요를 파악한다. 지금까지 서술한 것은 주로 직능별 계층 교육 기획의 포인트와 유의점이다. 그와는 별개로 교육 플래너로서는 부서별로 현재 현업에서 어떠한 문제가 있는지 그와 관련된 필요도 파악해 둘 필요가 있다. 회사 전체 교육에서 교육기획자의 역할은 이 교육을 추진하고 전개하는 것과 프로그램을 실시하는 데 있어 각 부서를 지원하는 것이다.

구체적으로 실시 운영에 대한 조언 역할을 하면서 부서별로 현재 어떠한 문제가 있는지를 찾아내는 것도 교육 기획을 생각하는 데 있어서 필요하다. 거기에서는 각 부서 공통으로 수평적인 교육이 필요하다는 것도 생각할 수 있다. 직능별로 수직적인 교육을 실시하면서 회사 전체적으로 다룰 수 있는 공통의 필요를 찾아내야 한다는 사실을 교육 기획자는 잊어서는 안 된다.

5) 직무 기능별 공개과정 설정과 기획 부서마다 직무교육을 기획하고 필요할 때마다 실시하게 되면 내용이 중구난방 되고 부담도 커진다. 따라서 기초적인 실무교육은 미리 패기지화 하여 1년에 1~2회 개강하는 방식으로 사내 공개강좌를 실시하는 방법을 생각할 수 있다. 예를 들면, OA 교육, 세일즈 기본 과정, 어학 과정 등이다.

그리고 어느 부서의 것이든 그것이 필요하다고 생각되면 선택하여 참가하게 하는 것도 한 방법이다. 요즘 사내에 공개강좌를 열어 전문

실무교육을 하는 곳이 늘고 있다는 점은 주목할 만하다. 같은 방식으로 온라인 교육이나 독서통신 교육으로 이들 직무 교육을 보완하는 곳도 많다. 이러한 기획들은 당연히 HRD 담당자가 중심이 되지 않으면 쉽게 조율이 되지 않는다.

6) 직능별 교육과 직무 전환 교육의 과제 최근 경향이 모든 업무가 세분화되어 그 전문성이 더욱 요구된다는 것은 이미 서술하였다. 다른 한편 기계 기술 등의 변화 속도가 빠르고 지금까지 익혀온 전문 지식 및 기능이 진부해져 사용할 수 없게 되는 현상이 발생하고 있다. 도 각 부서에 요구되는 지식 및 기능이 특화되고 있기 때문에 인재의 전환배치가 점차 어려워지고 조직의 경직화 현상이 여기저기서 계속 일어나고 있다고 할 수 있다.

이 과제를 해소해 나가기 위해서도 직능별 교육의 강화와 함께 직무 전환 교육과 전문 분야 이외의 폭넓은 지식 및 기능을 익히는 것을 목적으로 하는 복수역량개발 교육도 생각해 볼 필요가 있다.

씨실이라고 할 수 있는 계층별 교육과 날실이라고 할 수 있는 직능별 교육, 그리고 헤어진 곳을 꿰매는 것이라 할 수 있는 직무 전환 교육이나 복수역량개발 교육 등이 잘 어우러져야 비로소 사내 교육 체계가 확립된다는 것을 교육기획자는 이해할 필요가 있다.

3장

교육운영자로서
HRD 담당자

　교육부서에 신입으로 입사한 HRD 담당자라면 가장 먼저 담당하게 되는 업무가 일반적으로 교육 운영업무이다. 연간 교육계획에 따라 매달 진행되는 교육을 교육 현장에서 원만하게 운영하고 진행하는 일을 담당하게 되는데 자칫 이 업무를 쉽게 생각하다가는 강의 내용과는 상관없이 진행에 문제가 생겨 전체적인 교육 만족도가 낮아질 수 있다.

　따라서 일반 행사진행자와 마찬가지로 교육 운영에 필요한 각각의 사항을 잘 숙지하고 사전에 준비하여 운영하여야만 문제없이 과정을 마무리할 수 있게 된다. 따라서 교육 운영자로서의 HRD 담당자는 교육의 최전선에서 현장을 지휘하는 담당자라고 할 수 있으며 매 순간이 연습이 아닌 실전임을 명심하여 교육에 임하여야 한다.

교육 효과
극대화 준비

교육 프로그램을 성공적으로 운영하기 위해서 가장 먼저 할 일은 관계 당사자에게 교육 운영과 관련된 사항을 알리고 참여시키는 일이다. 이때 학습자의 상사와 학습자 각자에게 교육의 중요성을 설명하는 것이 중요한데 이를 동시에 설명을 할 것인지 아니면 각자에게 따라 할 것인지는 상황을 봐 결정하여야 한다.

〈학습자의 상사에게 할 설명〉
· 회사에 있어 매우 중요한 교육이다
· 교육시키는 부하조직원에게도 지금 필요한 스킬을 습득할 수 있을 뿐만 아니라 장기적으로 경력개발에 매우 유익한 교육이다.
· 교육을 통해 습득하는 기술은 다른 부서원에게도 유익하다
· 구체적인 교육 내용과 목적
· 다른 학습자 정보

〈학습자에게 할 설명〉
· 교육의 회사 및 사업부문 차원에서의 의의
· 자기 자신에게 있어서이 이의
· 구체적인 교육 내용과 구성, 상세한 스케줄
· 교육에 임하는 자세나 마음가짐
· 자신이 교육대상자로 선정된 이유와 배경

- 다른 학습자 정보
- 필요한 준비

　교육대상자를 선정할 때 상사의 추천을 통해 추천을 받아 선정하는 경우 대상을 어떻게, 그리고 어떤 기준으로 선정해야 하는지를 구체적으로 알려주지 않으면 안 된다. 최근 교육의 중요성에 대한 인식이 높아져 그런 일이 없지만 예전에는 상사가 일을 잘하는 부서원은 교육에 잘 보내지 않는 경향이 있었다. HRD 담당자는 교육에 대한 자세한 설명과 사전 교섭을 상사들과 진행해야 한다. 때에 따라서는 부적절한 교육대상자의 추천을 재고하도록 재촉할 필요도 있다.

　교육 준비는 많은 프로세스로 구성되어 있다. 인재개발의 기획과 같이, 교육 운영에도 기획과 계획이 필요하다. 교육 당일 전까지의 준비, 교육 당일 운영, 교육 사후 관리, 교육 평가 등이 연속으로 이어지기 때문에 각각에 대한 준비를 빨리 준비하면 할수록 성공적인 교육 운영이 가능해진다. 교육 준비에 얼마나 충실하였는가는 바로 교육 성공의 열쇠라고 할 수 있다. 그렇기 때문에 교육 당일의 상황을 머릿속으로 시뮬레이션해가면서 준비를 해야 한다. 교육 준비 단계는 교육 기획과 실행의 중간에 위치한다. 기획이 얼마나 실현될지는 교육 운영자의 능력 차이에 의해 크게 판가름 난다. 하지만 교육 준비를 하는 과정에서 확실히 해야 할 체크리스트를 만들고 주요 포인트들을 알고 있다면 그리 어려운 일은 아니다. 이러한 점만 잘 알고 있다면 어느 정도 초기부터 성과를 내는 것이 가능하다. 명심해야 할 점은 무심코 저지른 실수가 전체 교육에 치명적일 수 있다는 점이다. 예를 들면, 강사에게 사전에 연락하는 일을 잊어버리고 시작 시간을 앞당긴 경우 강의 시간에 강사가 도착하지 않을 수도 있다.

이번 내용에서는 교육 준비를 빈틈없이 하기 위한 방법 중심으로 설명한다.

교육 기획에서 평가까지

교육 기획에서 평가까지의 프로세스를 기간별로 구분하여 그 과정을 생각해 볼 수 있다. 보통 4개월에서 6개월 전에 기획 수립부터 과정 설정까지 진행한다. 과정 설정에서는 실시 시간, 기간, 교육대상자, 인원수, 비용 등을 결정한다. 다음으로는 교육 프로그램을 편성하게 되는데 교육 후의 기대 상을 바탕으로 프로그램 시안을 만든다. 교육 프로그램의 특성에 맞추어 장소를 선정하고 교육 경비를 산정한다. 3개월 전에는 교육 강사를 선정한다. 강사 의뢰가 끝내면 교육 프로그램은 완성된다. 교육 안내와 대상자 모집을 하고 교육 당일 교육을 운영한다. 교육 후에는 교육 평가와 사후 관리가 주요 업무가 된다.

교육 기획에서 평가까지의 흐름

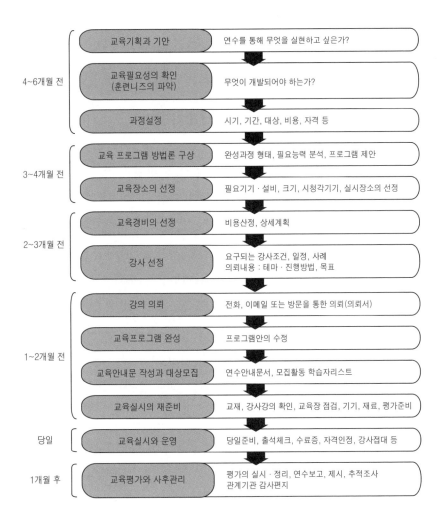

4~6개월 전	교육기획과 기안	연수를 통해 무엇을 실현하고 싶은가?
	교육필요성의 확인 (훈련니즈의 파악)	무엇이 개발되어야 하는가?
	과정설정	시기, 기간, 대상, 비용, 자격 등
3~4개월 전	교육 프로그램 방법론 구상	완성과정 형태, 필요능력 분석, 프로그램 제안
	교육장소의 선정	필요기기 · 설비, 크기, 시청각기기, 실시장소의 선정
2~3개월 전	교육경비의 선정	비용산정, 상세계획
	강사 선정	요구되는 강사조건, 일정, 사례 의뢰내용 : 테마 · 진행방법, 목표
1~2개월 전	강의 의뢰	전화, 이메일 또는 방문을 통한 의뢰(의뢰서)
	교육프로그램 완성	프로그램안의 수정
	교육안내문 작성과 대상모집	연수안내문서, 모집활동 학습자리스트
	교육실시의 재준비	교재, 강사강의 확인, 교육장 점검, 기기, 재료, 평가준비
당일	교육실시와 운영	당일준비, 출석체크, 수료증, 자격인정, 강사접대 등
1개월 후	교육평가와 사후관리	평가의 실시 · 정리, 연수보고, 제시, 추적조사 관계기관 감사편지

118

구성 요소별 준비

교육을 구성하는 구성 요소를 정하고 이들 각각의 관계를 고려한 준비를 한다면 매우 효율적이고 입체적으로 교육을 준비할 수 있다. 교육 관련 이해당사를 크게 4가지로 구분해 볼 수 있는데 강사, 학습자, 학습자의 상사와 같은 사내 이해관계자 그리고 교육장 등이 그것이다. HRD 담당자는 이들 교육과 관련한 주요 구성요소들을 프로젝트 매니저로서 관리하게 된다. 교육의 준비는 교육 운영 담당자를 중심으로 교육을 구성하는 주요 요소들의 관계를 바탕으로 이루어져야 한다.

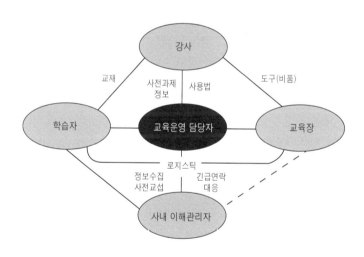

구성 요소별 준비 체계

1) 교재와 정보: 〈강사-학습자〉-교육 운영 담당자 강사와 학습자 간에 준비해야 할 콘텐츠는 교재이다. 교재라고 할 때 교육의 성격에 따라 다양한 형태로 표현되는데 다음과 같은 아이템으로 일반적으로 구성된다.

- 사전제출용 과제
- 예습 가이드
- 당일 사용 과제
- 수업 중 배포되는 추가 과제
- 참고 자료(도서/기사 등의 사본)
- 복습용 사후 배포 자료

이들 교재의 배포 시간도 각기 다를뿐더러 강사로부터 전달받는 시간도 각기 다르다. 따라서 교육 운영 담당자는 교육 효과를 극대화하기 위하여 강사와 사전 상의하여 배포 시간을 정해 놓아야 한다. 또한 사전 과제의 취급과 정보가 중요한데 강의 중심의 강의일 경우는 배포되는 참고문헌이나 자료를 학습자가 대략 훑어보게 함으로써 강의 이해도를 높일 수 있다. 하지만 사례연구나 워크숍 형태의 교육일 경우 학습자에게 사전 교육 정보와 이론을 이해시킴으로써 교육 시점에서 교육 효과를 극대화할 수 있다.

조직원의 능력 개발은 교육 시간을 통해 강사로부터 많은 피드백을 받는 것이 중요하기 때문에 그 이외의 작업은 가능한 한 교육 전에 끝내 두는 것이 바람직하다. 이러한 의미에서 사전 학습, 사전 과제가 부

과되는 것인데, 문제는 바쁜 학습자에게 사전 학습을 강요하는 것 자체가 무리인 경우가 많다. 따라서 이러한 때 적절한 조치가 필요하다.

무엇보다 단순하게 할 수 있는 일은 사전 과제 리포트의 제출이다. 리포트 제출도 교육 전에 제출하도록 하는 경우가 있고, 교육 당일 제출하도록 하는 경우가 있다. 언제까지 제출하는 것이 좋은가 하는 문제는 학습자가 학습과제 준비를 촉진하는 차원에서 결정하면 된다. 교육 전에 제출하게 되면 학습자에게 시간적인 부담이 증가하며 동시에 HRD 담당자에게도 일정이 앞당겨져 관리의 부담이 증가한다. 그렇지만 교육 전에 리포트를 제출받게 되면 이를 강사에게 전달하고 강사가 교육 전에 학습자의 수준과 생각 등을 사전에 파악할 수 있는 장점이 있다. 상호교류가 필요한 교육의 경우 강사가 학습자의 특징을 미리 파악하게 되면 매우 교육 운영이 쉬워지는데, 개개인을 파악하는데 많은 시간이 걸린다면 전체적인 학습자 분위기를 파악하는 것만으로도 충분히 효과가 있다.

이때 주의해야 할 점은 학습자 집단에 따라, 또 사전 과제 제출에 따라 피드백을 요구하는 경우가 있다. 물론 이를 해주는 경우가 없지는 않지만 이러한 요구에 응하는 강사의 부담은 커지게 된다. 따라서 피드백에 대한 방안을 강사와 상의하여야 한다. 이에 더해 과정 운영 전 학습자의 특성을 파악할 수 있는 자료가 있다면 가능한 한 강사에게 제공하는 것이 바람직하다.

2) 교육 도구와 그 사용법: 〈강사-교육장〉-교육 운영 담당자 강사의 강의 방법이나 스타일에 따라 교육장에서 필요로 하는 교육 도구(도구, 비품)이 정해진다. 따라서 교육 운영 담당자는 어떠한 도구를 강사가 활용할 것인지를 사전 파악하는 것이 중요하다. 도구와 교육장의 여건에 따라 필요 도구를 활용하지 못할 경우도 있으므로 이에 대한 대체 방안을 마련해 두는 것이 좋다.

교육 도구도 그 목적에 따라 4가지로 분류할 수 있는데 '상호 커뮤니케이션 도구', '프레젠테이션 도구', '토의 도구', '아이디어 도구' 등이다. 각각의 특성을 살펴보면 다음과 같다.

① 상호 커뮤니케이션 도구

학습자 사이, 강사-학습자 사이를 묶어 주는 도구로써 가장 대표적인 것이 목소리이다. 그리고 이 목소리를 보조하는 것이 마이크이다. 강사에게 일반적으로 제공하는 마이크는 무선 마이크나 핀 마이크인데 강의장 안을 돌아다니며 활용하기에 적절하다. 핸드 마이크나 탁자 고정용 마이크는 강사의 움직임을 제한한다. 강의에서 중요한 것은 강사가 공간과 신체표현이 자유로워야 한다는 점이다. 따라서 가능하면 무선 마이크나 핀 마이크를 준비하는 것이 좋다.

상호 커뮤니케이션을 돕는 다른 유용한 도구는 컴퓨터와 스마트폰이다. 노트북을 지참한 교육일 경우 개개인의 학습자 의견을 메일이나 SNS를 통해 수집한 후, 강의에 그 피드백을 줄 수도 있고 다양한 멀티미디어 자료를 제공하기가 편하다. 그리고 지금은 스마트폰도 매우 훌륭한 커뮤니케이션 도구가 되었다. 네트워크 프린터가 강의장에 있다면 모든 학습자가 공동으로 활용할 수도 있다. 이와 같은 가상 네트워크의 실제 교육장에서의 융합과 활용은 효과적인 학습 방법으로 새롭게 개발되고 있다.

상호 커뮤니케이션 차원에서 학습자의 책상 배치는 사전에 심사숙고해야 할 부분이다. 교육장의 자리 배치는 교육 프로그램의 특성에 따라 배치하는 것이 기본이지만 강의 중간중간 운영의 편의와 커뮤니케이션을 위해 재배치해야 하는 경우도 있으므로 이러한 부분 또한 사전 강사와 상의해 두는 것이 중요하다. 또한 강사가 사전에 어떠한 형의 자리 배치를 요구했다면 간혹 공간 문제로 그렇게 할 수 없는 경우도 있으므로 반드시 현장을 방문하여 그러한 자리 배치가 가능한지를 확인하는 것도 잊지 말아야 한다.

② 프레젠테이션 도구

강사가 빔프로젝터를 활용한 강의는 오래전부터 대부분 연수 현장에서 일반화된 방식이다. 과거에는 OHP가 일반적이었으나 노트북으로 접속해 활용할 수 있는 스마트한 빔프로젝터 활용 용이성이 월등히 높다. 이에 파워포인트와 같은 프레젠테이션용 소프트웨어의 지속적인 발전은 하드웨어와 함께 진화 속도가 점점 빨라지고 있다.

강사 입장에서의 프레젠테이션은 기본적인 툴이지만 과거 학습자 입장에서의 프레젠테이션은 다수 어려움이 있었다. 왜냐하면 학습자의 경우 발표 자료를 종이 위에 써서 발표하는 일도 많았기 때문이다. 물론 이를 보조하기 위해 종이를 스크린에 투영하는 비주얼라이저(visualizer) 등을 사용하기도 했지만 지금은 시대가 바뀌어 태블릿이나 스마트폰 등을 적극 활용하여 편리하게 발표하고 있다. 일부 강사들은 스마트폰 카메라를 활용하여 학습자의 영상을 촬영한 후 곧바로 화상으로 보여주는 경우도 있으므로 교육 운영 담당자는 사전 강사와 교육 환경과 준비 사항 등을 체크하여야 한다.

③ 토의 도구

토의 도구란 그룹 토론과 같이 소수 인원이 토론을 진행할 경우 이를 지원하는 도구이다. 전통적으로는 화이트보드를 사용하는데, 일부 화이트보드는 복사 기능이 있어 이를 비주얼라이저로 찍어 발표에 활용할 수 있다. 또 전자 화이트보드의 경우 직접 컴퓨터에 접속하여 내용을 보여줄 수 있어 비주얼라이저가 없어도 프로젝터로 투영할 수 있다. 요즘은 스마트폰 앱의 발달로 스마트폰을 이용한 화상회의가 주를 이루고 있다. 대표적으로 모바일 버전과 PC버전의 'ZOOM'을 손꼽을 수 있다.

아날로그 방식을 선호할 경우 해당 도구로써 전지나 플립차트를 사용하기도 한다. 플립차트는 일정 내용을 기재하고 난 후 다음 페이지로 넘어갈 수 있고 기재된 종이를 떼어내어 벽에 붙여 토의 시 활용할 수 있다. 이처럼 아날로그 도구는 대량의 내용을 기재하여 보여 줄 수 있는 장점이 있어 아직도 고집하는 사람이 있다. 교육 운영 담당자는 토의 도구로 어떠한 것을 활용할 것인지도 사전에 강사와 상의하여야 한다.

④ 아이디어 도구

개인이나 그룹에서 새로운 아이디어를 창출하려고 할 때 전통적으로 가장 많이 활용하는 것이 포스트 잇이었다. 각각 작은 종이에 아이디어를 기재한 후 이를 전지나 플립차트에 붙여 비슷한 내용을 하나의 범주로 묶는 작업에 필요한 도구이다. 최근에는 스마트폰의 노트패드나 컬러메모장, 그리고 메모위젯(포스트 잇 메모) 등이 이를 대치하고 있으므로 자신에게 맞는 것을 다양하게 활용하면 된다.

이상과 같이 교육 운영 담당자는 여러 도구를 사전에 확인하여 두어야만 원활한 교육 운영과 교육 효과를 기대할 수 있다. 또한 다음과 같은 체크리스트를 만들어 활용하면 일일이 기억하지 않고도 빠뜨리지 않고 확인이 가능하다.

사전 준비 체크리스트의 예

〔참가인 수〕

강사	학습자	교육담당자, 관찰자	합계
2	38	3	43

〔교육장 레이아웃〕

스쿨 형	ㄷ자 형	ㅁ자 형	그룹 형	날개 형	팀 형
강사	강사	강사	강사	강사	강사

〔메모〕

조(팀)와 서로 다른 부서원끼리 배치시켜 주세요.
외부와의 연락은 가능한 쉬는 시간에 해 주세요.
교육담당자용 책상과 의자는 후면에 배치해주세요.
교육중에는 휴대폰을 꺼주세요.

〔참가인 수〕	〔메모 예〕
명찰 또는 탁상용 명패	학습자 모두 착용하도록 해주세요
전자 화이트보드	앞의 강사용 외에 필요시 팀용으로 준비해주세요.
마커펜	
빔프로젝터	1대 준비해주세요
스크린	
레이저포인터, 지시봉	사용
플립차트	사용
전지	
매직펜	
용지(A4, A3 등)	
포스트 잇	색과 크기가 다른 것 등 그룹별로 여러 개 준비해주세요.
유무선 마이크	무선 마이크는 별도 준비
노트북(PC)	강사 노트북 PC활용
무선랜	와이파이 설정
연장 코드	
캠코더(녹화용)	
FAX	
커피&차	온수 준비
음료	오전과 오후에 각 1병 씩 준비
기타 태블릿 또는 스마트폰	관련 앱

〔메모〕

조(팀)는 서로 다른 부서원끼리 배치시켜 주세요.

3) 로지스틱스: 〈학습자-교육장〉 - 교육 운영 담당자 로지스틱(logistic)이란 원래 군사용어로서 전투의 최전선 부대에 물자를 보급하거나 필요한 연락선을 확보하는 후방 지원 역할을 가리킨다. 최근 다양한 물류회사의 영문 이름도 로지스틱스인데 물류관련 업무를 말할 때도 사용한다. 교육에서는 학습자가 직장이나 자택에서 편안하게 교육 연수 장소로 이동하게끔 도와주고 교육 기간에는 편안한 숙박이 이루어지게끔 장소를 제공하여 이후 돌아갈 때까지의 다양한 지원 활동을 말한다. 시간, 비용, 쾌적성, 안전성, 위험성 등을 종합적으로 고려해 준비하여야 한다. 교통수단의 확보, 호텔 등 숙박시설의 예약 등 다양한 준비사항은 교육담당자가 직접 하거나 아니면 담당하는 사원과 원활한 커뮤니케이션을 통해 철저히 준비하여야 한다.

4) 정보 수집과 사전 교섭: 〈학습자-사내 이해관계자〉-교육 운영담당자 성공적인 교육이 되게끔 하기 위해서는 진행 교육과 이해관계가 있는 당사자들과의 사전 커뮤니케이션이 매우 중요하다. 교육 자체가 현장과 동떨어져 이루어지면 표면적으로 교육은 이루어지겠지만 실제 생산성 향상이나 조직원의 능력향상으로는 이어지지 않는다.

최근 자사 경영상의 과제를 교육 현장에서 문제 해결하는 액션 러닝이 기업 교육에 적극적으로 도입되고 있는데 이러한 경우 교육 운영담당자는 사전에 사내 관계자들과의 미팅을 통해 과제를 정할 필요가 있다.

교육 장소의 선정과 고려사항

교육 실시 장소가 사전에 정해져 있다면 그곳에 맞춰야겠지만, 그렇지 않은 경우는 교육 프로그램에 맞추어 장소를 검토해야 한다. 장소 선정을 위한 기획 프로세스는 다음과 같다.

· 교육 프로그램 실시 조건을 검토한다.
· 교육장의 자료들을 수집한다.
· 예비 조사를 실시한다.
· 예약한다.

교육 프로그램에 맞는 교육 장소를 선정하기 전 우선 다양한 필요 조건들을 목록화하는 것이 중요하다. 교육 과정별로 요구되는 조건은 각기 다르지만 대체적으로 교통이 편리하고, 주위 환경이 양호하며, 교실 사용이 편리하고 비용이 저렴한 곳이 좋다. 또한 동시 사용 가능한 교실의 수나 수용 인원의 수도 중요한 조건이다. 물론 교육 프로그램이 숙박이 필요할 경우 숙박시설의 상태도 중요한 고려 요인이다.

강의실에 대한 조건은 교육 장소를 선정하는데 가장 큰 영향을 미친다. 강의실의 크기, 밝기, 사용의 편리성 등이 교육 장소로써 적당한지를 검토해야 한다. 실습이나 체험학습의 경우 책상과 의자의 이동이 편리한지도 살펴보아야 한다. 개인 PC 사용이 필요할 경우 적절한 전원연결 시설이 잘 되어있는지도 고려사항이다. 다음과 같이 일반 점검

사항을 리스트업 할 수 있다.

- · 소재지: 환경, 교통시설, 사용료, 예약 현황 등
- · 교실: 넓이, 밝기, 소음 여부 등
- · 교실 설비: 책상, 의자, 빔프로젝터, 스크린, 화이트보드, 마이크 설비, 조명 스위치 등
- · 생활 공간: 식당, 휴게실, 정원, 경치, 숙박시설, 다과 장소, 매점, 강당 설비 등
- · 학습 공간: 학습 설비, 도서실, 인터넷 설비, 인쇄제본 설비 등
- · 그 외: 스포츠 시설, 야외 시설, 레크리에이션 시설 등

실제로 교육 장소 선정 작업을 하다 보면 원하는 장소를 쉽게 찾기 힘들다. 대체로 비용이 문제가 되는데 호텔이나 리조트 시설은 비용이 비교적 비싸다. 공공시설 등은 비교적 비용이 저렴하지만 예약하기가 힘든 경우가 많아 교육을 기획하기 이전에 교육 장소를 우선 예약하는 지혜가 필요하다.

교육 장소 후보지를 결정하면 예비 조사를 해야 한다. 실제로 교육 당일의 움직임과 활동을 시뮬레이션하면서 시설을 살펴보아야 하는데, 도면이나 홈페이지에 나와 있는 이미지로 몰랐던 것을 실물을 통해 확인할 수 있다. 교육의 경우 생각지 않은 다양한 문제가 나타날 수도 있다. 강사 입장에서 볼 때 가로로 길게 방이 배치되어 있다거나, 기둥이 시야를 가리거나, 천장이 낮거나 창이 전혀 없어 답답함을 주는 경우가 있다. 오래된 시설이 경우 빔프로젝터의 화면이 선명하지

않거나 어두워 화면 글씨가 제대로 보이지 않는 경우도 점검해보자. 이외도 뜻밖의 곳에서 문제가 발생하는 일도 허다하므로 사전 조사를 통해 충분히 상황을 파악해 놓아야 한다.

교육 장소의 선정은 일종의 프로젝트 매니지먼트적 사고로 접근하지 않으면 안 된다. 교육의 스타일, 일정, 규모 등을 종합적으로 고려해야 하기 때문이다.

교육장 선정에서 활용까지 프로세스 ▶

	탐색	교육장의 요건을 교육기획자에게서 확인한다. – 교육목적과 부합하는 교육장은 어떠해야 하는지 확인한다. (규모, 이용료, 교육장 실내 실외 현황) – 교육시작시간, 원거리 참여자를 배려해 최적의 교육가능 지역을 확인한다. – 활용하고자 하는 시설이 완비되어 있는지 확인한다.(회의실, 숙박실, 식당(회의장소) 고려)
예약까지	이동가능 여부확인	활용목적을 제시하고, 이용가능여부를 확인한다. – 교육일정, 인원수, 이용시간, 회장, 숙박, 식사 등 조건사항을 제시한다. – 교육장 응대 고려사항 체크→교육당일 응대를 대비하기 위해 – 미팅플랜과 숙박 패키지를 확인한다
	가예약 정식예약	규정을 확인하고, 이용여부 통보기간 확인한다. – 언제까지 이용관련 확답을 해야 하는지 확인한다. – 가예약, 정식예약 방법을 확인한다. – 여러 교육장소를 물색하였다면 혼돈되지 않게 특징을 기록한다. 규정을 확인하고 가예약 한다. – 예약 담당자와 인사하고 명함을 교환한다. – 예약 취소 규정을 확인한다. 규정을 확인하고 정식 예약한다. – 예약내용을 확인한다 – 이용규정을 확인한다. – 지불규정을 확인한다(일부 장소의 경우 사전 전액 입금해야 함. 청구서 발급일, 지급기일 확인) – 예약취소 규정을 확인한다(가예약과 정식예약의 경우 다른 경우가 있음)
사전준비	1개월 전	강사, 교육담당자의 요구사항을 확인 후, 연락을 취한다. – 교육장 레이아웃, 사용비품 확인 – 필요한 정보와 이를 통보할 기한을 확인 (숙박자 명부 제출, 식사시간 알려 주기) 수강자에 연락한다. – 교육장 출입, 시설이용(주차장, 이용차량(버스), 체크인, 체크아웃 방법 등) 안내
	1주 전	교육장 담당자 재확인 한다. – 숙박자 명부를 제출한다. – 교육시간과 활동 스케쥴을 알려준다(식사나 휴식시간, 그룹활동을 위한 회의실 이용시간 등)
	직 전 (3일전~전일)	교육장 담당자에게 연락한다. – 이용자(수강자, 관찰자 등) 수 변화를 알려준다 (숙박, 식사, 회의실 의자 수 등)
당일대응	이 용 (개시~종료)	교육장 담당자와 주정한다. – 시설불량 사항은 조속히 해결한다(조명, 공조, 비품, 복사 등) – 교육담당자가 정리해서 체크인 할 시 일괄 수속을 대행한다. – 식사시간이 늦어질 경우 신속히 연락을 취한다. 모든 사람의 퇴실을 확인하고 교육장을 떠난다. – 교육담당자가 정리하여 일괄 체크아웃 한다. – 잊은 물건이 없도록 주의한다.

교육 안내서 작성과 교육대상자 모집

교육을 준비하는 가운데 예측하기 힘든 부분이 있다면 교육대상자 모집이다. 학습자의 모집 상황에 따라 교육장 선정을 포함하여 상당히 많은 부분의 교육 준비 내용이 달라진다. 교육대상자가 '신임대리 과정'처럼 정해져 있다면 문제가 되지 않지만 임의 대상을 상대로 모집을 해야 한다면 정확한 예측을 하기가 힘들다. 따라서 적절한 교육 인원을 맞추기 위해서는 교육 안내서를 잘 작성하여 많은 사람들로부터 관심을 모아야 한다. 좋은 교육 안내문은 첫째, 정확해야 하고, 둘째, 명료해야 하며, 셋째, 호감도가 있어야 한다.

우선 정확한 정보를 제공해야 신뢰를 얻을 수 있다. 다음으로는 애매한 문장은 피하고 명료한 글로 교육을 소개하여 문의하지 않아도 교육을 이해할 수 있도록 해야 한다. 마지막으로 인상적인 글과 참가 의욕을 일으키게끔 호감도가 있어야 한다. 교육대상자 모집 안내서에는 다음의 내용이 기재되어야 한다.

· 교육 프로그램 이름
· 교육 개요 및 내용
· 교육 목표, 교육 기간
· 교육 주최자, 교육 일정
· 교육 방법, 강사 소개
· 교육대상자의 자격, 정원

· 교육 장소, 교육 경비 및 지불 방법

· 수강 신청 방법, 문의처

· 기타

교육 경비의 책정

교육 실시 전에 중요한 기획 내용 중 한 가지는 교육에 필요한 경비를 미리 산정하고 이를 품의 받는 것이다. 교육 비용으로 산정되는 항목들은 주로 다음과 같다.

· 교육장 경비: 교육장 사용료, 강의실 기자재 사용료, 야외 시설 이용료, 식음료 비용 등

· 강사 비용: 교통비, 사례금, 식비

· 교보재비: 주 교재비, 도서비, 교재 인쇄비, 사무용품비, 번역료 등

· 교육담당자 운영 경비: 교통비, 통신비, 회의비, 수료증 인쇄비, 이름표 작성비, 대상 모집 팸플릿 인쇄비, 기타 비용

· 숙박비 외: 숙박비, 식비 등

· 기타: 학습자 여비, 버스 임대비, 이벤트 행사비, 통역비 등

자체 연수원 등 교육장이 마련되어 있는 경우 이에 해당하는 비용은 공제하고 산정한다. 교육장을 제공하는 각 기관이나 단체들은 임대와 각 기자재의 사용요금을 미리 산정해 놓고 있으므로 이를 참조하여

비용을 산정하면 도움 된다. 교육장의 기자재를 사용하지 않고 회사에서 기자재를 가져다 써도 되는 경우가 많으므로 이를 확인해야 한다. 일반적으로 교육장에서 복사기를 활용할 경우 복사비용이 비싼 경우가 많으므로 미리 필요한 복사물을 준비하는 것이 좋다. 강사료는 일부 기업은 자체 강사료 지급 기준을 마련하여 지급하는 경우가 있는데 강사 또한 강의에 따른 사례금에 대한 기준을 제시하는 경우가 있어 이에 대한 조율이 필요하다. 교통비나 식비는 실비 기준으로 지불한다. 강사가 제공하는 강의 교재 원고는 많은 경우 강의 사례금에 포함하여 지불한다. 강의를 위한 과정이 기존 강사가 보유한 과정이 아니라 새롭게 시간을 들여 개발한 경우 별도로 과정개발비와 교재비를 책정하기도 한다. 때 따라서 강사가 소속한 컨설팅기관이나 강사가 직접 교재를 준비하여 오는 일도 있는데 이럴 때는 별도로 교재비를 책정하여 지불해야 한다.

사무용품은 교육에 많이 사용하는 것은 미리 구비하여 각 교육에 공용으로 사용하는 것이 경비절감에 도움 된다. 강사나 학습자 중 외국인이 포함될 경우 통역료나 번역비가 필요하다. 전문 통번역 기관에 의뢰하면 강사추천과 함께 이용단가를 알려준다. 교육기간 중 학습자들의 친목을 위해 저녁에 회식을 하는 일도 있으므로 이러한 경우에 필요 비용을 책정해 두어야 한다.

이와 같은 세부 비용들은 연간 교육 체계 안의 교육 예산 범위에서 산정되어야 한다. 이를 세부적으로 기술하기 위하여 교육 경비 계산서를 작성하면 도움 된다.

교육 경비 계산서

비용	항목	단가 / 수량	금 액	비 고
교육 프로그램				
실시 연 월 일 기간				
교육장 경비	사용료			
	기자재 사용료 ①			
	기자재 사용료 ②			
	기자재 사용료 ③			
	식음료			
강사 경비	강사료			
	교통비			
	숙박비			
	기타			
교육 경비				
강사 경비	도서 구입			
	인쇄, 제본			
	통번역료			
강사 경비				
합계				

교육장 레이아웃

1) 강의실 레이아웃 교육의 성공에 기여하는 여러 요소 중 하나는 교육 환경이라고 할 수 있고 그중에서도 강의실 레이아웃이 중요하다. 강의실은 단순히 강사와 학습자 간의 교육 장소만이 아니다. 교육 참가자 간의 커뮤니케이션의 장이며 정보 교환의 장이기도 하다. 따라서 교육을 원활히 진행할 수 있고 참가자 간 커뮤니케이션을 원활히 진행할 수 있도록 전체적인 레이아웃을 결정하는 것이 필요하다.

며칠간 계속되는 교육은 적절한 휴식과 강사 접대를 위해 필요한 강의실, 화장실, 휴게실, 강사 대기실, 접수 공간 등이다. 휴게실에는 간단한 음료를 준비해 두어 휴식 시간에 이용할 수 있도록 한다. 이외에도 복사기나 컴퓨터 등을 배치하여 학습을 돕는다.

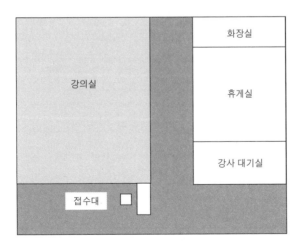

강의실 레이아웃 실례

교육 프로그램에 따라서는 그룹 워크숍 형태가 많다. 이러한 경우 소규모 회의실이 필요하게 되는데 보통 5~10명 정도의 그룹이 토론하거나 작업을 할 수 있는 공간이 적절하다. 이와 같은 교육 프로그램의 경우에 적절한 강의장 레이아웃은 다음 그림과 같다.

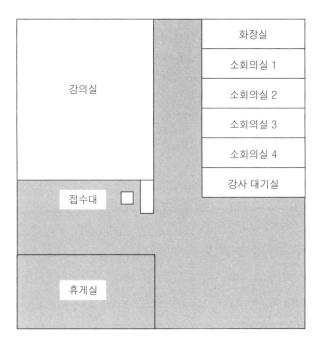

소그룹을 중심으로 한 레이아웃의 실례

이처럼 교육장을 배치할 경우 각 소그룹은 활동이 끝나자마자 본 강의장으로 이동하여 소그룹 활동에 대한 발표나 전체 토의를 할 수 있다. 이러한 교육장 운영의 경우 학습자의 수준과 관심, 작업의 진행 정도에 따라 소규모 집단으로 분반하여 운영할 수 있는 장점이 있다.

이렇게 함으로써 전체 학습자가 모여있을 경우 발표나 토론 등 운영의 어려움을 해소하고 교육의 효과를 높일 수 있다.

2) 강의실 레이아웃 체크 포인트 교육 내용에 맞추어 강의실의 레이아웃을 잘 하게 되면 교육 효과를 높일 수 있다. 강의실 레이아웃에 앞서 살펴보아야 할 체크 포인트는 다음과 같다.

- 책상, 의자의 높이나 크기
- 책상은 이동식인가 아닌가?
- 칠판과 좌석과의 거리(너무 멀면 글자 읽기가 어려움)
- 조명의 밝기
- 방음 설비
- 전기 콘센트의 위치
- 커튼, 블라인드의 유무
- 창문의 유무, 위치
- 시계의 유무, 위치
- 냉난방 환기구의 위치

좌석 배치는 교육 내용, 회장의 사용 가능한 면적, 학습자 인원수 등에 의해 레이아웃이 다를 수 있다. 다음은 어느 경우에도 공통으로 적용할 수 있으므로 유의하는 것이 좋다.

- 학습자 전원으로부터 정면 중앙이 보이도록 한다.

· 학습자의 의자가 서로 부딪치지 않게 한다.

· 학습자의 책상 사이를 강사가 걸어 다닐 수 있도록 간격을 둔다.

· 여분의 책상과 의자는 강의실 후방에 비치해 둔다.

· 교육 운영자나 관찰자의 책상은 학습자로부터 조금 멀리 후방에 마련한다.

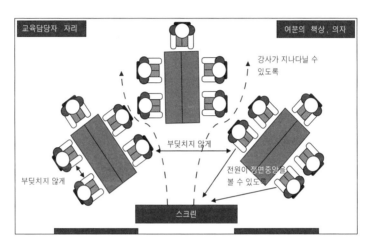

강의장 레이아웃의 실례

가장 일반적인 강의실 레이아웃은 강단형 레이아웃일 것이다. 최근 프레젠테이션 시설이 대부분의 강의실에 설치됨으로써 더욱 일반화되고 있는 강의실 모습은 빔프로젝터와 컴퓨터 데스크 설치 강의실 모습이다.

강단형 레이아웃 강의실은 강사가 단상에 올라가 교탁과 칠판을 통해 강의를 진행하는 것을 기본으로 하고 있다.

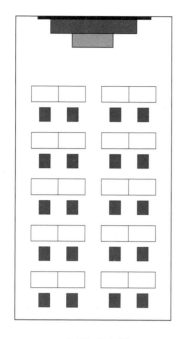

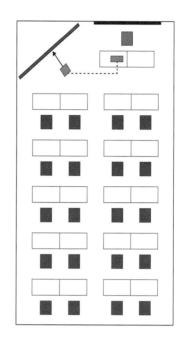

강단형 레이아웃　　　　　　빔프로젝트형 레이아웃

　이와 같은 형태의 강의는 과거에 일반적이었지만 현재는 프레젠테이션 기기와 소프트웨어의 발달로 컴퓨터를 통한 강의가 일반화되고 있다. 빔프로젝터를 활용한 강의실에서 칠판은 대부분 화이트보드로 교체되거나 스크린과 빔프로젝터, 컴퓨터 모니터가 강단을 대신한다. 이전 단계로 OHP를 활용하던 시기도 있었지만 현재는 대부분 빔프로젝터를 활용하고 있다. 하지만 이러한 강의실 레이아웃은 강사와 학습자라는 이분적인 접근에 기반한 것으로 강사를 강의실 어디에서든 학습자가 잘 바라볼 수 있는 특징을 지니고 있다.

　강의실 레이아웃에는 여러 가지 종류가 있는데 여기에서는 교육 현장에서 자주 사용하는 일반적인 것 중심으로 소개한다.

3) 강의실 레이아웃의 종류 강의실 레이아웃 종류들을 살펴보자. ①
강연, 극장 스타일, ② 학교, 학급 스타일, ③ 학습자 대면 스타일, ④ 중
역 회의 스타일, ⑤ V자형 스타일, ⑥ U자형 스타일, ⑦ 광장 스타일, ⑧
피쉬 볼(fish bowl) 스타일, ⑨ 라운드 스타일, ⑩ 아일랜드 스타일

① 강연, 극장 스타일

대강의실이나 극장과 같이 무대나 강단을 향해 다수의 좌석이 고
정되어 있는 스타일이다. 강사나 발표자 입장에서는 일방적인 정보 전
달이 중심이 되는 경우에 적당하다.

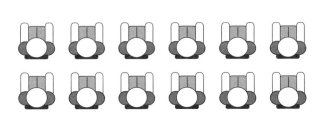

■ 주의점

사전에 가장 뒷자리의 학습자까지 마이크 음량이나 영상이 양호한지를 체크해두어야
한다. 만일에 있을 수 있는 고장에 대비하여 예비 마이크를 준비해두거나, 보조적인 자

료를 배포하거나, 학습자로부터의 질문을 듣기 위해 무선 마이크를 준비하거나 관찰 참가자를 두는 등 있을 수 있는 상황에 따른 배려와 준비가 필요하다.

② 학교, 학급 스타일

일반적으로 학교 수업에서 볼 수 있는 레이아웃인데 기업 교육의 경우에도 지식 중심, 강사 중심 학습에 자주 사용한다. 학습자의 주의를 강사에게 집중시키기가 쉽다. 특히 인원수가 많은 교육에서 이러한 스타일을 활용하여 교육의 시작과 종료를 하게 되면 쉽게 교육 분위기를 통제할 수 있고 통일감있는 진행이 가능하여 학습자를 관리할 수 있다.

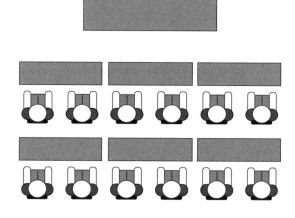

■ 주의점

학습자가 마음이 산란해지지 않도록 사전에 관심을 빼앗는 방해물은 제거해 둔다. 예를 들면, 벽시계 등은 강의실의 후방이나 측면에 배치한다. 시계가 눈에 띄게 되면 학습자들은 자꾸 시간에 신경을 쓰게 된다.

③ 학습자 대면 스타일

학습자가 중심이 되어 진행하는 실습에 적절하다. 내용 특성상 의견이나 입장이 다른 사람이 상대방 자리에 나누어 앉는 경우도 있다 (예를 들면, 면접관과 수험자, 논쟁의 찬성자와 반대자 등). 다만 이 스타일의 경우 인원이 많아도 20명을 넘지 않는 것이 좋다.

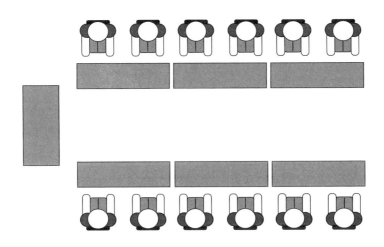

■ 주의점

창 쪽을 바라보도록 앉은 학습자를 배려하여 관심이 벗어나지 않도록 배려한다. 채광을 유지하면서 창에 블라인드나 커튼을 하여 밖의 풍경이 보이지 않게 하는 것도 집중에 도움 된다.

④ 중역 회의 스타일

기업의 중역 회의에 자주 사용하는 스타일로 비교적 소수 인원이 참가한 가운데 연구발표나 보고, 통일된 견해를 도출해야 하는 토론 등에 적절하다. 대면 스타일과 비교하여 책상이 붙어 있거나 아니면 큰 테이블에 둘러앉는 경우가 많아 협력적인 분위기를 이끌어 낼 수 있다.

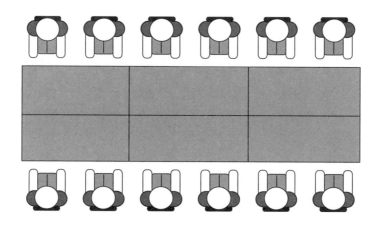

■ 주의점

화이트보드나 스크린은 가능한 한 모두가 보기 쉬운 위치에 배치한다.

⑤ V자형 스타일

학교, 학급 방식의 변형으로서 학교, 학급 방식에 비하여 더 넓은 공간을 필요로 한다. 강사가 학습자 한 사람 한 사람의 얼굴을 보기 쉽고, 학습자가 자리에서 일어나 이동하기 쉽다.

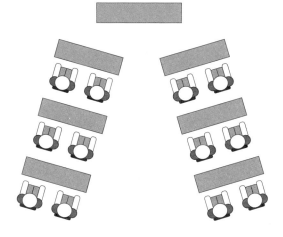

■ 주의점

마지막 자리끼리 너무 떨어지지 않도록 V자의 각도를 적절히 조절해 배치해야 한다. 강사가 바라볼 때 정면 부분이 너무 비어 있게 되면 강의 분위기가 나지 않을 수 있다. 또한 강사가 항상 시선을 좌우로 왔다 갔다 하면서 강의해야 하기 때문에 주의가 필요하다.

⑥ U자형 스타일

이 스타일은 강사가 한가운데 빈 공간을 자유로이 활용할 수 있는 특징이 있다. 강사는 쉽게 학습자에게 접근할 수 있으므로 학습자와 적극적으로 소통을 꾀할 수 있다. 또한 역할 연기 시 관찰이 용이하다.

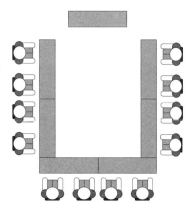

■ 주의점

학습자에게 접근할 경우 일부 학습자에게 치우치지 않도록 하여야 하며 전체적으로 균형을 유지해야 한다. 강사가 중앙 공간에 나와 강의 할 경우는 옆이나 뒤에 위치한 학습자에게도 적절한 배려가 필요하다.

⑦ 광장 스타일

중역 회의 방식의 인원 규모를 확대한 스타일로 어느 정도 진행 절차가 정해져 있는 전체 보고나 발표에 적합하다. 강사가 학습자와 동렬에 앉게 됨으로써 학습자의 주체성과 주도성을 끌어내기에 적당하다.

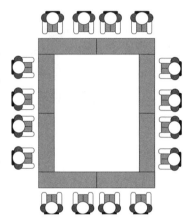

■ 주의점

중역 회의 방식에 비해 사람 수가 많기 때문에 복잡한 논의는 부적합하다. 전체 토론을 할 경우에는 마이크 없이 목소리를 들을 수 있는 공간이 적당하다.

⑧ 피쉬 볼(fish bowl) 스타일

원래 '어항 방식 훈련'에 이용한 방식으로 실습에 용이하다. '어항 방식 훈련'이란 학습자를 실습자와 관찰자 둘로 나눠 실습자를 안쪽에 관찰자를 바깥쪽에 배치한다. 실습자는 토의 등의 그룹 활동을 실시하고 관찰자는 미리 주어진 주제나 체크 포인트 등에 따라 그 활동을 관찰해 결과를 피드백한다. 행동 변화나 그룹 내의 상황 등을 파악하는 능력을 배양하는 훈련에 활용한다.

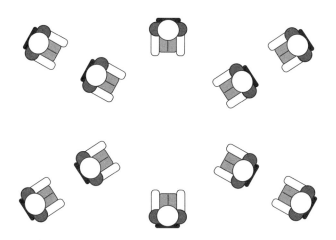

■ 주의점

학습자끼리의 거리가 너무 가깝거나 너무 멀거나 하면 그룹 활동이나 관찰에 방해가
되기 쉽기 때문에 특별히 자리 배치에 신경 써야 한다. 복수의 팀에서 동시에 진행하는
경우는 가까운 팀과의 간격에도 주의해야 한다.

⑨ 라운드 스타일

그룹 내에서 학습자가 교
류하기 쉽고, 그룹을 통한 토
의나 실습에 적합하다. 원탁
을 둘러앉기에 친근한 분위
기가 생기므로 적절한 주제
를 주고 자유 토론을 하기에
적합하다.

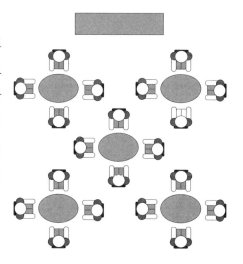

■ 주의점

강사는 정면을 향하지 않도록 앉은 학습자가 지속해서 주목하도록 일정한 강의 후에 적절한 질문이나 지시가 필요하다.

⑩ 아일랜드 스타일

학교, 학급 스타일과 함께, 기업 교육에 가장 많이 활용한다. 그룹 활동을 진행하기 편리하며 단시간의 강의에서 현 상태로 진행하는 데 큰 무리가 없다. 그룹 내 구성원끼리의 친밀감도 높아진다.

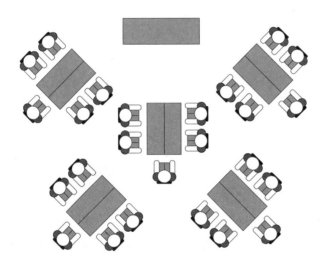

■ 주의점

학습자가 칠판이나 강사에게 등을 보이지 않게 책상의 배치 각도에 특별히 신경을 써야 한다. 특별 활동 지시를 내릴 경우 전원이 주목하고 있는지를 확인한 후에 말을 하도록 한다.

강사 선정과 활용

1) 강사 선정의 원칙 교육 프로그램을 실시하는 데 있어서 교육의 성공 여부에 가장 크게 영향을 미치는 것이 강사의 선정이다. 강사 선정에 실패하면 아무리 좋은 프로그램이라고 하더라도 좋은 효과를 보기가 힘들다. 따라서 HRD 담당자가 직면하는 가장 큰 도전은 최선의 강사를 선정하는 것이고 이에는 여러 가지 제약 조건이 있는 것이 보통이다.

강사 선정에 있어 1원칙은 '주어진 조건에서 최적의 강사를 선정한다'고 생각하는 것이다. 교육 비용의 한계성 때문에 최적의 강사를 선정하기 어려울 때가 있다. 하지만 교육 프로그램을 실시하려면 어느 정도 타협하지 않으면 안 된다. 한편 강사료와 강사의 질은 반드시 일치하지 않을 수 있으므로 교육 프로그램 기획자는 강사에 대한 폭넓은 정보를 알아 둘 필요가 있다. 산업교육 업계의 평판이라든가 인터넷 상의 강사에 대한 프로필 및 정보 등에 이르기까지 다양한 수준의 정보원이 존재한다. 무엇보다 유용한 정보는 강사의 실제 강의를 직접 들어보는 것처럼 확실한 정보는 없다. 하지만 이러한 방법은 실제로 시간과 참여의 한계성 때문에 정보 수집이 어렵다. 따라서 주어진 조건 중에서 우선해야 할 것을 정하여 선정을 한다면 최선의 강사를 발견할 수 있다.

2원칙은 '사내에서 강사를 구할 경우 강의 능력을 우선으로 본다'는 것이다. 사내에서의 지위나 특정 담당자를 고집할 것이 아니라 교육 내용으로 볼 때 학습자 입장에서 가장 적절한 사람을 강사로 선정하는 것이 중요하다. '직위가 높음 = 적임자'란 생각은 버려야 한다. 그러나 사내 강사는 대부분의 직장에서 하나의 직무로서 인정을 받고 있기 때문에 이에 대한 배려가 필요하다. 예를 들어, 전문성은 뛰어나나 강의력이 부족한 강사가 있다면 이러한 사내 강사를 훌륭한 강의력을 갖춘 강사로 양성하는 데 많은 시간이 걸린다. 이때 학습자로부터 대화를 잘 끌어내거나, 학습 내용을 잘 정리해 주거나, 요점을 잘 지적해 주거나 하는 강사와 함께 강의를 의뢰하게 되면 부족한 부분을 상호 보완하게 됨으로써 전체적인 강의의 평가가 높아지는 경우가 있다.

3원칙은 '사외에서 강사를 구할 경우 실질적인 성과를 강구한다'이다. 외부에서 강사를 초빙하는 경우 가장 큰 어려움은 교육 프로그램을 가장 효과적으로 지도할 수 있는 최적의 강사를 찾는 일이다. 기업 내 교육은 외부 교육에는 없는 자신의 만의 내용을 주로 다루기 때문에 그 존재 가치가 높다. 사내에서 강의가 이루어지는 경우 프로그램에 합당하게 강의가 이루어지도록 사전에 강사와 강의 내용, 실습 시간 등을 논의하는 것이 좋다. 또한 학습자가 잘 이해하지 못하는 부분이 있다면 보충 시간을 설정하거나 교육 운영 담당자의 참여나 중재를 통해 이를 얼마든지 보충할 수 있다.

이상의 내용을 바탕으로 강사 선정의 기본을 4원칙인 '교육 프로그램의 목적을 충분히 이해한 후 이를 실현하는데 적합한 강사를 선택한다'라고 정리할 수 있다.

2) 강의 의뢰 방법 - 승낙을 얻기까지 강사 선정은 우선 복수로 연락하는 것이 좋다. 1차 후보로부터 차례로 강의 의뢰 연락을 취하면 된

다. 강의 의뢰 방법에 있어 단지 언제, 어떤 식으로 교육을 하고 싶다는 정도만 전할 것이 아니라 좀 더 구체적으로 설명하고 이해를 구해야 한다. 구체적으로 강의 의뢰를 하기 위해서는 강사에게 무엇을 물을 것인가의 리스트를 의뢰 전에 생각해 놓는 것이 좋다. 교육 일정이 확정되었다면 우선 강사에게 확정된 일정에 해당 강의가 가능한지를 물어보아야 한다. 교육 일정에 유연성이 없는 경우 원하는 강사를 의뢰하기가 힘들다. 1차 후보 강사와 일정 협의 시 강의 주제, 장소, 교육 장소 이동방법, 프로그램 일정, 강사료 등의 내용도 함께 협의를 하여야 한다. 이들 내용과 협의가 안되면 제 2의 후보와 교섭을 시작하여야 한다.

의뢰 받는 강사 입장에서는 다음과 같은 부분에 신경을 쓴다. '교육은 언제 실시하는가? 자신의 일정이 비어 있는가?', '교육장까지의 이동이 원활하고 시간이 많이 걸리지는 않는가? 이에 대한 교통수단의 제공이나 교통비의 제공은 이루어지는가?', '고객사의 강의 주제는 자신의 주 강의 주제와 부합하는가?', '교육 시간이나 교육 장소가 교육의 효과를 높이기에 적절한가?', '강사료가 적절한가?' 등일 것이다. 따라서 교육 운영 담당자는 이러한 강사의 마음을 읽어 협의를 하면 승낙을 얻어내기가 쉽다.

그렇다면 강의 의뢰 시 주요 내용이 되는 교육 프로그램 및 주제, 강의해 주었으면 하는 내용, 강사료를 포함한 비용 등을 세부적으로 살펴보면 다음과 같다.

① 교육 프로그램 및 주제

교육 프로그램 및 강의 주제에 대해 자세히 알아보면

· 주제
· 주제 설정과 그 목적
· 교육대상자 및 인원수
· 과정 전체의 목적
· 프로그램의 전체 일정

등이 있다. 담당 주제는 가능하면 원안을 가지고 교섭하는 것이 좋으며 아직 주제가 명확하게 정해지지 않았다면 가제라도 생각해 보아야 한다. 간혹 강사에게 '어떠한 것이라도 좋으니 2시간 정도 강사님께서 잘하시는 주제로 강의 부탁드립니다'라고 의뢰를 한다면 강사에게 실례가 될 수도 있기 때문에 강사의 주 강의 주제를 명확하게 지정하여 표현하는 것이 좋다.

이때 다른 세미나나 교육에서 강사가 했던 주제를 참조하는 것도 좋다. 그렇지만 다른 조직을 상대로 한 강의를 그대로 해달라고 부탁하는 것은 올바른 방법이 아니다. 각각의 강연이나 세미나는 학습자, 목적에 따라 그 교육내용의 수준이나 방법이 다르게 설정되므로 반드시 기획하는 교육에 부합한다고 할 수 없다.

강사에게는 최대한 교육의 주제와 교육의 목적을 명확하게 전달할 필요가 있다. 그리고 교육대상자와 그 인원수, 교육 시간 등 강사에게 참고가 될만한 정보를 제공해 줄 필요가 있다. 과거에 동일한 교육이 진행된 적이 있다면 그때 어떠했는지에 대한 정보 또한 현재 진행하려는 교육의 성과를 위해 강사에게 알려주어야 한다.

② 의뢰하고자 하는 강의 내용

우선 강사를 선택한 이유를 간단하게 설명하는 것이 좋다. 예를 들면, '금번 출간하신 도서 내용이 당사의 현황에 매우 부합하고 금번 교육의 주제와 일치한다고 생각합니다. 부디 강의해주시면 감사하겠습니다.'와 같이 설명하는 것도 한 방법이다. 구체적으로 어떠한 내용으로 강의해주기를 바라는지를 말하고 특히 기대되는 부분이 무엇인지를 몇 가지로 제시하는 것도 좋다. 교육 방법에 있어서도 바라는 바(예를 들면, 실습, 게임, 사례 연구 등)가 있다면 이를 전달하는 것이 좋다. 실습이나 연습이 필요한 경우 교실의 배치나 보조 요원의 필요성 등을 점검해 보아야 한다. 그리고 강의를 할 수 있는 일정이나 시각 등을 확인하여야 한다.

③ 강사료 등 비용

강사료의 확인은 강사와 중요한 협의사항이다. 강사 별로 자신의 강의료를 생각하고 있는 금액이 있기 때문에 이를 물어보아야 하고 나름대로 책정된 교육 예산을 말해 주어 상호 협의해야 한다. 이에 대한 합의가 이루어지면 교육장까지의 교통편의 제공이나 교통비의 지급 등에 대하여서도 명확히 하여야 한다. 모든 것이 협의되면 구체적인 교육장 약도나 위치를 알려준다.

최근에는 상당수의 커뮤니케이션을 카카오톡이나 메일 등으로 끝내는 경우가 있는데, 강사 의뢰의 경우 요구 사항을 좀 더 구체적으로 협의하기 위해서는 직접 만나거나 전화로 대화를 하는 것이 필요하다. 미팅, 메일, 전화, SNS 등 가능한 다양한 커뮤니케이션 방법을 통하는 것이 좋고, 메일이나 문서 등의 쌍방향 커뮤니케이션을 통해 협의된 내용이 기록으로 남게 하는 것도 좋은 방법이다.

3) 강의 의뢰 방법 – 의뢰를 받아들인 경우 강사에 전달할 사항 강사 의뢰를 담당하는 HRD 담당자는 참가자 명부를 제외하고 강의 요청일 1개월 전까지 강사에게 전달해야 할 내용이 있다. ① 교실, 교재, 준비에 관한 일, ② 경비, 숙박 그 외에 관한 일, ③ 향후의 연락에 대한 협의 등이다.

① 강의실, 교재 준비에 관한 일

강의실, 교재 준비에 관한 일에 대해 사전 협의할 필요가 있다. 교육장과 강의실이 사전에 정해져 있다면 이를 강사에게 알려주면 되지만 미정인 경우는 강사가 희망하는 교실 상황과 자리 배치 등을 물어보고 준비하여야 한다. 또한 강의실 내의 책상이나 의자 등에 대하여서도 파악을 해 둘 필요가 있고, 특히 강의실 내의 기기 비치 상황을 강사에게 알려줄 필요가 있다. 강사가 추가로 요청하는 장비나 기기가 있는 경우 이를 교육장 관리자에게 요청한다.

주로 사용되는 장비나 기자재는 빔프로젝터, 스크린, 노트북, TV, 음향시설, 녹화 장치 등이며 보조 교재 등도 무엇이 필요한지 파악한다. 흑판이나 화이트보드, 책상, 의자, 플립차트, 전지, 마커펜, 유성펜 등이 자주 사용되고 이외에도 다양한 필기도구가 활용된다. 복사기나 제본기와 같은 장비가 학습자 근처에 위치해 있으면 편리하다.

교재를 포함한 배포 자료의 수량과 배포 시기에 대하여도 강사에게 문의하여야 한다. 교재나 배포 자료를 준비하기 위해서는 강의 전 일정 기한까지 자료를 요청해야만 여유 있게 교재를 제작할 수 있다. 또 사전 학습과제가 있는 경우도 있으므로 이에 대한 내용을 확인하는 것도 필요하다.

② 경비, 숙박 그 외에 관한 일

강사 사례금, 교통비, 숙박비 등에 대한 금액, 지급 방법, 당일 통장 사본이나 주민등록증 사본 지참이나 전달 방법, 입금 계좌번호 등을 파악해 두는 것이 좋다. 무엇보다 중요한 것은 교육장까지의 약도와 같은 안내이다. 물론 내비게이션을 활용하여 장소를 찾아가는 경우가 많기 때문에 이에 필요한 정보(주소, 전화번호, 정확한 기관 명칭)을 미리 알려주는 것이 좋다. 또한 당일의 식사 유무, 숙박 준비, 버스나 기차 정류장까지의 교통편 등에 대한 정보나 지원 사항도 사전에 알려주는 것이 좋다.

③ 향후의 연락에 대한 협의

향후 강사와의 원활한 연락을 위해 강사의 연락처와 이메일, 카카오계정, 주소 외에 필요하면 일정 등을 확인하여 두는 것이 좋다. 강의를 의뢰하는 경우 다음과 같은 정보를 제공하는 것이 좋다.

· 회사개요

· 의뢰서(필요 시 행선지, 소재지, 책임자 등 기재)

· 승낙서(필요 시 반송 방법 기재)

· 교육 프로그램에 대한 소개

· 교육 학습자 리스트나 대강의 설명

일반적으로 학습자 리스트는 교육 개강 직전에 결정되는 경우가 많으므로 교육 학습자가 결정된 시점에서 명단을 전달하는 것도 한 방법이다. 또한 교육 당일 강사를 소개해야 하므로 사전에 강사에 대한 정보를 상세히 받아 보아야 한다. 이때 다음 사항을 참조한다.

● 강의실, 교재 준비에 관한 일

· 교육장, 교실의 준비 : 강사의 희망하는 교실, 레이아웃 확인

· 이용할 수 있는 시청각 기기, 환경 등 : 정해져 있지 않으면 강사의 희망 기자재 등

　– 빔프로젝터, 스크린 설비 유무, 노트북, 캠코더 등

· 보조 교재 등 : 칠판, 책상, 의자, 플립 차트, 전지, 유성펜 등

· 인쇄 복사 관련 기기 : 복사기 등

· 필요한 교보재의 인쇄 조건 확인 : 주 교재나 도서, 배포 자료의 유무 확인, 원고의 송부 의뢰 등

· 학습자의 사전 학습 필요성 등

● 경비, 숙박 그 외에 관한 일

· 강사 사례금 등 : 지불 방법, 통장 사본 또는 계좌 번호, 주민등록증 사본 등

· 교통수단, 교통비 지급 방법

· 당일의 식사 준비 여부

· 숙박 여부와 그 조건 등

· 강의 후 환송에 대해

● 향후의 연락에 대한 협의

· 담당자 이름

· 연락처(전화, FAX, 이메일) 등

· 연락 일정

● 강사나 강사의 소속 기관 등에 통보하는 내용

· 회사 개요

· 강의 의뢰서 필요 유무, 필요 시 행선지, 소재지, 책임자 등

· 승낙서의 필요 유무, 필요 시 반송 방법

· 교육 프로그램

· 교육 학습자 리스트

● 강사의 상세 정보 입수에 관한 일 (강사 소개 시 활용할 정보를 미리 받는다)

· 현재의 소속과 직위 등

· 주 전문 강의 분야

· 주요 저서나 연구 내용, 교육 연수 경력 등

· 현재의 소속과 직위 등

· 주 강의 분야

· 저서 및 연구 논문

· 주 강의처

등의 내용이 필요하다. 인터넷이나 도서를 통한 강사 약력의 경우 정보가 오래되어 변경된 내용이 있을 수 있으므로 최신의 정보를 확인할 필요가 있다.

4) 사외 강사 초빙 및 상황 별 대응 방안　기업에서 외부 강사를 초빙하는 경우 두 가지 경우를 생각할 수 있다. 한 가지는 창립기념일 특별 강연, 특별 쇼, 세미나 등 사외 행사 또는 사내 교육의 일부 행사에 포인트를 주기 위해 강의를 포함하는 경우다. 다른 한 가지는 일정 기간 강사가 사내 교육에 참여하여 지도하는 경우이다.

① 특강을 원하는 경우

특강 초빙에 대한 승낙을 전화로 받을 수 있는 경우가 많은데 이때 강사와 언제 어디서 만날 것인지를 정해둔다. 장소가 정해지만 이후 강의 장소와 시간을 포함한 출강 확인서를 문서로 통지한다. 이때 메일을 활용하면 편리하다. 그리고 강사가 회장에 도착해서 떠날 때까지는 사회인으로서의 매너와 에티켓을 생각하여 대응하고 접대해야 한다. 어떤 의미에서 사무적으로 대응하는 것이 산뜻하고 다소 호감을 줄 수 있다.

<table>
<tr><td></td><td></td><td>년   월   일</td></tr>
</table>

수신자명   발신자

출강 확인서

    안녕하십니까? 평소 당사에 대한 관심과 원조에 깊은 감사를 드립니다.

금번 당사의 'OOO교육' 출강 요청에 바쁘신 중에도 흔쾌히 받아들여 주셔서 진심으로 감사드립니다.

만약을 위해 출강 안내를 다음과 같이 알려드리오니 일시, 장소 등을 확인하시어 일정과 강의 계획에 참조하시기 바랍니다. 또한 참고로 안내장을 동봉하였습니다.

일   시 :   년   월   일   ~   년   월   일

강의 내용 :

교육담당자 : 소속   이름

비   고 :

---

② 패키지 강의를 의뢰하는 경우

    보통 패키지 강의의 경우 기간이 2~3일인 경우가 가장 많다. 주 5일제의 시행으로 과거보다 교육 기간이 짧아지는 경향이 있다. 그러나 교육 내용은 같고 기간만 짧아지는 것이므로 짧아진 교육 기간 내 동일한 교육 효과를 내기란 점점 어려워지고 있다. 따라서 초빙 강사의 열의와 의욕이 교육 효과에 절대적이라고 할 수 있다. 사외 강사가

자신의 특기와 강점을 충분히 발휘하게 하기 위해서는 교육담당자로서 최소한 다음과 같은 배려가 필요하다. 또한 강사 의뢰를 처음 하는 것이라면 사전에 직접 만나 얼굴을 익힌다.

■ 강사와의 사전 약속

- 교육실시 목적과 배경을 잊지 않도록

최고경영층의 요청인지, 교육기관의 요청인지, 생산라인의 필요에 따른 요청인지를 명확히 전달한다.

- 교육 내용은 간단명료하게, 교육 전개는 위임

교육 전개는 강사의 특기와 전문성을 가장 잘 발휘할 수 있는 장면이다. 목적을 달성하기 위해 수강 대상과 교육 상황을 서로 참조하면서 효과적인 교육 전개를 생각하고 있을 것이다. 그런데 교육담당자가 세세하게 교육 방법 등을 유식한 척 요구하게 되면 강사는 학습자 중심으로 해야 하는 교육을 담당자 중심으로 하게 된다. 그리고 강사는 교육담당자를 의식하는 가운데 강의에 다소 지쳐버리고 만다.

이러면 담당자는 강사가 자신의 의도대로 해주므로 강의에 만족할 수 있지만 학습자에게는 좋은 평가를 받을 수 없다. 교육 내용에 관해서는 얼마든지 주문을 해도 좋지만 방법이나 전개에 관한 부분은 강사에게 일임하는 것이 결과적으로 효과가 좋다.

- 교육 컨설팅회사에 강사를 의뢰한 후 강사와 사전 약속을 하고 난 후의 조치

전문 교육 컨설팅사를 통해 특정 강사와 사전 약속을 하게 된다. 이런 경우 첫인상만 가지고 강사를 맘에 들어 하지 않을 수가 있는데, 자신만의 판단으로 강사를 바꿔 달라고 교육 컨설팅사에 요구하는 것은 다소 주의해야 한다. 교육 컨설팅사는 강사의 능력이나 적성을 신용하기 때문에 추천하고 파견한다. 교육 컨설팅사는 수많은 회사를 통해 강사의 장단점에 대한 경험을 갖고 있고 이 경험을 바탕으로 업종에 이 교육 내용이라면 효과를 올릴 수 있을 것이라는 판단으로 적정 강사를 추천해준다. 교육담당자가 '내 생각과 맞지 않다', '강사 채용은 나의 권한이다'라는 식의 태도를 취하는 것은 삼가는 것이 좋다.

■ 교육장에서 강사에 대한 대응

자사 연수 시설이라면 사무실이나 연수원 프런트에 가면 사외 강사가 어디에 가고 어떻게 움직이면 좋을지 어림짐작 할 수 있지만 문제는 일반 연수원에서 할 때이다. 일반 연수원은 수많은 회사의 교육이 동시에 이루어져 이용 방법도 규칙으로 정해져 있는 데다가 사무실 관계자 수도 적다. 꽤 많은 부분에서 이용하는 쪽의 사무적인 부담과 인간적인 배려가 필요하다. 강사가 연수원에 도착하면 반드시 교육담당자가 마중을 나가거나 연수원 사무실 사람에게 대기실로 안내해 줄 것을 확실히 해두어야 한다. 이것은 강사가 앞으로 전개해 나갈 교육에 대한 태도에 큰 영향을 미치게 된다.

- 강사 소개는 부드럽게
강사를 소개하기 전에 강사 소개를 적절한 자리에 우선 안내하여 소개를 기다리도록 한다. 그리고 나서 소개를 한다. 강사 소개는 학습자의 시선을 끄는 중요한 항목이다. 학습자들은 어떤 강사가 교육할 것인지 그 성격을 첫인상을 통해 파악하려고 한다.

어떤 내용으로 소개할 것인지는 강사와 사전에 조율하는 것이 좋다. 간혹 강사 중에는 자신이 강의를 시작하면서 자신을 소개하는 경우가 많다. 소개에는 강사와 소개하기로 정한 사항과 함께 해당 강사를 초빙한 이유와 교육담당자의 교육을 통한 기대사항 등을 함께 이야기한다.

■ 교육 실시 중 강사 응대

- 강의 중 교육담당자의 태도

교육담당자가 교실 뒤쪽에서 메모하며 학습하고 있으면 강사도 열심히 하게 된다. 그러나 강사의 이야기에는 신경도 안 쓰고 앉아서 졸거나, 스마트폰을 들여다보는 등 교육과 상관없는 일을 하거나, 교육담당자끼리 소곤소곤 수다를 떨며 때때로 웃는 사람도 있는데 이는 강사의 강의 의욕을 떨어뜨리는 부정적 행동이다. 교실 안은 학습자가 진지하게 학습하는 공간이라는 것을 잊어서는 안 된다. 만약 학습자와 함께 교육에 참여할 수 없는 상황이라면 오히려 교실 밖에 나가 있는 편이 도움 된다.

- 강사의 보조 역할

교육 진행 방법은 두 가지가 있다. 한 가지는 강의의 변형된 형태로 '정보제공형' 진행 방식이다. 강사가 사전에 준비한 지식이나 정보를 학습자에게 소화시키는 것을 목적으로 한다. 토의법이나 역할극, 사례 연구 등의 기법을 사용하여 진행할 수 있다. 이 패턴은 강사주도형으로 연역적인 교육 전개이다. 교육담당자는 강사에게 교육 전반을 맡기기만 하면 된다.

또 한 가지는 강사가 학습자의 경험을 끌어내어 그것을 원리원칙과 연관지어 진행해나가는 '상황대응형' 귀납적인 교육 전개이다. 학습자 한 사람 한 사람의 사고방식이나 의견을 성의있게 듣고 학습자의 수준 및 학습 페이스에 맞춰 진행해 나가는 방식이다. 만일 강사가 이러한 교육 전개 방식을 취한다면 강사는 교육담당자에게 진도관리에 대한 의견이나 조언을 요구해 온다. 교육담당자는 강사의 보조 역할자라고 인식하고 상황에 맞는 학습자의 반응을 파악해 두지 않으면 생각지 않은 방향으로 교육이 흘러갈 수도 있다. 이 역할은 교육담당자에게 능력개발의 기회가 되기 때문에 적극적으로 참여하는 것이 좋다.

– 교육 기간 중 필요사항은 정확히 전달

· 식사 시간과 장소(이때 강사가 식사에 대한 요구 사항이 있으면 이를 반영한다)
· 휴식 시간 활용과 다과 및 차 등 음료 서비스의 유무(활용 방법 안내)
· 밤 늦은 교육은 늦어도 몇 시까지는 전체 과정이 끝나야 하는지 시간의 한도
· 교육기간 중 회식이 예정되어 있다면 일시와 장소, 그리고 강사의 참여 여부

■ 강사와 친밀한 관계 맺기

교육담당자로서 강사와 빨리 친해지고 솔직한 대회까지 할 수 있는

상황을 만들기 위한 노력이 필요하다. 강의 중일 때는 어렵다고 하더라도 실습 중이나 휴식 시간에는 강사에게 접근하여 세상 돌아가는 이야기나 회사의 현 상황, 자신의 업무, 교육장 주위의 화젯거리 등으로 강사의 관심을 끌 필요가 있다. 학습자가 교육을 잘 따라주어 강사가 좀 마음이 편한 상황일 때가 적절한데 그렇지 않다면 귀찮게 생각할 수 있으므로 주의한다. 왜냐하면 강사가 다음의 교육 전개나 학습자의 반응을 생각하고 있을 수 있기 때문이다. 교육 중 교육담당자는 잡담하지 않는 것이 좋다.

■ 강사의 회식 참석

평소 조직 내에서 부서나 사업장의 위치가 달라 커뮤니케이션이 원활하지 못했던 사람들이 모일 수 있는 것도 조직 활성화 차원에서 집합교육의 효과 중 하나다. 이런 모임의 기회를 놓치지 않고 의도적으로 부서 간 정보 교환을 시킬 수 있는 자리를 만드는 것도 필요하다. 실제 주간의 교육 시간이 끝나면 학습자들도 어떤 식으로든 모임을 원하기 때문에 모임의 필요성은 충분하다. 많은 경우 교육 기간 중 저녁 시간 식사와 함께 회식의 자리를 마련한다.

교육담당자는 이때 강사를 이 자리에 참석시킬 것인지를 결정하여야 하고 이를 강사에게 정중히 모임을 알리고 참석 가능한지를 물어보아야 한다. 강사가 이런 자리에 익숙한 사람이고 적극적으로 참석을 원하면 적당히 자리 배치를 해주면 되지만 대부분의 강사는 그런 자리를 그다지 좋아하지 않는다. 술에 취한 학습자를 상대로 교육적이거나 사무적인 이야기를 할 수도 없고 경우에 따라서는 억지로 노래(?)를 불러야 하는 경우도 있다. 이러한 상황은 오히려 강사의 피로도를 배가시키는 역효과가 있다. 강사는 하루 종일 교육으로 지쳐있기 때문에 다음날 교육을 생각해서 혼자만의 시간을 갖게 하는 것이 좋다. 강사방에 약간의 알코올 음료와 간단한 안주 정도만 준비해 주고 그다음부터는 자유롭게 쉬게 하는 것도 한 방법이다. 회식 모임이 있다면 "괜찮으시다면 참석하시죠." 정도로만 권유하고 절대로 강제로 참석하게 하지 않는 편이 좋다. 무엇보다도 사내 교육 원칙과 강사 접대에 관한 규율을 우선 고려해야 한다.

강사 유형과 기대되는 역할

강사 선정에서 중요한 점은 강사의 능력이나 스타일 외에 교육담당자와 문제의식을 함께 공유할 수 있는지가 무엇보다 중요하다. 실제 기업 교육 현장에서의 성패나 교육의 성과는 상당수 강사가 어떠한 내용으로 어떻게 학습자에게 영향을 미쳐 요구되는 변화를 끌어내는지에 달려있다고 할 수 있다. 많은 교육에서 강사와 학습자와의 상호작용에 의해 교육이 진행되기 때문에 강사의 선정이 잘못되면 다른 교육 운영 요소들을 완벽하게 준비하였다고 하더라고 기대 효과를 얻기 힘들다.

강사 선정에 상당한 노력과 시간을 들이는 교육담당자도 있지만 그리 신경을 쓰지 않는 교육담당자도 있다. 이런저런 이유로 자신이 강사를 선정할 수 없는 경우도 있지만 사정이 허락한다면 스스로 최선의 강사를 선정하기 위한 실력을 키우고 많은 시간 강사를 알려는 노력을 기울여야 한다.

1) 절대적으로 뛰어난 강사는 없다. 교육담당자로서 어떠한 강사를 선정하는 것이 최선인가? 이러한 질문에 답을 하기 전에 우선 뛰어난 강사란 어떠한 강사인가를 생각해 보아야 한다. 수많은 교육 현장에서 보아왔던 강사들을 비교해 볼 때 절대적으로 뛰어난 강사는 매우 드물다. 이를 좀 더 자세히 설명하면 다음과 같다.

연수 프로그램 운영을 조리 장면으로 비유하면 이해가 쉽다. 요리사는 프로젝트 매니지먼트 담당자로서 교육 기획 담당자라고 할 수 있다. 강사는 메인 요리의 식자재라고 할 수 있다. 요리사가 어떠한 요리를 만들까에 따라 사용하는 식자재는 다른 것은 말할 필요가 없다. 고급 참치라고 무조건 사용하는 것은 아니다. 만드는 요리의 종류에 따라 필요한 식자재가 결정되는 것이기 때문에 식자재의 가치는 그 필요에 의해 중요성이 결정되는 것이다. 즉 요리사가 만들고 싶은 요리에 맞느냐 맞지 않느냐가 식자재의 필요성을 결정한다.

이것은 강사라고 하는 교육의 주 요소에도 동일하게 적용할 수 있다. 어느 회사에서 높은 강의 평가를 받은 강사가 다른 회사에서 같은 강의 내용을 가지고 좋지 않은 평가를 받는 경우도 있다. 강사가 동일하게 준비하여 똑같이 강의를 했고, 학습자 또는 열심히 교육에 참여했는데도 결과는 다르게 나오는 경우가 많다.

이러한 차이는 어디에서 오는 것일까? 강사들 사이에서는 강사와 학습자 간의 궁합으로 얘기하는 경우가 많다. 요리에서도 요리사와 식자재 간의 궁합이 잘 맞아야 원하는 맛을 낸다. 이러한 궁합에 따라 어떤 식자재는 더 죽고 어떤 식재료는 더 살아난다. 그렇다면 어떻게 이러한 궁합을 구별해 낼 수 있는 것인가? 이것이 훌륭한 강사를 선정하는 노하우라고 할 수 있는데 교육담당자로서는 많은 강사를 접해 봄으로써 구분할 수 있게 된다. 즉 어느 정도의 충분한 경험이 필요하다.

그러나 이러한 경험이 쌓이기 전에도 할 수 있는 부분이 있는데, 한 가지는 자사의 학습자, 즉 직원이라고 하는 식자재의 특징을 정확하게 파악해 두는 것이다. 타사 직원의 특징을 모르는 담당자에게는 자사와 타사 간 직원들을 비교할 수 없기 때문에 이것은 간단한 문제는 아니다. 외부 관계자를 통해 상시로 객관적인 평가에 귀 기울이려 노력하여야 하고, 사외 인맥을 다양하게 가지려 노력해야 하며, 정보교류의 기회를 많이 가지려 노력해야 한다. 또 다른 하나는 강사들의 능력이나 스타일을 최대한 많이 파악하고 있어야 한다는 점이다.

2) 강사에게 기대하는 4가지 역할

① 강사는 '선생'이라는 이미지가 강하다

강사라는 용어는 매우 애매한 면이 있는데 듣는 사람에 따라 다양한 이미지가 연상된다. 학교 교육의 영향으로 '선생', '교사'의 이미지가 강하다. 즉, 학습자가 가지고 있지 않은 고차원의 지식을 보유하고 있어 이를 학습자에게 전수하는 존재로 인식된다. 대부분의 교육이 지식 편중의 학습 전이형 형태였기에 이러한 이미지를 크게 갖는 것일 것이다. 선생님으로 인식하는 순간 학습자들의 머릿속에서는 '선생님 말은 절대적이다', '선생님이 말하는 것은 한마디도 놓치지 않고 노트를 해야 한다', '학습자들은 선생님의 의도를 파악에 이에 부합되는 질문을 하지 않으면 안 된다', '선생님으로부터 질문을 받을 때까지는 내 맘대로 의견을 말해서는 안 된다'라고 자신의 생각을 정한다.

여전히 많은 기업 교육에서 이와 같은 분위기를 찾아보기란 어렵지 않다. 오랜 기간 학교 교육의 영향이 사회인이 되어서도 강사를 선생으로 인식하게끔 하는 것이다. 물론 교육 프로그램의 목적이나 스타일에 따라서는 '선생'으로 인식되는 것이 바람직할 때가 있으므로 이와 같은 인식을 전적으로 부정할 필요는 없다.

② 강사의 4가지 유형

강사에게서 어떠한 역할을 기대할 것인가를 명확하게 하는 것이 중요하다. '선생'으로 인식되는 것 외에 기대되는 역할은 어떠한 것이 있는가? '지식제공형'과 '지식, 사고 인출형'이라고 하는 한 축과 '구조화 중시'와 '흐름 중시'라고 하는 다른 한 축을 기준으로 하여 강사의 유형을 구분해 볼 수 있다.

세로축에서 지식제공형은 선생의 이미지를 말한다. 가치 있고 의미 있는 지식을 제공해 주는 역할이다. 지식 사고 인출형은 필요한 지식의 대부분은 이미 학습자가 벌써 알고 있다는 전제하에 이를 잘 꺼내 주는 역할, 혹은 학습자 자신이 생각하는 자신 나름의 이론을 만들 수 있도록 돕는 역할을 담당한다.

가로축에서 구조화 중시형은 강사가 학습자에게 배우게 하고 싶은 이른바 학습 포인트를 명확히 제시하고 이를 배울 수 있도록 학습 구조(learning structure)를 사전에 준비하여 두고 거기에 따른 수업을 운영하는 유형이다.

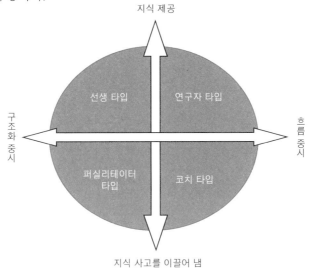

강사의 4가지 유형

　물론 어디까지 구조화할 것인가 정도의 문제이지만 이 스타일이 너무 강하면 학습자는 유도되고 있다고 하는 느낌이 들 수도 있다. 현명한 학습자는 이것을 느끼고 두 가지 다른 형태의 행동을 보인다. 한 가지는 강사의 유도에 동조하는 경우이고 다른 하나는 이에 반항하는 경우이다. '강사님, 지금 우리에게 이렇게 말하게끔 하고 싶은 거죠?'라고 학습자가 차갑게 대꾸할 수도 있다. 어느 쪽으로든 바람직하지 않은 상황에 빠질 가능성이 높기 때문에 주의가 필요하다. 강사의 의도에 부합되지 않은 상태로 과정이 흘러가면 나중에 이를 바로 잡는데 더 큰 어려움이 있다는 점을 잊어서는 안 된다.

　흐름 중시형은 그 반대의 경우다. 구조화를 중시하는 것보다 각 상황에서 최선의 과정 운영을 순간 순간 만들어 가는 스타일이다. 학습자가 보이는 흥미나 필요도에 따라 과정의 흐름을 만들어간다. 과정의 흐름이 양호할 경우 학습자는 자기 스스로 깨우쳤다고 하는 성취감을 갖게 된다. 과정이 끝난 후에 학습자들은 교육 과정에 대해 매우 만족하며 강사에게 감사를 표하는 경우가 많다. 단지 강사는 '그래서?', '과연 그럴까요?', '어떻게 생각합니까?', '다른 사람 의견은?' 등과 같이 스스로 학습하도록 촉진만 하였을 뿐이지만 학습자는 이러한 학습 흐름 속에서 스스로 배워 깨우쳐가는 훌륭한 과정 운영이라고 할 수 있다.

그러나 이러한 학습 흐름을 잘 만들 수 없다면 교육의 효과는 높지 않다. 학습자 사이에서는 도대체 강사는 무엇을 하는 것인지? 내가 왜 여기 와 있어야 하는지 등 회의감을 갖게 된다. 교육 운영에 있어 고도의 퍼실리테이팅 스킬이 필요하다. 또한 학습자가 스스로 학습하는 것을 싫어하고 지식만 제공해 주기를 강하게 요구하는 경우 아무리 운영 기술이 뛰어난 강사라도 이러한 흐름을 만드는 것이 곤란하다는 점도 인식해 둘 필요가 있다.

③ 선생 유형과 연구자 유형

이상의 2개의 축을 기준으로 4개의 상한이 구분되는데 지식 제공/구조화 중시형에 해당하는 강사 유형이 '선생 유형'이다. 강사로서의 난이도는 가장 낮다고 할 수 있다. 경험이 부족한 강사는 이러한 선생 유형의 강의로 많은 경험을 쌓은 후 서서히 다른 스타일을 배워 나가는 것이 바람직하다.

지식 제공/흐름 중시형은 '연구자 유형'의 역할이다. 주된 강의 주제에 대하여 깊은 지식이 있지만 반드시 그것을 구조화하여 가르치는 접근은 취하지 않는다. 연구자 유형은 반드시 가르치는 방법에 있어서도 최고라고 할 수는 없지만 그 학문적인 깊이나 지식의 폭은 매우 넓다고 할 수 있다. 이와 같은 큰 장점이 있는 연구자 유형 강사의 내적 가치를 끄집어낼 수 있는 학습자라면 효과적으로 상당한 지식을 얻을 수 있기에 더없이 고마운 존재라고 할 수 있다. 경험학습을 하는 학습자에게는 개념화 프로세스는 혼자서 할 수 있는 간단한 것이 아니다. 하지만 연구자의 풍부한 식견을 통해 개념화의 힌트나 특별히 참고할만한 이론을 발견할 수도 있다. 깊은 문제의식을 지니고, 경험으로부터 스스로 학습해가는 학습자에게는 매우 고마운 존재가 된다. 일반 사회인을 대상으로 하는 비즈니스 스쿨에서는 연구자 유형의 교수와 경험이 많고 연구 소재를 풍부하게 지니고 있는 학생 간의 우호적인 협업이 잘 이루어지고 있다.

④ 퍼실리테이터 유형

구조화 중시/지식, 사고 인출형에 해당하는 역할은 퍼실리테이터 유형이다. 퍼실리테이터란 어느 목적에 따라 학습자가 다양한 아이디어나 제안을 발산하게끔 하고 필요 결론을 수렴하게끔 촉진하는 사람을 말한다. 학습자는 이와 같은 교육에서 스스로 답을 찾았다는 만족감을 얻게 된다. 그러나 강사의 무리한 진행은 문제가 될 수 있다. 자칫 학습자들이 원하지 않는 것을 무리하게 강요한다 느낄 수 있기 때문이다. 때문에 이러한 반감을 갖게 하지 않기 위해서는 사전 세밀한 계획이 필요하다. 이런저런 상황을 상정하여 대안을 마련하여 두는 것이 중요하다. 교육의 잘잘못이나 강사의 흐름 유도 등을 느끼지 못하는 가운데 각각의 상황에 따른 시나리오대로 교육을 이끌어가는 상황 대응력이 교육 성공의 결정적 수단이다.

퍼실리테이터의 조건으로는 다음과 같이 10가지 항목을 제시할 수 있다.

· 교육현장에 주체적으로 참여한다.

· 유연성과 결단력이 있다.

· 타인의 사고 틀을 파악하려 노력한다.

· 표현력이 풍부하고 참가자에 대한 반응이 명확하다.

· 평가투의 언행은 조심스럽게 분별하여 한다.

· 프로세스의 개입을 이해하고 필요한 때를 가려 실행한다.

· 상호 이해를 위해 자신을 우선 표현하는 솔선과 개방성이 있다.

· 친밀성, 낙천성이 있다.

· 자기의 실수나 모르는 것을 솔직히 인정한다.

· 참가자를 신뢰하고 존중한다.

이상의 조건을 겸비한 퍼실리테이터는 참가자와 동일한 시선으로 대화를 진행하나 전체를 한 단계 위에서 내려다보며 파악할 수 있어야 한다. 그리고 참가자를 동기부여 시켜 전체적인 교육이 활성화될 수 있도록 하며 보이지 않게 흐름을 컨트롤할 수 있어야 한다.

⑤ 코치 유형

마지막 흐름 중시/지식, 사고 인출형은 코치 유형이다. 코치는 답을 제공하는 사람이다기보다는 학습자들이 스스로 답을 찾게끔 잠재력을 끄집어내는 역할을 하는 사람을 말한다. 무엇보다도 중요한 것은 학습자의 처한 상황에 맞는 질문 기술을 터득하고 있어야 한다. 질문은 퍼실리테이터에게도 중요한 기술이지만 퍼실리테이터는 의도를 가지고 원하는 목표를 달성하기 위한 질문을 한다면 코치는 반드시 의도를 가지고 있지는 않다. 목표도 학습자가 스스로 정해야 하며 단지 코치는 측면에서 지원하는 역할을 수행하는 것이다.

코치 유형은 학습자의 다양한 지식과 경험을 바탕으로 필요한 지혜를 도출하도록 하는 질문을 하여야 하며 방향성을 제시하고 이에 맞는 행동을 촉진하는 역할을 한다. 반드시 가르치는 역할을 수행하는 것은 아니다. 어디까지나 학습자가 가진 잠재력을 발휘할 수 있도록 지원해 나가는 것이다. 가르친다기보다는 지원한다는 입장이다.

경험 학습의 성찰 단계에서 이런 역할이 필요하다. 학습자가 자신의 경험을 되돌아볼 수 있도록 돕는 것이다. 또한 비판형 학습에서도 학습자 자신과 다른 관점에서 질문을 해 보는 역할도 필요하다. 그러나 강사 입장에서는 학습자가 필요로 하는 답을 빨리 제공해 주고 싶은 마음이 있다. 답을 즉시 제공하지 않고 인내를 가지고 계속 질문을 하는 것은 의외로 쉽지 않다. 컨설턴트로서 풍부한 경험을 가진 강사는 자신의 경험상 쉽게 답을 알기에 이를 학습자에게 아무 생각 없이 제공하기 쉽다. 무엇보다 중요한 것은 학습자의 입장이 되어 학습자와 하나가 되는 자세가 필요하다.

액션 러닝에서는 이러한 코치의 역할이 무엇보다 중요시되고 있다. 만약 강사가 방향성을 제시하면 학습자는 의식하지 않더라도 이를 따라가게 된다. 강사의 역할은 학습자들의 나아가는 방향이 크게 잘못되어 있다고 생각할 때 경종을 울려주는 역할이라고 할 수 있다. 학습자 개개인이 가지고 있는 지식과 경험이 자연스럽게 발현될 수 있도록 학습 분위기를 만들고 적절한 질문과 피드백을 통해 스스로 통찰이 이루어질 수 있도록 촉진하는 역할이라고 할 수 있다.

6) 사례연구에서 필요로 하는 강사 스킬 사례연구법을 활용한 수업에는 일반적으로 퍼실리테이터 유형이나 코치 유형이 적합하다고 말할 수 있다. 학습자의 발언이 간단한 표현 즉 단문으로 끝날 경우 '왜 그렇게 생각하는가?'라는 질문을 던짐으로써 단순한 발언 이면의 사고 프로세스를 설명하도록 요구할 수 있다. 중요한 것은 해답이나 결론 그 자체가 아니고 어떠한 절차로 그러한 생각을 하게 되었는지를 표현하는 것이 중요하다. 학습자의 의견 진술은 결과적으로 학습자 사고 프로세스에 의해 도출된 것이며 이러한 사고의 흐름 전체가 사례연구를 통한 학습 과정이라고 할 수 있다.

이러한 지식이나 사고를 바탕으로 사고 프로세스나 흐름을 유도하고 일정한 학습 포인트를 제시하는 강의를 운영하기 위하여서는 고도의 강의 스킬이 요구된다. 이러한 강의 운영에 필요한 스킬은 '프레이밍(framing)', '퍼실리테이팅(facilitating)', '트랙킹(tracking)'의 세 가지가 필요하다. 프레이밍은 토의의 설계도를 만드는 기술이다. 유도된 발언이 아닌 자유스러운 발언을 하도록 분위기를 만들고 학습 목표를 향해 토의를 진행하도록 이끄는 기술이다. 퍼실리테이팅 기술은 학습자에게 자극을 주어 토의에 적극적으로 참여토록 하는 기술이다. 트랙킹은 성과 있는 토의가 될 수 있도록 일정한 궤도 내에서 토론이 이루어지게끔 하는 기술이다. 강제적이지 않지만 어느 정도는 인도는 필요하다. 사례연구를 바탕으로 강의를 하는 강사는 이러한 세 가지 스킬을 구사해 학습의 장을 만들지 않으면 안 된다. 사고 프로세스를 중시하는 경우는 코치 유형이 바람직하고 개개인이 스스로 학습 포인트를 잡아 공부하는 것을 중시하는 경우는 퍼실리테이터 유형이 바람직하다. 그러나 이 둘을 분명하게 구별하기가 쉽지 않다.

7) 강사 스타일의 결정 이상에서 기술한 네 가지 강사 스타일 가운데 기획 프로그램에 가장 적합한 강사 스타일을 결정하는 것이 기획 담당자의 중요한 판단이다. 강사마다 각각 장단점이 있기 때문에 선생님 스타일이 자신 있는 강사가 있다면 코치 스타일이 자신 있는 강사도 있다. 많은 강사가 강의 주제나 프로그램의 성격에 맞춰 어느 정도는 자신의 스타일에 변화를 준다.

매우 우수한 강사의 경우 강의 시작 10분 정도가 지나면 학습자의 성향이나 전체적인 분위기를 파악하여 적합한 스타일로 전체 과정을 진행하여 나갈 수 있다. 즉 네 가지 강사 스타일 중 현재 프로그램에 적합한 스타일이 무엇인지를 판단하고 자신이 이 스타일에 맞게 과정을 진행할 수 있는 능력을 갖추고 있다고 볼 수 있기에 이러한 강사를 선정할 수 있다면 강의 운영을 크게 걱정하지 않아도 된다. 하지만 몇몇 강사의 경우 특정 스타일을 고집하거나 그 스타일에서만 가장 강의 역량을 발휘하는 경우가 있으므로 각각의 강사 스타일을 교육담당자가 파악해 보려는 노력이 필요하다.

5) 강사와의 문제의식 공유

① 문제의식을 공유한다

강사의 스타일에 대한 이해와 이를 바탕으로 교육 프로그램에 적합한 강사를 선정한 후에 할 일은 가능한 한 강사와 강의 일정 이전에 미팅을 통해 금번 교육의 목적과 배경, 학습자 상황, 희망하는 강의 방법이나 스타일을 상의하는 것이다. 즉 교육에 배경이 되는 문제의식을 공유하는 것이다. 이러한 노력은 교육의 성과에 지대한 영향을 미친다. 사전 미팅을 통해 강사가 교육담당자와 같은 문제의식을 느끼게 하는 것이 또 다른 교육담당자의 역량이라고 할 수 있다. 일부 강사의 경우 바쁜 일정으로 인해 사전 미팅을 부담스럽게 생각하는 경우가 있다. 이럴 때는 전문 교육 에이전시나 컨설팅회사를 통해 이러한 내용을 사전에 전달하고 숙지할 수 있도록 조치를 할 수 있다.

강사가 교육의 바탕이 되는 문제의식을 깊게 공감할수록 실제 교육에서 기대하는 교육 효과를 낼 수 있게끔 최대한 노력할 것이다. 프로 강사는 단지 돈을 버는 것에 만족하는 것이 아니라 자신의 능력과 힘으로 고객사와 학습자들이 변화하는 모습을 더 희망한다. 따라서 프로 강사일수록 오히려 더 문제를 공감하려 노력한다. 이러한 이해를 바탕으로 가장 효과적인 교육자료와 방법을 강구한다. 하지만 교육담당자가 이렇게 강사에게 문제의식을 공유할 수 있는 노력을 기울이지 않으면 강사 또한 기존 해왔던 방식대로 강의를 진행할 것이다. 따라서 교육 전 강사와 문제를 같이 공유할 수 있도록 노력을 기울여야 한다.

강사와 문제의식을 공유하기 위해서는 실제 교육담당자가 먼저 높은 문제의식을 느끼고 있어야 한다. 교육을 단지 연간 교육계획에 있기 때문에 실시하는 정도의 문제의식을 느껴서는 높은 성과를 기대하기 힘들다. 조직의 각 계층과 기능에서 부족한 부분과 미래 사업 전개에 따른 필요 역량에 대비해 교육을 기획한다고 하는 명확한 문제의식을 가져야 한다.

② 강사 선정 후에는 강사에게 맡긴다

강사와 문제의식이나 큰 범위에서 교육의 필요성을 공감할 수 있다고 느끼면 강사의 과거 실적이나 조건 등에서 적절한 강사를 선정한다. 강사를 선정하는 과정에 자칫 너무 많은 시간을 할애하게 되면 실제 과정 내용 등 중요한 부분에 할애할 시간을 많이 빼앗기게 된다. 시간은 곧 코스트라는 생각을 가지고 본말이 전도되지 않도록 실제 중요한 것에 많은 시간을 할애한다. 즉 적절한 균형감각을 유지하는 것이 바람직하다.

강사 선정 후에는 가능한 한 강사에게 맡기는 편이 좋다. 뛰어난 강사는 고객사의 정보를 가능한 한 많이 수집하려고 한다. 이들 정보를 바탕으로 그동안의 경험을 더해 최적의 교육 내용을 재구성한다. 과거의 경험으로부터 유사한 사례를 찾아 적절한 교육 운영안을 구상하는 것이다. 강사가 가지고 있지 않은 정보는 회사와 학습자의 정보이므로 교육담당자는 이에 관한 정보를 전달하도록 노력해야 한다.

강사와 교육담당자 간 적절한 커뮤니케이션은 필수다. 강사와 교육담당자는 교육 성과를 내야 하는 공동의 목표를 가지고 있고 일정 기간 같은 방향으로 항해하는 배에 타고 있다. 프로젝트 매니저로서 교육 프로젝트의 중요한 구성원인 강사와 교육 성공을 위한 커뮤니케이션을 교육 전에서부터 수시로 가져야 한다. 많은 교육담당자가 강사가 정해지면 이후의 교육 운영을 강사에게 전부 맡겨 교육에 별로 관여하지 않는 경우가 있는데 적절한 행위라고 할 수 없다.

6) 강사는 교육 프로그램 마다 차별화 한다

① 어느 유형의 강사에게 강의를 의뢰할 것인가?

지금까지 교육 프로그램 주제에 따른 적절한 강사 선정 방법을 생각해 보았다. 일반적으로 교육 프로그램은 다양한 테마들로 구성된다. 예를 들어, 신임관리자 교육이라면 다음과 같은 소주제들이 포함될 수 있다.

프로그램 1) 관리자의 역할과 마음가짐
프로그램 2) 관리자가 알아야 할 인사제도 관련 사항
프로그램 3) 리더십 스킬
프로그램 4) 부문 손익 관리를 위한 회계/재무 지식
프로그램 5) 현재 및 중장기 계획과 비전 제시

각각의 테마는 그 중요성이나 내용의 분량 등을 고려하여 강의 시간과 강사를 선정하지 않으면 안 된다. 일부 테마의 경우 사내 강사가 더 적합할 수 있고 일부 테마의 경우는 사외 강사가 더 적합할 수가 있기에 이를 잘 판단하여야 한다. 또한 사내 사외 강사의 선정과 함께 각 테마에 적합한 스타일의 강사를 선정하여 교육 효과를 높이도록 하여야 한다. 예를 들어,

프로그램 1) 관리자의 역할과 마음가짐은 사외 전문가도 좋고, 사내 관리자 중 덕망이 높은 사람에게 의뢰하는 일도 고려해 볼 수 있다. 비록 전문 강사가 아니기에 강의에 익숙하지 않을 수 있지만 학습자와 한 회사 조직원으로서 쉽게 공감대를 형성해 강의 내용이 서로 용이하게 통할 수 있다.

프로그램 2) 관리자가 알아야 할 인사제도 관련 사항의 테마는 사내의 인사제도 전문가가 적격인 것 같지만 무엇을 중시할 것인가에 따라 강사 선정이 달라질 수 있다. 많은 학습자가 이해하기 힘든 복잡한 내용을 설명하기 위해서는 강의 스킬이 뛰어나고 설명을 잘하는 직원이 적절하다. 만약 제도 자체는 잘 이해하고 있는데 실제 일선 부서에서 운영의 문제가 있는 상황이라면 제도 기획자보다는 일선 현장에서 성공적으로 제도를 운영하는 현장 관리자나 최근 현장에서 인사로 전환된 관리자가 적격일 수도 있다.

프로그램 4) 부문 손익 관리를 위한 회계/재무 지식의 경우 사내 회계 담당 또는 사회 전문 강사 모두 의뢰가 가능하다. 이러한 테마의 경우 외부 강사를 활용할 경우 두 가지 접근 방식이 있다. 관리 회계의 지식이나 사례를 풍부하게 가지고 있거나 경험한 연구자 유형을 선정할 것인가 아니면 자사의 회계 관리 운용에 대한 각종 제도나 프로세스를 충분한 이해를 하고 이를 잘 풀어 설명할 강사를 선정할 것인지 나름대로 기준을 명확히 가져가야 한다. 후자의 강사를 선정하기로 하

였다면 사전에 회사 상황을 충분히 설명하여 이에 맞게 강의를 구성할
수 있는 유연성 높은 강사가 바람직하다.

② 강사의 특성 파악에 실패한 강사 선정 사례

한 예로 어느 기업의 강사 선정 실패 사례를 소개한다. 5년 전에 기
업공개에 성공하고 창업 10년 차를 맞이하는 A사의 최고 경영자는 회
사의 사업 확장에 비례하여 늘어나는 사원들의 기업가 정신의 부재와
수동적인 자세에 위기감을 느꼈다. 그동안 전혀 사내 교육을 실시해
오지 않았는데 조직이 급성장하면서 체계적인 교육을 실시할 필요성
을 느끼고 우수사원 15명을 선발하여 차세대 리더 과정을 실시하기로
하였다.

월 두 차례의 집합교육을 5개월간 실시하기로 하여 총 교육 일수는
10일로 하였다. 초기 2개월은 기본기 교육 기간으로 잡고 논리적 사
고, 마케팅, 리더십 등의 기본역량 교육을 실시하고 나머지 3개월간은
액션 러닝을 통해 회사에 기여할 수 있는 제안이나 혁신 방안을 경영
진 앞에서 발표하기로 하였다.

교육 기획을 마련한 인사 담당자는 본 교육을 통해 학습자의 리더
십 성향을 파악해 인사에 반영하고 싶었다. 따라서 교육 기간 동안 학
습자의 리더십이 자연스럽게 드러나는데 이를 10일간의 교육을 통해
잘 평가할 수 있는 강사를 초빙하고 싶었다. 이러한 판단하에 10일 교
육 전체를 진행할 수 있는 리더십 평가 쪽 전문가를 제안해 주기를 전
문 교육 컨설팅회사에 의뢰하였다.

교육 전문 컨설팅회사의 소개로 교육을 맡게 된 C강사는 담당 분

야의 강사 경험도 풍부하여 초기 2개월간의 교육에서 매우 높은 성과를 보여주었다. 그런데 액션 러닝을 시작하자마자 교육 운영에 미숙함이 보였다. 인사 담당자는 이러한 교육 운영의 미숙함을 해결하고자 강사와 여러 차례에 거쳐 협의를 했지만 기대하는 교육 운영은 여전히 되지 않았다. 결과적으로 경영자 앞에서의 최종 프레젠테이션은 만족스러운 결과를 도출하는 데는 실패하였다. 나중에 실패 원인에 대한 조사를 한 결과 C강사는 기업경영 현장에서 관리한 경험도 컨설팅을 수행한 경험도 없었다고 한다. 이러한 강사에게서 경영자가 기대한 수준의 아웃풋을 학습자들이 내도록 한다는 것은 절대로 쉽지 않다.

5개월 10일간의 교육 일정은 교육 프로그램에 있어 상당히 긴 교육이라고 할 수 있다. 이러한 기간 다양한 테마를 강의하게 된다. 따라서 한 강사에게 전체를 맡아 강의하도록 하는 것은 무리가 따른다. 이를 충분히 소화하고 운영할만한 강사는 많지 않다. C강사에 책임이 있다고는 할 수 없다. 인사 담당자가 처음부터 강사 선정에 잘못된 기준을 갖고 있었다. 리더십 평가를 지나치게 의식한 나머지 강사의 전반적인 운영 능력에 대한 고려가 부족하였다. 강사 선정에 있어 우선 강사의 스타일과 적성이 전체 교육 프로그램의 어느 테마에 적절한지를 분간하는 것이 가장 중요하며 리더십 평가와 같은 부가적인 요구는 다음 단계로 검토하는 것이 적절한 프로세스이다.

연수 시설 잘 이용하는 법

연수원의 종류는 두 가지이다. 하나는 기업 자신의 교육을 실시하기 위해 만든 것으로 이러한 시설 중에는 자사의 교육에만 사용하고 타사에는 절대 임대해주지 않는 곳과 자사의 연간 스케줄에 따라 우선, 시설 사용 기간을 정해놓고 교육이 없는 기간에 타사에 임대하여 주는 곳이다. 다른 하나는 외부에 임대를 통해 수익을 올릴 목적으로 만들어진 전문시설로서의 연수원이 있다.

1) 기업 부설 연수원의 특징

자사 연수용으로 만들어져 교육이 예정되어 있지 않은 날은 거래처나 타사의 교육에 빌려주는 시설이다. 임차를 원하는 조직에서는 교육 계획을 빨리 세워 교육 장소를 확보해야 한다. 자사용으로 세워진 연수원은 각각 설계상의 특징이 있다. 설계 당시 어떠한 내용의 연수를 예상했는지 또는 어떠한 교육대상을 예상했는지에 따라 사용상 제약이 있다. 기능 교육인지, 실무 교육인지, 계층별 교육인지, 계층별 교육이라면 일반직에 중점을 둔 것인지 관리직에 중점을 둔 것인지 등에 따라 다르다.

교육 전 사전 조사 차원에서 방문해 보면 알 수 있지만 그렇지 못한 경우에는 연수원에 어떠한 내용으로 어느 계층의 교육을 실시할 수 있는지를 알아보는 것이 좋다. 만약 관리직 교육을 실시하려고 하는데 실무 교육이나 기능교육용 시설이라면 교육 목적을 효율적으로 달성하는데 약간의 수고와 배려가 필요하다.

교육 효과를 세세하게 분석하려고 한다면 교육에 적합한 시설을 선택하는 것이 중요하다.

2) 연수전문 시설의 특징

이러한 목적의 연수원의 특징은 전부 사무적으로 규칙이 정해져 있어 그에 적합한 행동을 요구한다는 점과 시설을 다양한 용도로 사용한다는 점이다. 따라서 어떠한 종류의 교육도 가능하나 변화를 주는 교육을 전개하는 데는 제약 조건이 많아 오히려 사용하는데 불편할 수도 있다. 연수 시설을 사용한다고 하면 다음의 조건들을 고려하여 어디에 중점을 둘 것인지 정한 후 사용조건에 맞춰 결정하면 된다. 조건으로는 ① 입지, ② 강의실, ③ 식사 내용, ④ 숙박 시설, ⑤ 강사 대기실, ⑥ 연수원 직원의 태도, ⑦ 경비, ⑧ 연수 시설 등이다.

① 입지

· 연수 장소까지의 소요 시간이 많이 걸리지 않고, 특히 연수 장소가 근처 전철역이나 버스정류장과 같은 교통연계시설과 멀지 않은 곳을 선택한다. 회사의 방침을 철저히 따라야 하는 관리자나 신입사원 입문교육과같이 회사의 고위 임원이나 간부가 또는 실무담당자가 강사로 예정되어 있는 연수는 가능한 한 회사와 연수 장소와의 거리가 가까운 곳이 좋다. 또한 교통 정체로 승용차를 사용할 수 없는 경우를 고려하여 공공 교통기관을 사용할 수 있는 정류장이나 역이 가까운 곳일수록 좋다. 회사 업무로 바쁜 회사의 간부나 중간관리자를 강사로 초빙하는 것이기 때문에 연수 장소까지의 통행에 걸리는 시간을 줄이

기 위한 배려이다.

· 참가자가 각지에 흩어져 있는 경우라면 참가자의 분포 및 경비, 시간 등을 고려하여 중간지점 정도에 있는 곳을 교육 장소로 하는 것이 좋다.

· 시설 주변이 조용하고 교육에 집중할 수 있으며 바쁜 일상으로부터 해방감을 느낄 수 있는 장소가 좋다. 교육의 시작과 종료 이외에는 교육의 대부분을 강사에게 맡기게 되는 교육은 일상 업무를 잊고 교육 및 학습자의 자기 계발에 마음껏 몰두하게 할 수 있는 곳, 교육 시설이 외부로부터 격리되어 하루 교육 일정이 끝나도 연수 시설 내에서 생활할 수 있는 공간과 설비가 갖추어져 있는 곳이 좋다. 아침, 점심, 저녁 시간 틈틈이 삼림욕을 할 수도 있고 맑은 공기에 흠뻑 취할 수 있는 환경이라면 더더욱 좋다.

② 강의실

· 강의실은 외부로부터의 잡음을 차단 할 수 있는 곳이 좋다. 큰 강의실을 구분하여 사용하는 강의실인 경우 옆 강의실의 웃음소리나 잡담, 마이크 소리가 잘 들리지 않는 곳인지 잘 점검해 둔다. 복도를 사이에 두고 마주 보는 강의실은 통행 중 조용하게끔 충분한 주의를 주었는지 연수원에 관리상태를 물어본다.

· 강의실의 냉난방장치나 환기, 통풍시설이 정비되어 있는가 파악한다. 연수원에 따라서는 냉난방 가동시간이 정해져 있어 시간이 되면 자동으로 냉난방이 끊기는 곳이 있다. 겨울이나 여름 교육에는 특히 주의를 기울여야 하는 부분이다.

· 시청각 도구를 사용하는 교육이라면 빔프로젝터, 노트북, 캠코더 등이 정비되어 있어야 한다.

· 화이트보드용 마커펜을 준비한다. 화이트보드를 사용하는 연수원인 경우 보드용 마커펜을 비치해 놓지 않는 곳도 있다. 또 있다고 해도 굵기나 색이 다르고 개수도 많지 않다. 화이트보드를 사용하는 곳이라면 반드시 교육부서에서 보드용 마커펜을 준비해 둔다.

③ 식사

· 대부분의 연수원은 셀프서비스 체제로 운영된다. 식당처럼 상을 차려주는 방식을 기대한다면 연수원을 이용하지 말고 호텔이나 리조트에서 하는 것이 좋다.

· 식사 내용의 좋고 나쁨은 교육 효과에 미묘하게 영향을 끼치기 때문에 부족한 식사를 참아야 하는 것도 교육의 일부라고 생각하거나 싸니까 무조건 좋다고 경비 면에서만 생각한다면 교육 효과 면에서는 매우 위험한 발상이다. 단, 식사 내용이 좋다고 해서 교육 효과가 반드시 좋은 것은 아니지만 식사 내용이 나쁘면 대개 교육 효과에 영향을 미친다.

④ 강사 대기실

특강이 아닌 합숙 교육인 경우에는 강사는 학습자의 반응을 보고 상황에 대응하면서 교육을 전개하는게 보통이다. 강사는 사용하는 강의자료나 배포시트를 다시 수정 보완하면서 교육을 효과적으로 진행해나간다.

학습자가 그룹 토의나 개인적 과제 해결을 하고 있는 동안 강사가 차분하게 강의준비를 할 수 있는 방이나 장소가 마련되면 좋다.

⑤ 연수원 직원

연수원 직원이 교육을 유치하고 지원하는데 익숙하여 교육담당자의 요청에 유연하게 대응할 수 있는지 여부도 중요한 포인트이다.

· 강사가 식사를 특별 요구하는 경우에 대한 대응
· 장기간에 걸친 합숙교육인 경우 식사내용에 대한 대응
· 회식 요구에 대한 대응(장소, 셋팅, 음료의 종류, 안주 등)
· 편의 시설 활용 시간 연장요청에 대한 대응
· 직원의 학습자에 대한 태도 등

⑥ 기타

· **복사기** 그룹 토의나 전체발표, 강사가 추가하는 교육용 배포시트 등 교육에는 복사기 사용이 필수적이다. 복사기가 있으면 그 성능과 사용 방법을 사전에 파악해 둔다.

· **소그룹 회의장** 소그룹 회의장은 메인 강의장과 인접해 있거나 가까운 곳에 있는 것이 바람직하다. 점심 휴식 시간에 교육을 위해 이동을 하게 하면 시간을 낭비하게 되는 것은 물론 교육의 효율을 떨어뜨린다. 소그룹 회의장이 멀면 메인 강의장에서 하거나 숙박시설을 이용하는 등 아이디어를 낼 필요가 있다.

· **회식** 합숙 형태의 교육에서는 학습자 간 커뮤니케이션과 친목을 도

모하기 위해 주간 일정 후 저녁 식사 겸 회식을 하는 경우가 많다. 이러한 목적으로 많은 교육 프로그램에서 이를 공식적인 교육 일정으로 사전 품의를 받는다. 사전에 회식용 공간을 별도로 연수원 내에서 확보하거나 연수원 주변 적절한 장소를 물색해 놓는 것이 좋다. 저녁 식사 후 야간 교육이 끝나고 친목 모임을 갖게 된다면 간단한 간식, 음료 정도를 준비할 수 있는지도 체크해 두어야 한다.

· **레이저 포인터** 연수원에 의외로 준비되어 있지 않은 것이 레이저 포인터이다. 강사가 사용하려고 할 때, 그룹별 발표를 할 때 레이저 포인터가 없으면 곤란을 겪게 된다. 연수원에 따라 있기도 하고 없기도 한 데 없다고 생각하고 교육부서에서 준비하는 것이 좋다.

어느 연수 시설을 선택할 것인가는 교육 목적이나 수강대상자, 교육 방법이나 전개 등에 따라 달라지고 사용 조건도 달라진다. 일반적으로 연수 시설의 선택에 있어 교육담당자가 주의해야 할 사항을 정리하여 체크리스트를 만들어 활용하면 도움 된다.

교육시설 직원과의 논의사항

1. 연수 참가인원   남   자: 명   여   자: 명

2. 방 갯수   남자 방수: 개   여자 방수: 개

           교육담당자방: 개   강 사 방: 개

(주1) 강사는 방의 크기에 상관치 말고 1인1실을 준비하도록 한다.

(주2) 강사용 방은 일반 호텔 정도의 방이 바람직하다. 학습자와 똑같이 이브자리를 직접 펴야하거나 수건 및 목욕 가운을 가지고 가야 하는 불가피한 경우를 제외하고 함께 연수 시설에 있어야 할 경우에는 침대방을 정하는 것이 좋다. 가까운 호텔을 활용하도록 준비하는 것도 방법이다.

3. 강의실 수를 정한다.

     주 강의장   호실,   소그룹 회의장   호실

4. 강의실 레이아웃

     팀별 자리 배치 또는 학교 교실형 자리 배치 등 원하는 레이아웃을 지시한다.

5. 교육시간

     시작은 몇 시이고 종료는 몇 시인지 알린다. 야간에도 교육이 있는 경우에는 몇 시에 끝나는지 종료시간을 명확히 알려준다.

6. 비용

     회장비   원, 숙박비   원, 식 비   원

7. 비용 지불 방법 확인

     청구서 마감기일이 며칠이고 지불일이 며칠인지를 명확히 해 둔다.

8. 기타

     연수 시설 조직원에게는 교육일정에 따라 강의실 사용 상황을 확인한다. (예시)

연 수 일 정

	첫째날	둘째날	셋째날
오전	주 강의장(진주룸)	주 강의장(진주룸)	주 강의장(진주룸)
점심식사	.		
오후	주 강의장(진주룸)	소그룹 회의장 101호실 102호실 103호실	주 강의장(진주룸)
저녁식사			
야간	소그룹 회의장 101호실 102호실 103호실	주 강의장 및 소그룹 회의장	

　　위에서 예를 든 몇 가지의 연수 시설 사용법 포인트에서 어느 부분을 우선해야 하는지 잘 고려하여 신중히 결정해야 한다. 교육을 쾌적하고 효율적으로 하기 위해서는 연수 시설 선택을 경시해서는 안 된다. 수많은 연수원 중에서 어느 곳을 선택할 것인지는 교육담당자의 중요한 역할이다.

교육 전문 컨설팅회사의 활용법

교육담당자가 회사에 필요한 교육 요구 수준에 맞게 교육을 기획하는 과정에서 필요한 교육 요소 즉, 강사나 교육 프로그램을 어떻게 확보할 것인가를 고민하게 된다. 오랜 교육 경험과 노하우의 축적으로 필요한 교육 강사나 프로그램이 사내에 개발되거나 존재한다면 문제가 되지 않지만 이러한 기본적 구성 요소들이 부재할 경우 이를 외부 교육 전문 컨설팅회사를 통해 소개를 받거나 컨설팅을 받게 된다. 국내에 존재하는 수많은 교육 컨설팅회사 중 어떠한 곳을 접촉하고 필요한 교육 요소들을 요청할 것인가를 매우 중요한 문제이다. 많은 교육 컨설팅회사의 경우 마케팅 인력만 보유하고 강사들을 전임으로 두지 않고 그 풀을 공유하는 경우가 많기 때문에 교육 컨설팅회사와의 관계에서 어떠한 부분을 고려해야 하는지를 알고 있는 것이 효과 있는 교육 기획에 꼭 필요한 능력이다.

원론적으로 다시 얘기하면 기업의 각종 경영 과제를 해결하기 위한 한 가지 수단으로 인재개발을 주목한다. 다양한 인재개발 방법의 하나로 교육 프로젝트를 기획해 이를 실행하도록 한다. 가장 이상적인 교육 프로젝트의 실행은 필요로 하는 모든 교육 요소들을 사내로부터 충족되어 외부 도움 없이 실행하는 것이다. 하지만 실제 기업의 현실적인 면을 고려할 때 모든 교육 요소들을 사내에서 구하기란 어렵다. 이러한 차원을 교육의 질과 양적인 측면에서 고려해보면 외부 전문 교육 컨설팅회사의 도움을 받는 편이 좋은 판단이라는 결론을 갖게 되는 경우가 많다.

1) 외부 교육 컨설팅회사로부터 얻게 되는 교육의 질적 양적 차원 외부
교육 전문 컨설팅회사로부터 얻을 수 있는 교육의 질적인 부분은 교육
에 관한 전문적인 지식, 그리고 풍부한 강사 네트워크라고 할 수 있다.
교육담당자들이 사내 교육 프로그램의 기획단계는 대부분 스스로 진
행하지만 실제 운영 부분에 있어 요구되는 다양한 업무를 교육담당자
가 모두 수행하기에는 역부족인 경우가 많기 때문에 양적인 부분에서
도 교육 운영에 요구되는 업무의 일부분을 외부 교육 컨설팅회사에 위
탁하게 된다. 사내의 중요한 자원을 좀 더 전략적 우선순위에 투입하
고 기타 부분은 외주를 선택하는 것이 실제 조직 성과에 기여한다고
보아야 한다.

실제 외부 기관을 많이 활용하게 되는 것은 외부 기관이 사내 교육
역량보다 질적인 면에서 앞서 있기 때문인 경우가 많다. 따라서 질적
인 면에서 외부기관을 이용하기 위한 조건을 검토해보아야 한다. 이러
한 외부 기관 활용 조건을 엄밀하게 따지지 않고 안이하게 외부 기관
에 도움을 요청하게 되면 역으로 외부 기관이 주가 되어 외부 기관의
요구를 맞춰주는 반대의 상황이 일어날 수도 있다. 인재개발에 관계되
는 외부 교육 컨설팅회사는 교육 컨설팅회사, 교육 평가회사, 온라인
교육회사 등 여러 종류가 있다. 이 중에서 특히 가장 그 수가 많고 선
택의 폭이 넓은 교육 컨설팅회사를 중점적으로 살펴볼 필요가 있다.

2) 교육 컨설팅회사 활용을 위한 세 가지 조건 사내에 필요한 노하우와
인맥이 없다는 전제하에 교육 컨설팅회사를 활용하기 위한 사내 조건
은 다음과 같다.

· 교육 컨설팅회사의 실적을 비교 대상별로 비교를 하여 평가를 할 수 있다.

· 교육 목적과 목표가 명확하여 교육 후의 학습자 또는 조직이 어떻게 변화
하기를 기대하는지 구체적인 이미지를 사내에서 공유하고 있다

· 교육 컨설팅회사와의 관계에서 동등한 역학관계를 바탕으로 요구 사항을
전달할 수 있다.

① 성과를 평가할 수 있다

우선 교육 컨설팅회사의 성과를 적절하게 평가하기 위해서는 비교 대상 즉 다른 비슷한 교육 컨설팅회사와 동일한 부분에서의 성과를 비교해 보아야 한다. 당연한 일이지만 실제 그렇지 않은 경우가 많다. '매년 교육 컨설팅회사로부터 같은 강사를 소개받는데 당사에 대한 사정도 잘 알고 있고 평가 결과도 좋기 때문에 매년 그 강사를 지명하여 교육을 실시하고 있다'라는 말을 종종 들을 수가 있다. 이러한 경우 이 강사가 가장 적격이라고 하는 말에는 다른 곳과의 비교평가가 결여되어 있다. 다른 교육 컨설팅회사나 타 강사와의 비교 평가를 하지 않은 채 대충 같은 회사의 같은 강사에게 강의를 의뢰하는 것은 자칫 주객이 전도될 수 있는 상황이다. 새로운 교육 컨설팅회사를 기용하는 경우에도 마찬가지다. 비교 평가를 하지 않고 의뢰하게 되면 이후의 교육에서 새롭게 요구하는 일이 어려워지고 개선 없이 기존 스타일의 교육이 계속해서 진행될 수 있다.

이렇게 되지 않기 위해서는 교육담당자가 가능한 한 많은 교육 컨설팅회사와 연락하여 다양한 정보를 수집하는 노력이 필요하다. 필요하다면 각종 공개강좌나 설명회에 참석하는 것도 좋은 모습이다.

② 성과 이미지를 공유한다

다음으로 교육 컨설팅회사를 비교 평가할 수 있는 역량을 갖추었다고 하더라도 사내에서 교육 컨설팅회사를 활용할 만한 시스템이 갖추어져 있지 않다면 이 또한 교육 컨설팅회사를 올바로 활용하는데 어려움이 있다. 교육 컨설팅회사는 고객사로부터 교육 제안을 받아 적절한 교육 제안을 한다. 문제는 이러한 제안 내용을 올바르게 평가할 수 있는 전문가적 식견을 내부적으로 갖고 있어야 한다는 점이다. 교육담당자는 교육 컨설팅회사의 교육 제안서를 받아보고 필요하면 새로운 제안이나 적절한 피드백을 제공하여야 한다. 이를 이해서는 우선 교육을 통해 얻고자 하는 성과 이미지가 명확하게 정립되어 있어야만 이에 맞게 제안을 요청할 수 있다. 즉, 제안에 대한 적절한 피드백을 주기 위해서는 명확한 문제의식에 바탕을 둔 내용과 성과 관련 이미지를 우선 갖추어야 한다.

만약 이러한 문제의식과 성과 이미지가 없다고 하더라도 대부분의 교육 컨설팅회사는 그동안의 경험을 바탕으로 일정 수준의 제안을 할 수 있다. 이렇게 진행된 경우 고객사는 교육 컨설팅회사의 제안을 전적으로 받아들일 수밖에 없고 교육이 성과가 없다 하더라도 불평을 말하기 어렵게 된다. 물론 교육 컨설팅회사에서는 애매한 문제의식과 구체적인 교육 목적을 고객사에서 제시하지 않는 경우 이를 파악하기 위해 노력하는 편이지만 일부의 경우 제안을 기절하는 경우도 있다. 따라서 교육담당자는 필요 내용에 대해 제안하도록 충분히 사내 검토를 거친 후에 교육 컨설팅회사에 제안을 요청하는 것이 바람직하다.

③ 요구 사항을 전할 수 있다.

교육 컨설팅회사에 요구 사항을 요청하기 어려운 상황이란 것은 요구 사항을 전할 수 있는 능력이 부재하다는 것을 말하는 것이 아니라 말하고자 하는 사항을 직설적으로 말하지 못하는 상황을 말한다. 이는 다음과 같은 상황을 말한다.

· 회사 대표를 포함한 영향력 있는 고위 간부와 친분이 있는 교육 컨설팅회사의 경우, 비판을 포함한 좋지 않은 피드백을 곧바로 하는 것이 쉽지 않은 상황
· 관계사와 깊은 관계가 있는 교육 컨설팅회사의 경우 관계를 고려해 활용하지 않을 수 없고 좋지 않은 내용의 말을 하기가 어려운 상황
· 한 교육 컨설팅회사와 너무 많은 교육 운영 관계를 유지하고 있어, 어려운 얘기를 꺼내기가 쉽지 않은 상황
· 여러 가지 신세를 진 학교나 사회 선배의 부탁에 의해 소개받은 교육 컨설팅회사로서 어려운 요청을 하기 힘든 상황

위와 같은 상황은 실제 교육부서 업무에서 겪게 되는 일들이다. 이런 경우 요구 사항을 말하지 못하게 되면 교육은 전혀 효과를 기대할 수 없다. 따라서 교육담당자는 요구 사항을 전하고 이에 대한 대응이 부적절할 시 과감히 새로운 교육 컨설팅회사에 제안을 의뢰해 객관적인 판단을 내릴 수 있어야 한다.

교육담당자가 교육 컨설팅회사를 올바로 활용하기 위해서는 이쪽 회사들을 잘 아는 교육 전문가를 어드바이저로 삼고 조언을 구해야 한

다. 교육담당자가 자신의 능력으로 최선의 교육 컨설팅회사를 선정할 수 있는 수준까지 누군가의 도움이 필요한데 가능하면 경험이 풍부하고 중립적인 사고를 하는 전문가가 좋다.

3) 교육 컨설팅회사를 선정하는 포인트 교육 컨설팅 전문 회사를 선정하는데 필요한 중요 포인트를 알아두면 교육 성과를 높이는데 도움 된다. 기업에서 바라는 노하우와 네트워크를 보유하고 있으면서 이하의 사항을 보유하고 있다면 좋은 교육 컨설팅회사라고 할 수 있다.

· 고객사의 교육 프로젝트를 책임지고 이에 따른 결정 권한을 가지고 있는 고객 담당 책임자가 명확하게 지정되어 있는가?
· 고객사의 교육 요구 사항을 명심하여 이에 따른 교육 프로그램의 개발과 설계를 하고 있는가?
· 담당할 강사와의 커뮤니케이션을 적극 돕는가?
· 매 차수별 강의 설문을 실시하고 이에 대한 반응을 다음 차수에 반영하는가?

이상의 내용을 좀 더 구체적으로 살펴보면 다음과 같다.

① 교육 컨설팅회사의 고객담당자의 존재 여부
교육 컨설팅회사는 조직으로서 사업을 진개하는 한 영입 담당, 기획 담당, 강사 담당, 교재 담당, 운영 담당과 같은 기능별 담당자를 지정하고 있어 팀 차원에서 고객사의 교육 프로그램을 관리하고 수행해 가는 경우가 많다. 사실 한 명의 전담자가 처음부터 끝까지 모든 것

을 책임지고 관리해 준다면 고객사로서는 편할 수 있지만 교육 컨설팅 회사 내부적으로 기능별로 대응을 하는 경우가 많기 때문에 가능하면 교육담당자가 교육 컨설팅회사의 여러 기능 담당자와 친분을 쌓는 것이 좋다. 즉, 고객사의 교육담당자를 만나는 교육 컨설팅회사의 직원은 주로 마케팅이나 영업 담당이기 때문에 실제 과정 개발에 참여하거나 강사 선정 등에 참여하는 경우는 드물다. 이에 대한 업무는 이를 담당하는 다른 부서에서 진행이 이루어진다. 어떤 경우 교육 제안서 작업 또한 교육담당자를 만난 영업 담당자가 하지 않고 다른 사람이 하는 경우가 많기 때문에 정확하게 교육담당자의 교육 요구 사항이 전달되지 않는 경우도 있다. 이러면 여러 번 동일한 요청을 해도 정확히 제안서에 반영되지 않을 수도 있다.

따라서 좋은 교육 컨설팅회사라면 고객의 요구 사항을 최우선으로 생각하기 때문에 영업 담당자가 고객의 요구 사항을 이해하고 이를 반영할 수 있는 다른 담당자를 즉석에서 소개하거나 연결해주어 요구 사항이 반영되도록 한다. 이러한 외주 기관에서는 어느 정도 기능별 조정기능과 권한을 가진 고객 담당 책임자를 지정해 놓고 필요한 지원을 즉시 지시한다. 고객과의 접점은 영업 담당자가 맡더라도 교육 컨설팅회사 내부적으로는 고객 담당 책임자가 전체적인 조율을 하는 것이다. 때로는 직접 고객을 만나 의견을 듣고 이를 반영하기도 한다. 교육담당자로서는 이처럼 고객의 요구 사항을 최우선으로 반영하는 외주 기관을 선정하는 것이 현명한 일이므로 교육 컨설팅회사 내 이와 같은 고객 담당 책임자나 기능이 존재하는지를 살펴보아야 한다.

② 요구 사항의 경청과 유연한 대응

교육 컨설팅회사 입장에서 가장 수익성이 높은 경우는 자신들이 보유하고 있는 패키지 프로그램을 자체 보유 강사에 의해 변경 없이 진행하는 경우다. 교육 컨설팅회사는 추가적인 투자가 필요 없기 때문이다. 만약, 고객사에서 아무런 요구 사항이 없거나 아니면 원래부터 패키지 상품 자체를 도입하기 원하면 패키지 상품 자체를 그대로 제안하는 것이 가장 합리적인 행동이다.

물론 이 정도의 제안만으로도 고객사의 교육 요구를 충족시킬 수 있다면 문제 될 것이 없다. 그러나 대부분의 교육은 고객사 나름대로 교육을 해야만 하는 문제의식을 바탕으로 진행이 되기에 이에 맞게 기존 패키지 과정이라도 커스터마이징 단계가 필요하다. 따라서 교육 컨설팅회사는 자신이 보유한 과정을 고객에게 강요하는 자세보다는 진지하게 고객의 요구 사항을 경청하고 이를 교육 제안에 반영하는 자세를 보이는 것이 올바른 태도라고 할 수 있다. 물론 경비 등의 이유로 고객사가 커스터마이징을 망설일 경우 선택 사항별 비용을 다양하게 제시함으로써 고객을 배려하는 곳이라면 매우 양호한 기관이라고 할 수 있다. 따라서 고객사의 요구 사항을 반영해 주겠다고 할 경우 교육 담당자는 어떻게 반영해 줄 것인지를 꼼꼼하게 따져봐야 하고 강사 선정에서도 충분히 요구 사항을 전달해 적절한 강사를 소개받을 수 있도록 하여야 한다.

③ 강사와의 커뮤니케이션

교육 프로그램의 성공에 강사가 기여하는 부분이 가장 크다고 할 수 있다. 따라서 교육 컨설팅회사에 강사 선정을 전적으로 위임하는 것은 매우 위험한 행동이다. 강사 선택에 있어 요구 사항을 적절하게 전달하여 비용 대비 효과를 고려한 다음 가능하면 사전 면담을 통해 희망 강사를 선정하는 것이 바람직하다.

강사가 확정된 다음에도 강사와의 대화 창구는 항상 유지하는 것이 필요하다. 패키지 과정의 경우 과정 조율이 그다지 필요하지 않으므로 자주 강사와 연락할 필요가 없을 수도 있지만, 교육 일정 등 여러 가지 관련 사항에 변화가 있을 수 있기 때문에 되도록 강사와 언제든지 연락을 취할 수 있는 연락처나 이메일 등을 기록해 놓아야 한다. 간혹 이메일만 파악하고 전화번호 등을 파악하지 않아 연락을 적절한 때 취하지 못하는 경우도 있는데 가능한 모든 연락처를 파악해두는 것이 좋다. 또한 교육내용이나 방법이 상당히 커스트마이징 되었거나 액션 러닝과 같이 강사와 많은 정보를 주고받아야 하는 경우 단순 연락 차원을 넘어 사전에 만나 적극적으로 필요한 정보와 문제의식을 공유해야 한다. 강의 준비 기간에도 강사의 교육 진행 방법, 교재, 학습자의 요구 사항, 경영진을 포함한 관계 당사자들의 판단 등 교육 관련된 사항들이 수시로 변할 수 있기에 그때그때 신속히 대응할 수 있도록 준비해야 한다.

강사의 퍼포먼스를 극대화하려면 사전에 학습자와 경영진의 학습 요구 사항을 전달하는 것이 좋다. 일부 강사의 경우 바쁘다는 이유로 이러한 미팅을 원하지 않을 수도 있는데 이러한 강사는 교육의 효과보다는 자신의 시간 효율성을 중시하는 경우라고 할 수 있다. 이러한 태도를 보이는 강사는 가급적 피하는 것이 좋다.

여러 차수의 교육이 진행될 경우 교육 컨설팅회사는 강사를 자사의 전임교수 외에 외부 프리랜서 강사를 추가 활용하게 되는데 이때 교육 담당자가 교육 컨설팅회사 소속 외부 강사를 만나는 것을 교육 컨설팅회사가 별로 좋아하지 않는 경우가 많다. 또한 소속 강사가 아닌 외부 프리랜서 강사를 교육담당자가 직접 만나 교육에 관해 정보를 전달하고 요구 사항을 직접 전달하였을 경우 향후 강의와 관련한 문제가 발생하였을 시 교육 컨설팅회사가 책임을 지려고 하지 않을 수도 있다. 따라서 이처럼 소속되지 않은 프리랜서 강사를 만날 때는 반드시 교육 컨설팅회사의 담당자도 동석을 요구하여 함께 만나는 것이 좋다.

그러나 이런 이유가 아니라 교육 컨설팅회사 입장에서 고객사가 강사를 가려내기 위한 미팅이라고 생각하면 교육담당자와 강사 간의 1대1 미팅을 주선하지 않을 수도 있다. 이런 경우 교육담당자가 강사에게 전할 내용을 항상 교육 컨설팅회사의 담당자가 중간에 끼어 이를 전하게 되는 비효율적인 상황이 발생하게 된다. 이러한 상황이 발생할 수 있음을 고려해 가능하면 강사와 함께 적극적으로 교육 효과를 극대화할 수 있도록 커뮤니케이션이 원활한 교육 컨설팅회사를 선택하는 것이 좋다.

④ 교육 컨설팅회사에 대한 설문조사

교육을 실시하는 기업의 교육담당자는 주로 교육 자체에 대한 만족도를 조사하는 설문을 학습자를 대상으로 실시하는데 이에 더해 교육을 진행하거나 강의를 주선한 교육 컨설팅회사에 대한 만족도 조사를 병행하여 실시하는 것이 좋다. 교육 컨설팅회사에 대한 학습자 만족도는 매우 중요한데 이는 안전한 운전을 위해 기사가 안전 운행에 필요한 최소한의 소양과 운전 기술을 갖추고 있는지를 파악하는 것과 같다. 교육 컨설팅회사는 교육 운영과 강의가 학습자를 만족시키기 위한 것이 아니라 어디 까지나 경영자를 만족시키기 위한 것이기 때문에 설문은 필요 없다고 생각하는 곳도 있을 수 있다.

물론 학습자만을 기쁘게만 해서는 큰 의미는 없다. 하지만 학습자가 금번 교육에 만족하고 있는지 아닌지는 중요한 교육 성과의 지표 중 하나임에는 틀림없다. 교육의 전체적인 질 제고와 성과 향상을 위해서는 학습자의 교육 컨설팅회사 운영에 대한 만족도 조사가 이루어져야 한다. 문제는 설문이나 조사를 하는 것에 만족해서는 안 된다는 것이다. 이러한 조사를 바탕으로 향후 교육 품질 향상에 기여할 수 있도록 교육 컨설팅회사와 강사 교육담당자 모두가 결과를 공유하여야 한다. 이 과정을 통해 교육 컨설팅회사와의 파트너십은 더욱 공고해지고 오래 지속될 수 있다.

⑤ 책임 전가의 문제

앞서 설명한 것 같이 교육담당자는 교육 컨설팅회사와 강사 선정에 신중해야 하며 교육 특성에 맞게 적절한 외주 회사나 강사를 선정할 수 있는 능력을 갖추고 있어야 한다. 또한 CEO의 권유로 간부 교육을 진행해야 할 경우 갑작스럽게 준비하려면 무엇을 어떻게 해야 하는지 잘 모른다. 부랴부랴 유명 교육 컨설팅회사에 간부 교육을 제안 요청하게 되고 지명도가 높은 회사에 교육을 의뢰한다. 이렇게 교육이 잘 안되었다고 하더라도 지명도 높은 교육 컨설팅회사에 의뢰해 실패한 것이라면 일부 교육담당자의 책임을 면할 수 있을 것이라는 생각을 갖기 쉽다.

어떤 면에서는 교육담당자가 교육 실패 시 자신의 책임을 전가하기 좋은 교육 컨설팅회사로 이런 회사를 우선시 하는 경우도 없다고 할 수는 없다. 결과적으로 교육담당자가 실력을 쌓고 최선을 다해 최적의 강사와 교육 컨설팅회사 선정을 노력하지 않음으로써 결과적으로 교육에 악영향을 미치게 되고 조직 내에서의 HRD 부서의 위상을 떨어뜨리게 된다.

교육담당자들은 비록 많은 교육 관련 사항을 외부 교육 컨설팅회사에 의뢰하더라도 이를 정확하게 감독하고 관리할 능력을 갖춰야 한다. 교육 컨설팅회사의 퍼포먼스를 평가하고 활용하는 능력은 교육담당자가 필수로 갖추어야 할 능력이다.

교육의
운영

교육 운영은 준비, 실행, 점검, 평가라는 일련의 사이클을 반복하여 진행한다. 이러한 일련의 과정을 통하여 교육이 추구하는 목표나 행동의 변화를 실현하는 것이다. 교육 프로그램은 어디까지나 구상을 구체화한 계획에 불과하다. 문제는 교육 프로그램을 잘 운영하여 학습자들의 행동, 사고, 지식의 변화가 실제로 일어나게 하는 것이 중요하다.

교육 운영은 지금까지의 기획단계에서 구상한 것이나 협의한 것을 구체화해 결과를 도출하는 것이라고 말할 수 있다. 교육담당자는 교육 대상자인 학습자, 지도자인 강사가 정해진 기간과 장소에서 교육 활동을 할 수 있게끔 준비를 하고 실행한다. 교육 운영의 목적은 교육 프로그램의 목표로 잘 표현되어 있으며 이를 달성하는 것이 궁극적인 전체 프로세스의 목적이 되는 것이다.

교육 운영은 교육 시작 이전에서부터 시작된다. 교육 당일 이전에 점검해 보아야 할 사항을 살펴보고 이를 숙지하여 교육을 운영해야만 실제 교육이 원만하게 진행될 수 있다.

교육 시작 전 확인 사항

교육 당일까지 확인해야 할 사항은 생각보다 많다.

1) 강사 확인 외부 강사나 사내 강사를 의뢰하여 교육하는 경우 교육 당일 이전이나 교육 당일, 강사의 상황을 체크하기 위한 전화나 이메일은 필수다. 교육 당일 가장 당혹스러운 일 중 하나는 강사가 강의 시간까지 도착하지 않거나 지각하는 경우이다. 강사가 어떠한 이유로 지각하게 되어 이를 사전에 알았다면 적절하게 대처할 수 있지만 전혀 모르고 있는 상황에서 지각하게 되면 교육 전반적으로 부정적인 이미지를 갖게 될 수도 있고 늦게 도착한 강사 또한 마음의 여유를 갖지 못하고 초반에 당황한 나머지 실수 할 수도 있다.

현명한 교육담당자라면 반드시 강사의 출발 여부를 사전에 파악한다. 더불어 강의장 위치, 마중 방법, 주차장 위치, 강사 대기실 위치와 같이 강의 이전의 필요사항을 자세히 알려준다. 필요하다면 교통편의 사항 즉, 가까운 역이라든가 버스정류장 정보, 교육 장소까지 오는 방법 등도 약도와 함께 알려주는 것이 좋다. 이러한 정보 사항을 교육 전날이나 당일에 다시 한번 확인하는 전화를 하는 것도 확실한 강의 운영을 위해 필요하다.

문제가 되는 것은 태풍이나 자연재해 등으로 기차나 비행기의 지연, 연착, 결항과 같은 문제가 발생할 수 있다. 교육 프로그램의 일정 변경으로 대처할 수 있지만 만약의 경우 교육을 취소해야 할 경우도 있으므로 이러한 일이 예상되면 교육 전날 교육 시설 주변에 숙박을 요청하여 교육에 지장이 없도록 하면 된다.

2) 강의장 확인 사내 회의실이나 강의실 등에서 교육을 진행할 경우는 다소 여유가 있지만 사외 전문 연수 시설을 이용해 교육을 진행하

게 되면 전날 교육장 세팅을 마무리해야 하는 일이 필요하다. 대부분 일찍 교육 장소에 나가 그날 교육을 준비하는 경우가 많은데, 이러한 상황에서는 시간적인 여유가 없고 필요한 사항을 제대로 준비하기 위한 시간이 부족하다. 따라서 준비사항을 꼼꼼히 기재한 체크리스트를 가지고 짧은 시간 안에 강의장을 세팅할 필요가 있다.

이를 위해 사전 강의장 예비 조사를 하여야 한다. 특히 처음 가보는 연수 시설의 경우 예비 조사는 필수이다. 강의실의 크기, 문이나 창의 위치, 강의장 구조가 앞뒤로 긴지, 좌우로 긴지도 중요한 확인사항이다. 전원 스위치의 위치, 스크린의 위치와 빔프로젝터의 밝기, 마이크의 제공 상황, 임대 가능한 교육 기기 등도 사전에 파악이 되어야 교육 운영을 원만하게 진행할 수 있다. 예비 조사 시 어느 정도 책상이나 자리 배치에 대한 구상을 해두는 것이 당일 자리 배치에 도움 된다. 필요하다면 동영상이나 사진으로 현장을 이미지화하여 가져오는 것도 좋은 방법이다.

3) 학습자 학습자에 대한 연락은 교육대상으로 확정되면 교육 안내문과 함께 교육 장소의 이동 방법과 집합 방법 등을 알린다. 필요하면 사전학습에 대한 과제를 제시하거나 보고서 등의 제출을 안내하는 연락을 취하기도 한다. 교육 당일 전에 다시 한번 교육 안내에 대한 글을 메일이나 문자, 카톡 등으로 보내어 교육 참석에 착오가 없도록 한다. 일부 학습자의 경우 교육을 앞두고 불참을 통보하는 경우가 있는데 이때 학습자를 대체할 것인지 아니면 없는 대로 교육을 진행할 것인지를 결정하여야 한다.

야외 교육으로 진행하려던 교육이 우천으로 인해 변경될 경우도 신속하게 연락을 취해야 한다. 태풍이나 자연재해의 경우 교육 진행 여부를 알려줄 필요가 있다. 그래야만 혼란 없이 교육이 진행되게 된다. 일부 과정의 경우 학습자를 모집하고 실제 교육이 진행될 때까지 얼마나 학습자가 참여할지를 모르는 경우가 있다. 당일 접수를 하는 교육도 있기 때문이다. 이러한 교육일수록 교육담당자는 더 철저하게 교육 대상자를 예측할 수 있어야 하고 이에 맞게 준비를 진행해야 낭비 요소나 어려움을 덜 겪을 수 있다.

4) 교재 외 일반 오프라인 서점이나 인터넷 서점 통해 구할 수 있는 교재는 문제 되지 않지만 강사가 보유하고 있는 교재나 자료는 반드시 강의 1주일 전에는 입수해야 제본 등의 과정을 진행할 수 있다. 너무 늦게 교재 원고를 받게 되면 불필요한 야근을 하거나 단순 카피만을 하여 학습자에게 제공해야 하므로 자칫 준비가 소홀해 보일 수 있다. 제본은 가급적 자주 이용하는 단골 거래처를 이용하여 작업 시간을 원하는 때에 맞출 수 있도록 하거나 필요 시 어려운 부탁도 할 수 있도록 관계를 맺어놓는 것이 좋다.

교재는 최소 전날까지 인쇄나 제본이 제대로 되었는지 확인해 보아야 한다. 교육에 쓰일 여러 교육 보조자료 등은 미리 구매하여 이동할 수 있도록 준비해 놓는다. 기자재 중에는 건전지와 같이 부속품까지 확인해 보아야 할 것도 있으므로 사전에 점검해 필요한 부분은 교육 중에 문제가 없도록 조처해 놓아야 한다. 일부 교육의 경우 도시락을 배달받는 경우가 있다. 도시락의 배달 시간과 장소를 반드시 사전 확인하는 것이 좋다. 또한 교육 현장에서 배포할 필요가 있는 자료들도 지정된 부수가 준비되었는지 점검해야 한다. 이외에도 이름표, 탁상용 명패, 강사용 좌석 배치표, 강사용 물컵 등을 준비해야 하고 강사와의 점심 식사 장소와 음식도 예약을 해 놓는 것이 좋다.

교육 운영

교육을 시작하면 첫날 교육 시작 전이 가장 바쁘다. 우선 학습자들이 도착하기 전에 모든 교육 준비가 완료되어야 한다. 교실의 레이아웃, 각종 비품을 정해진 위치에 비치하고 모든 세팅이 완료되어야 한다. 학습자들의 탁상용 명패도 준비하여 사전에 탁상에 배치해 놓아야 하고 교재와 각종 배포물도 학습자별로 책상 위에 배포하여 접수 시 배포하는 번잡함을 피해야 한다. 필요 시 강사 명패와 물, 교재, 프로젝터용 노트북도 강사용 테이블에 세팅되어 있어야 한다.

이와 같이 강의실 세팅이 끝나면 입장하는 학습자 접수 업무를 진행해야 하는데 전달 자료 즉, 교재, 프로그램 안내서, 시설 안내서, 식사 장소 안내, 교육 참가비 납부, 필요 시 영수증 발행, 이름표 배포 등이 주요 접수 업무가 된다.

교육용 물품 체크리스트

교육 프로그램			
실시, 연월일, 기간			
분 류	품 명	수 량	기 타
교육장 경비	교육 프로그램		
	교재		
교육 용품	출석부		
	이름표		
	네임 플레이트		
	교재 홀더		
	배포자료		
	설문지		
	수료증서		
강사 용품	이름표		
	네임 플레이트		
	교재		
	배포 자료		
	설문지		
	교육 프로그램		
	좌석 배치표		
	생수와 컵		
	레이저 포인터		
	마이크		
	핀 마이크		
	학습자 명단		
	교육 시간표		

1) 강의 안내 시작 시간이 되면 학습자를 착석시키고 교육을 시작한다. 처음 교육 시작과 함께 과정을 소개하는데 다음이 주 내용이다.

① 교육 목적, 기대, 기획 의도
② 각 프로그램 소개와 목적
③ 교육 평가의 시기와 방법
④ 학습 방법과 주의 사항
⑤ 연수생활에 관한 규칙, 정보, 주의 사항
⑥ 강사, 학습자 소개
⑦ 학습자 간 교류
⑧ 학습자의 역할 분담 등

과정 소개에서는 학습자가 준수해 주었으면 하는 사항과 주의 사항을 일종의 약속 형태로 정해 둘 필요가 있다. 규정이나 지켜야 할 점을 사전에 학습자와 정하지 않으면 교육이 시작된 다음에 이러한 것을 정하기가 어려워진다. 규정을 통하여 강사와 학습자 상호 간의 역할, 룰을 확인할 수 있게 된다.

교육 시작과 함께 일반적으로 소개를 하게 되는데 그 대상은 다음과 같다.

① 교육담당자의 인사
② 강사 소개
③ 학습자 상호 간의 인사

이와 같은 소개는 학습자들이 학습에 참여하는데 분위기를 부드럽게 만들어준다. 또한 팀 학습을 진행하는데 서로 어색함을 없애 학습자로 하여금 적극적으로 대화에 참여하도록 만든다.

2) 강의 종료시 할 일 강의가 종료될 때 교육담당자가 할 일은 다음과 같다.

① 교육책임자의 인사
② 강사로부터의 코멘트, 평가 보고
③ 수료증 수여
④ 학습자 간 상호 인사
⑤ 학습자 간 교류 방법 안내 등

교육이 자격증 수여와 관련이 있는 경우 최종 평가나 시험은 채점과 심사를 고려해 교육 종료 전에 실시하는 것이 좋다. 만약 교육 종료 전이 아닌 교육 후에 합격 여부나 결과를 발표한다면 이를 어떻게 전달할지를 미리 공지하여 혼동이 없도록 하여야 한다.

교육 프로그램의 진행은 원칙적으로 시간표대로 진행하는 것이 좋다. 교육 시간의 연장은 매우 조심스럽게 진행하여야 하는데 대부분의 학습자가 교육 시간표에 따라 이후 교통 예약이니 기다 일을 생각하고 있을지도 모르기 때문이다. 따라서 교육이 늦게 끝나더라도 최대 10분 내에서 끝내는 것이 불만을 최소화할 방법이다. 시간 준수는 교육의 신뢰를 잃지 말아야 하는 학습자와의 약속이다.

3) 강사 대응 강사에 대한 당일 대응은 다음의 흐름으로 하는 것이 좋다. 사내 강사는 사정에 따라 단계를 축소할 수 있다. 우선 강사의 도착 연락을 받으면 강사 대기실로 안내한다. 그리고 미리 전달했던 사항을 다시 한번 점검하고 다음의 사항들에 대하여 협의한다.

① 강의에 필요한 용품, 기기, 교재는 충분한지 확인한다.
② 상황에 따라서 교육담당자 또는 누군가의 도움이 필요한 경우가 있으므로 확인한다.
③ 강의에 필요한 장비 사용법을 모르면 알려준다.
④ 학습자에 관한 정보를 제공한다.
⑤ 학습자로부터의 반응이나 요구 사항 등을 전한다.
⑥ 휴식 시간이나 점심식사, 숙박 등의 정보를 알려준다.

특히 휴식 시간과 시기, 금번 학습자의 성향에 관한 정보나 자료, 사전 협의 때와 다른 점, 학습자 수의 변동 등은 반드시 강의 전에 전달한다. 강의 시간이 되면 강사를 강의실로 인도하고 학습자들에게 강사를 소개한다. 이때 강사 소개를 강사 자신이 하기를 원하는 경우가 있으므로 강사 소개를 어떻게 할지는 시작 전에 물어보아야 한다. 일단 강의를 시작하면 교육담당자는 강의실에 꼭 체류할 필요는 없다.

처음 의뢰한 강사의 경우 강의실 뒤쪽의 운영자 자리에서 대기하거나 청강하는 것도 좋다. 이러할 경우 교육담당자가 강의실에 머무를 것을 강사에게 미리 알려주어 초반에 긴장하지 않도록 하는 것이 중요하다.

강의가 끝나면 다시 강사를 강사실로 안내한 후 본 교육 프로그램에 대한 학습자의 반응 등에 관한 의견을 물어보는 것이 향후 교육에 참조할 수 있다. 이때 강사는 자신의 강의가 어떤가를 평가받는다는 느낌을 갖지 않도록 질문에 유의하여야 한다. 필요 시 강사료 지급 관련 사항을 전하고 지급관련 서류나 정보를 확인한다. 필요하면 택시 등 교통편을 준비해 주고 강사를 배웅한다.

4) 교육 진행에 따른 대응 교육 진행은 다양한 대처와 배려를 통해 교육의 성과를 높일 수 있다. 학습자를 배려할 수 있는 일은 다음과 같다. 몇 시간의 짧은 교육은 크게 문제되지 않지만 3~4일 넘는 장기간의 교육일 경우 학습자에 대한 배려가 없으면 순조로운 교육 운영이 어려워질 수도 있다.

① 학습자의 건강 상태, 정신 상태 등을 체크한다.
② 학습자의 학습 의욕, 참여 자세, 사고 등을 체크한다. 불평 불만은 없는가를 파악한다.
③ 학습 성과가 높아지고 있는지, 기대한 성과를 얻고 있는지 확인한다.
④ 학습자 전체의 분위기를 파악한다.
⑤ 고립되거나 외톨이인 학습자가 없는가 확인한다.
⑥ 쾌적한 학습 환경이 되도록 한시 체크한다.

학습자에게 필요한 정보 제공도 소홀하지 않는다. 충실한 교육이 될 수 있도록 충분한 서비스를 제공한다. 주된 서비스 내용은 다음과 같다.

① 식사나 숙박, 휴식관련한 정보를 게시하거나 구두로 전달한다.

② 교육 후 교통기관이나 버스 준비 상황 등을 알려준다.

③ 교육 내용에 관한 도서, 자료 등을 소개하거나 복사하여 제공해준다.

④ 다른 교육이나 교육 뒤에 이어지는 연관 교육 정보를 제공한다.

⑤ 교육 기간 중에 촬영한 사진이나 영상 등을 제공한다,

⑥ 교육 참가자 리스트나 향후의 교육동기 모임을 위한 정보를 교환한다,

교육 시작에서 종료까지의 기간별 기능과 프로세스를 정리하면 교육 구상 시기, 교육 개시기, 교육 충실기, 교육 마무리로 나눠볼 수 있다. 학습자는 교육에 참여하기 전에 '교육 구상 시기'를 갖는다. 즉, 사전 준비 기간이다. 교육 시작과 함께 '무엇을 어디까지, 어떻게 배울까를 생각하는 시기'가 된다. 이때 이러한 생각을 정립하지 않으면 이후 교육 참여에 부정적인 영향을 미치게 된다. 단기 교육의 경우 조기에 이와 같은 생각을 정리하는 것이 중요하다. 따라서 교육담당자는 교육 초기, 학습자들이 이러한 부분을 생각하고 정리할 수 있도록 도와야 한다. 이를 바탕으로 교육에 충실히 임하게 되는데, 즉 교육 스타일에 적응하고 성과를 도출하는 시기가 온다.

마지막으로 교육의 정리와 성과를 마무리하는 시기가 필요한데, 이는 긴 시간을 요구하지 않는다. 교육에서 가장 중요한 것은 학습자들의 주체적이고 자발적인 참여를 끌어내고 이러한 자발성을 어디까지 살려 성과를 도출하는 가에 있다. 특히 교육 참여를 상사의 지시나

명령과 같이 어쩔 수 없이 하게 된 학습자의 경우 성과를 기대하기 어렵다. 그러므로 교육 기획단계에서 교육대상자의 직속 상사나 관리자의 적극적인 교육 참가 의욕 고취와 자발적 참여를 독려하는 노력이 매우 중요하다.

이상에서 설명한 각 시기별로 필요한 지원을 일선 관리자와 교육담당자가 수행한다면 교육의 목적을 달성하는데 큰 어려움이 없다.

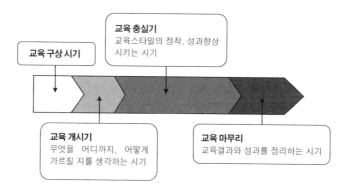

교육의 기간별 기능

5) 교육 후 사후 관리 교육 실시 후 실시해야 할 사항은 교육 운영 때보다는 많지 않다. 대부분 부서 내부적인 업무라고 할 수 있다. 우선 '교육 실시 보고서'를 작성한다. 교육 운영은 어떠했는지, 교육 목표는 달성했는지, 과제는 무엇이었는지, 그리고 어떻게 처리되었는지 등의 내용을 정리해 차기 교육 과정 기획에 반영한다.

교육 교보재나 비품 정리, 강사료 등 비용 지급 등의 후속 업무는 최대한 신속하게 처리하는 것이 좋다. 비품이나 교보재는 교육 때마다 자주 사용하므로 전용 상자나 보관소에 정리하여 놓는 것이 좋다. 또한 한번 사용하면 버리게 되는 건전지와 같은 일회용품 등은 사용한 만큼 보충해 놓아야 한다.

학습자에 대한 사후 관리도 필요하다. 이는 차기 교육 과정의 기획에 도움이 될 수 있다. 우선 학습자와 관련한 관계자 등과 면담을 통해 교육에 대한 피드백을 얻을 수 있다. 전화나 이메일을 통해 교육 후 직무나 사고에서의 변화를 점검함으로써 교육 중에 얻을 수 없었던 중요한 정보를 얻을 수 있다.

교육 참가자를 활기 있게 만드는 포인트

1) 교육담당자는 교육 기간 중 학습자를 관리해야 한다 교육담당자라고 하면 교육 운영 담당 역할은 필수이며 가장 기본이 된다. 특히 신임 교육담당자의 경우 '반드시'라고 할 수 있을 만큼 교육 운영 업무는 필히 경험해야만 진정한 교육담당자라

고 할 수 있다. 교육 운영 업무는 쉽게 생각할 수도 있지만 이를 좀 더 효율적이고 효과적으로 운영할 수 있도록 생각하고 개선하는 일을 지속한다면 결코 쉬운 일이 아님을 알 수 있다.

교육담당자가 교육 운영 담당자로서 교육 기간에 주로 하게 되는 일은 학습자들과 항상 가까이서 그들을 관리하고 지원하는 일이라고 할 수 있다. 교육을 운영하다 보면 정말 예측할 수 없는 다양한 상황과 의견을 마주치게 된다. '담배 좀 사다 줄 수 있나요?', '잔돈 좀 바꿔 줄 수 있나요?', '과음해서 속이 안 좋은데 약 좀 사다 줄 수 있나요?', '강사 강의가 맘에 안 드는데 계속 들어야 하나요?', '그룹 토의 꼭 참석해야 하나요?', '이렇게 좋은 시설에서 숙식 모두를 공짜로 제공해 주니 고맙습니다', '많이 도움 됐어요', '다음에 또 이런 자리 마련해 주세요', '얻은 지식과 체험은 정말 소중한 자산입니다', '능력향상에 도움이 되었어요' 등 헤아릴 수가 없다.

교육담당자들은 학습자의 반응과 언급이 어떤지에 따라 기분이 좋아지기도 하고 나빠지기도 하는데, 어떠한 반응이든 담당 교육이 좋은 교육이 될 수 있도록 매사 최선을 다해야 한다. 이러한 노력 중에는 강사가 생각하는 교육 방법이 아닌 교육운영자 나름의 창의적인 노력을 하게 되면 그게 바로 학습자로부터 호감을 사게 되고 원만한 교육을 운영하게 되는 한 방법이 된다.

그렇다면 교육 기간 중 하습자를 활기 있게 하기 위한 배려와 방법은 어떠한 것이 있는지 소개한다.

2) 학습자를 활기 있게 만드는 방법

① 교육 시작 전에 할 수 있는 것

● 강사와의 인사

반 대표가 전체를 경례시킬 수도 있지만 다소 경직된 모습이 될 수 있기 때문에 최대한 자연스럽게 강사와의 인사가 이루어져야 한다. 반 대표가 강사를 소개하고 박수로 환영하는 것이 가장 일반적으로 행하는 모습인데 이를 좀 더 창의적으로 소개하고 인사하는 방법을 강구해 볼 수 있다. 예를 들면, 교육 첫 시간이 아니라면 이미 팀별로 팀명과 구호 등이 정해져 있는 경우가 있다. 이런 경우 각 팀의 팀장이 팀을 강사에게 소개하고 팀원들이 함께 팀 구호를 외쳐 보는 것도 한 방법이다.

● 자기 소개(1분 스피치)

학습자 각자에게 1분을 준다. 그 시간 내에서 자신을 소개하도록 한다. 교육담당자는 시간만을 관리하고 1분 전에 끝나도 1분만큼 대기하도록 한다. 타이머를 준비하여 정확하게 시간을 관리한다.

● 학습자 동료 소개

자기 소개 시간이 충분하다면 짝을 이루어 서로의 정보를 경청한 후 상대방을 소개하게끔 한다. 자신을 소개할 때 말하기 어려운 것도 상대방이 용이하게 소개할 수 있기 때문에 이러한 방법을 사용하면 전체적인 교육 분위기가 화기애애해진다.

● 탁상용 이름표 직접 만들기

탁상용 이름표를 빈 종이로 나눠 주고 학습자 각자 자유롭게 자신을 표현하도록 한다. 자신의 캐치프레이즈도 좋고 자기를 표현하는 동물 이름이든 무엇이든 좋다. 학습자 전원이 완성하면 자기 소개를 하도록 한다. 탁상용 이름표는 교육 마지막 날까지 책상 위에 놓이게 한다. 만약 교육담당자가 미리 탁상용 이름표에 소속, 이름을 써 놓은 경우에는 학습자가 볼 수 있는 뒷면에 가장 최근 오너의 경영 방침 등을 기재해 놓는 것도 아이디어다.

● 그룹(팀)명 짓기

그룹(팀) 활동을 자주 하는 교육에서는 그룹명을 그룹별로 짓도록 한다. 서로의 공통점을 이야기하도록 하고 합의하에 결정하면 팀워크에 도움 된다.

● 비협조적 학습자가 있다면

교육에 비판적이거나 자기주장이 강하고 교육을 자기 맘대로 하거나 다른 사람들을 선동하는 학습자는 따로 자리를 정해두는 것이 좋다. 이런 학습자는 강의실 맨 앞줄이나, ㄷ자 형태로 앉는 경우 강사와 가장 가까운 자리에 앉게 한다.

● 오후 교육 시 졸리거나 피곤함을 느낄 때

– 명상을 하게 한다(약 15분 정도). 명상이라고 하면서 수면을 취하게 한다.

- 화이팅을 외치게 한다. 세 사람을 한 조로 만들어 한 사람이 관찰자가 되고 나머지 두 사람은 짝을 이뤄 '화이팅! 화이팅!'을 다섯 번 정도 외치게 한다. 이때 목소리가 작으면 관찰자가 주의를 주고 다시 하게 한다. 가라 앉은 분위기를 활기 있게 만들 수 있다.

② 교육 중 할 수 있는 것
● 시간 엄수

교육 기간 중 모든 교육 시간이 정시에 시작하기 위해서는 학습자들이 정시에 입실하도록 하는 것이 중요하다. 하지만 일부 학습자는 여전히 입실하지 않고 밖에 있거나 심지어 사내 교육 시 사무실에 가 있는 경우도 있다. 이럴 때 교육담당자는 강사에게 양해를 구하고 강의를 중지한 채 모든 학습자가 입실할 때까지 기다린다. 이 사실을 알게 된 학습자들은 다른 학습자들에게 피해를 주지 않기 위하여 다음 시간부터는 교육 시간에 맞추어 입실하게 된다.

● 교재와 워크시트 읽히기

교육에서 교재나 워크시트와 같은 자료를 사용할 경우 교육 들어가기 전에 미리 배포하고 읽어 오라고 하면 대부분 읽지 않고 참여한다. 교육에서 교재나 배포시트를 사용한다면 교육 중에 강사가 시간을 주어 전체가 읽게 하거나 특정 학습자를 지목하여 읽게 하는 것이 좋다.

● 앉는 자리 바꾸기

며칠에 거쳐 교육이 진행될 경우 매일 자리를 바꾸는 것은 분위기를 환기하고 새로운 학습자와 교제를 나눌 수 있도록 하는 한 방법이다. 학교식으로 학습자들이 강사를 전부 바라보는 상황이면 특별한 사람을 제외하고 교육담당자가 자리를 정해주거나 조별 자리 배치의 경우 지속적인 특정 프로젝트 수행이 아니라면 조별로 일정기간 동안 조원 구성을 바꿔줄 수도 있다. ㄷ자 혹은 ㅁ자 형태의 회의식 자리는 학습자가 자유롭게 정해 앉도록 한다. 이 경우 모두 매일 교육 종료 시 네임 플레이트는 일정한 장소에 다시 갖다 놓도록 학습자에게 주지시킨다.

● 그룹 토의 활용

그룹 토의는 학습자 중심의 진행 방식이기 때문에 주체성과 자발성이 높아진다. 교육에 지루함을 느끼는 오후나 저녁 시간에 적극적으로 활용하는 것이 교육의 지루함을 방지한다. 일정 시간을 두고 짧게 여러 차례로 시행하는 것이 변화가 있어 긴장감을 유지할 수 있다.

● 그룹 토의에서 진행자 역할 바꾸기

그룹 토의를 시작하기 전에는 반드시 진행자(사회자)와 발표자를 토의 전 정한 후 시작하게 한다. 그리고 매회 진행자와 발표자를 바꾼다.

● 그룹 토의 후 발표자료는 그룹별 준비하기

그룹 토의를 진행하고 발표하기 위해서는 전지를 사용하여 발표한다든지 기타 발표에 필요한 워크시트를 복사하여 배포하기도 한다. 이때 발표자료를 교육담당자가 복사하여 주는 등의 도움을 줄 수 있지만 가능하면 그룹별 발표자료를 자체적으로 준비하도록 하는 것이 책임감을 부여하고 발표의 준비성을 높일 수 있다.

③ 휴식 시 할 수 있는 것

● 가벼운 체조

학습자들이 정신적으로 피로를 느끼면 리프레쉬 체조를 해보는 것도 좋다. 특히 오후 2시~3시 사이가 좋다. 합숙 교육에는 2일째, 3일째 아침 교육을 시작하기 직전에 체조하는 것이 좋다. 기지개, 안마 정도의 가벼운 내용으로 5~6가지를 조합해서 실시한다.

● 음악 듣기

교육을 시작하는 아침이라면 15분쯤 전부터 경쾌한 음악을, 점심 시간이나 휴식 시간에는 활동적인 음악을 틀어놓는 식으로 학습자의 반응을 보면서 음악의 종류를 결정한다.

● 음료 서비스

휴식 중에 커피나 음료를 제공하는 경우, 강의실 내외 일정한 장소에 준비해 두고 학습자 개인들이 직접 타서 마시고 뒷처리까지 하게 한다. 학습과 휴식은 확실히 구분하여 운영하는 것이 기분전환에 도움된다.

● 점심 시간과 저녁 시간의 활용

합숙 교육의 경우 그룹 토의가 많고 교육 일정을 소화하는 것이 생각대로 잘 안 된다. 이를 위해 시간을 조정해야 하는 경우 점심, 저녁 식사 시간, 휴식 시간을 활용하는 것도 한 방법이다. 보통 점심, 저녁, 휴식 시간을 그룹 토의와 연관지어 그룹 토의 시간을 이들 식사나 휴식 시간을 포함하여 몇 시까지 한다고 지정하면 좀 늦게 끝나는 그룹 토의 경우도 전체적으로 일정을 맞추어 진행할 수 있다.

④ 첫째 날 교육 후 할 수 있는 것

● 회식 모임

합숙 교육의 경우 학습자들 간의 친목 도모와 관계를 촉진하기 위하여 교육담당자의 주도하에 회식 모임을 갖기도 한다. 회식 모임은 보통 첫째 날 저녁에 많이 진행하는데 때에 따라서는 둘째 날 또는 마지막 날 마무리와 함께 진행하기도 한다.

요즘은 교육 기간이 과거에 비해 짧아지는 경향이 있어서 학습자들 상호 간 친밀감을 형성하는 시기를 최대한 빠른 시간으로 하는 것이 좋다. 따라서 첫째 날 밤에 하는 것이 적당하고, 낮 교육을 마무리하고 저녁 식사를 겸해서 친목 모임을 마련하는 것도 좋다. 전체적인 진행이나 상황 설명은 교육담당자가 진행하지만 자유로운 분위기로 상호 간 친목을 도모하는 것이 바람직하다.

● 적당한 음료를 준비한다

야간까지 교육이 진행되어 늦게 교육이 끝나거나 학습자 개인 또는 그룹의 교육 종료 시간이 각기 다를 때가 있다. 이럴 때는 시간 상 함께 모여 회식하기가 다소 어렵지만 특정한 장소에 간단한 식음료를 준비하여 놓고 자유스럽게 참여하여 대화를 나눌 수 있도록 하는 것도 하루의 긴장을 풀고 학습자 간 친목을 도모할 수 있는 좋은 방법이다. 교육담당자가 사회를 보는 식으로 하지 말고 각자 자유롭게 참여하고 대화하는 방식이 적절하다. 그리고 가장 늦게까지 남아 있는 사람이 뒷정리하도록 당부해 놓는다.

이상과 같이 교육담당자는 지나치게 나서거나 아니면 방관하지도 않으면서 적절하게 학습자의 긴장을 완화시키고 다운된 분위기를 업시키기도하는 역할을 수행한다. 교육담당자 개인은 교육 기간 계속해서 긴장을 늦추어서는 안된다.

교육 후 네트워크 관리와 학습 전이

교육의 사후 관리는 교육 평가와 함께 학습 효과를 지속시켜 실무로의 학습 내용의 전이를 재촉하는 것이 목적이라고 할 수 있다. 구체적인 사후 관리 내용은 여러 가지가 있는데 이는 교육의 기간, 대상자, 규모 등에 의해 그 시행 내용이 다르므로 이를 파악해 적절한 대책을 세우는 것이 중요하다. 주요 사후 관리 내용은 다음과 같다.

1) 학습자의 교육 후 궁금사항에 답하다 메일 주소를 학습자들에게 알려줘 교육 후에도 여러 가지 궁금한 내용을 질문받는 강사도 있지만

그렇지 않은 강사도 많다. 강사가 여러 가지 사정으로 연락처를 알려 주지 않았다면 사전에 강사에 양해를 구해 학습자들의 질문을 모아 함께 강사에게 전달하는 것도 한 방법이다. 대부분의 질문은 강의 시간에 강사가 자세히 설명할 수 없었거나 시간적인 제약으로 그냥 설명 없이 넘어간 내용일 수 있는데 학습자 입장에서 더 잘 알고 싶은 내용일 수 있다. 이와 같은 질문은 강사가 이후 교육에 이러한 질문 내용을 참조하거나 고려하여 강의 내용을 재구성할 수 있게 해줌으로써 강사에게도 유익하다. 다만 학습자의 질문이 너무 황당하거나 교육 내용에 벗어난 경우는 교육담당자가 적절하게 스크린하여 필요한 질문만 강사에게 보낼 수 있도록 해야 한다.

2) 교육 기간 중 형성된 학습자들 간의 네트워크를 유지시킨다 교육의 순기능 중 하나는 단순 지식과 기술 습득 외에 학습자 간의 평소 구축하기 힘든 휴먼 네트워크를 형성하게 해 준다는 점이다. 특히 장기간 교육의 경우 한 공간에서 숙박을 오래하다 보면 강한 동기의식이 형성된다. 이러한 동기의식은 학습자 간에도 형성되지만, 학습자와 교육담당자, 학습자와 강사 간에도 형성된다.

이러한 네트워크는 조직 입장에서 보면 강력한 조직력이 될 수도 있고 각기 다른 기능에 소속된 학습자 간의 원만한 업무 협조와 팀워크를 형성할 수 있는 끈이 된다. 교육담당자는 교육이 진행되는 동안 학습자들과 강사, 교육담당자의 연락처를 리스트하여 배포하고 교육 이후 공식적인 동기 모임이 될 수 있도록 기본적인 조직 형태의 구성과 리더를 지정하는 것이 바람직하다. 이후 모임의 유지와 운영은 네트워크의 멤버들이 하게 되므로 교육담당자는 모임의 회장 또는 강사 등과의 적절한 연락, 소개 등의 지원 역할이면 충분하다. 만약 중요한 핵심 교육이 매 분기, 반기, 연의 동일한 형태로 유지되고 명칭이 몇 기, 몇 기식으로 이어질 경우 이러한 네트워크를 확대하여 기수 간의 모임도 주선할 수 있다. 휴먼 네트워크 모임은 조직 내에 강력한 조직력으로 표현되고 이는 조직 성장 과정에서 겪을 수 있는 어려움을 현명하게 극복하게 도와준다.

3) 학습자의 학습 전이를 돕는다 교육의 진정한 효과는 교육에 참여한 학습자가 학습한 내용과 기술을 현업에 복귀하여 주변 동료에게 전달하여 전체적인 업무의 성과가 향상되는 것이다. 학습 전이의 흐름을 보면 처음 개인 수준의 학습이 이루어지는데 이후 '학습의 공유', '변화의 촉발', '행동의 변혁'의 순서로 조직에 영향을 미치게 된다.

처음 교육에 참여한 학습자들은 학생으로서 배움에 임한다. 이후 현업에 복귀하면 배운 내용을 주변 동료에게 전달하는 교사의 역할을 수행하게 되는데 이때 학습의 전이가 이루어진다.

결과적으로 조직원들은 새로운 지식과 의식으로 변화를 유발하게 되는데 이러한 변화를 촉발한 촉발자로서 학습자는 자리하게 된다. 변화가 촉발되고 조직에 변혁이 이루어지게 되면 이때 학습자는 실행자의 역할을 수행하는 것이다. 이러한 학습 전이와 조직 환경에의 영향력은 궁극적으로 기업 교육이 추구하는 목적이기도 하다.

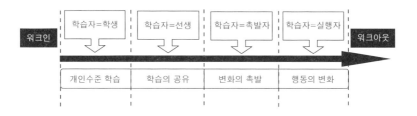

학습자=학생	학습자=선생	학습자=촉발자	학습자=실행자
개인수준 학습	학습의 공유	변화의 촉발	행동의 변화

워크인 → 워크아웃

학습 전이 과정

이때 교육담당자는 개개인의 학습자가 현업에서 변화 촉진자로서 활동하는 것을 감독하기는 쉽지 않지만 이를 지원할 수 있는 역할을 수행하여야 한다. 교육 이후 학습자의 변화한 모습과 행동 모습을 관찰하여 교육 내용이 주변 동료나 사내 조직 문화에 순조롭게 전이 될 수 있도록 도와야 한다.

이와 같은 사후 관리 활동은 학습자뿐만 아니라 교육담당자에게도 매우 유익하다. 교육담당자는 각종 교육을 기획하는데 현업의 사정을 잘 파악하여야 하며 일선 부서원을 통해 교육 요구를 파악해야 한다. 교육을 통해 형성된 네트워크는 교육담당자가 필요한 정보와 도움을 줄 수 있는 강력한 지원군이 된다.

또한 교육담당자는 전사 차원의 지식관리지기 되어야 한다. 지식관리를 위해서는 일선 조직원들이 보유한 자원을 파악하고 이를 경영의 주요 자원으로서 활용, 관리할 수 있게 하는 능력이 요구된다. 교육담당자가 단지 교육 운영자로서 자신을 규정하는 것보다는 이처럼 조직 전체의 인적 네트워크와 지식을 관리하는 담당자라는 의식을 갖게 되면 자신의 위상과 자부심을 높일 수 있다.

교육 평가와
사후 관리

교육에서 학습과 이후 학습 전이까지 생각한다면 무엇보다도 교육 후의 사후 관리가 중요하다. 교육을 기획하는 단계에서부터 교육을 운영하고 이후 보완하는 단계까지 전체를 하나의 프로그램으로 생각하는 것이 효과적인 교육을 위해 중요하다.

사후 관리의 필요성

교육을 실시했다는 것으로 끝나는 것이 아니다. 교육을 통해 얻은 내용을 현장에 적용하고 이를 통해 성과가 도출되거나 조직에 변화가 일어날 때 진정한 교육의 의미가 있다고 할 수 있다. 사후 관리를 실시한다는 것은 교육을 일시적인 행사로 끝나지 않고 계속해서 관리한다는 의미이다. 교육의 기획과 실제 운영, 그리고 수료가 끝나면 교육담당자가 직접적인 업무가 끝나는 것으로 생각할 수 있지만 단지 계속된 교육 관리의 일부분이 마무리되고 계속해서 새로운 업무가 시작되는 것으로 생각해야 한다. 따라서 사후 관리는 이에 맞게 새로운 목표를 설정히고 언제 이떻게 교육 실시 이후를 보충할 것인지를 확인해 놓는 것이 필요하다.

1) 사후 관리의 방법 사후 관리에는 여러 가지 방법이 있다. 예를 들면, 교육에 관한 평가, 교육 리포트, 상사로부터의 평가 등이 포함된다.

① 교육 사후 관리의 포인트

● 기획 단계에서부터 사후 관리를 생각한다

사후 관리는 교육 종료 후에 생각하는 것이 아니라 교육 기획 단계에서부터 고려해야 한다. 학습자의 경우 사후 지속해서로 관리가 된다고 알고 있으면 현재의 교육에 몰입도가 더 높아지고 성실히 교육에 임하게 된다. 하지만 금번 교육으로 모든 것이 끝난다고 생각하면 이번만 잘 버티면 된다는 다소 안이한 생각을 할 수도 있다. 사후 관리는 교육이란 것이 단지 일회성 행사로 끝나지 않고 현장에까지 이어지게 만드는 중요한 역할을 수행한다.

● 사후 관리 실행

사후 관리의 방법에는 매우 다양한 내용이 포함된다. 각각 장단점이 있으므로 이를 고려해 여러 방법을 동시에 조합하여 시행하는 것도 한 방법이다. 하지만 시간이나 비용 등의 제약이 있을 수 있으므로 실시 방법의 효율성과 한계성을 잘 파악한 후 결정하여야 한다. 예를 들어, 신입사원 교육을 실시한 후 이어 보충 교육을 또 다시 실시하였다면 다음과 같은 사후 관리 방법이 있을 수 있다.

〈신입사원 교육 실시 후〉
① 신입사원 개인별 교육 보고서의 작성

② 교육 보고서에 근거해 신입사원의 상사, 지도선배와 면담

③ 교육 실시 내용을 사보에 게재

④ 신입사원 리포트의 작성

- 매주, 상사와 지도선배에게 제출, 상사와 지도선배 코멘트 기입
- 매월 한 번 교육담당자에게 제출

〈보충 교육 실시〉

⑤ 추후 보충 교육 실시

⑥ 신입사원 개인별 보충 교육 실시 보고서 작성

⑦ 교육 보고서에 근거해 상사와 지도선배와 면담

⑥ 보충 교육 실시 내용을 사보에 게재

⑨ 신입사원 리포트의 작성

⑩ 입사 1년 후에 상사, 지도선배, 신입사원의 3자 면담 실시

② 사내 강의의 리뷰

사내 강의를 맡아 일부를 진행하였을 경우 교육담당자는 이후의 맡게 될 강의를 고려하여 점검과 반성을 사후 관리 차원에서 실시해야 한다. 즉 업무 프로세스상 기획(Plan)과 실행(Do)으로만 끝나지 않고 리뷰(See)를 하고 다음 강의에 이를 반영함으로써 교육의 질을 향상해 나가야 한다.

③ 리뷰 방법

사내 강의를 리뷰하는 시점은 강의 도중에 체크하는 방법과 강의

종료 후 체크하는 방법이 있다. 리뷰 실시 방법은 다음과 같다.

- 레슨 플랜에 따라
- 학습자의 설문내용을 통해
- 강의 체크리스트와 비교를 통해
- 학습자의 강의 반응을 보고
- 강의 녹화 화면이나 녹음 테이프를 통해
- 교육 종료 후 모임에서 교육 참여자의 이야기를 통해
- 교육담당자 등 강의에 참여한 사람들의 이야기를 통해
- 학습자가 주로 하는 질문을 통해

④ 사내 강의 리뷰 포인트

사내 강의를 리뷰나 평가할 때 한가지 방법으로만 리뷰를 하면 한쪽으로 치우친 평가가 될 수 있다. 따라서 다양한 방법을 활용해 평가하는 것이 좋다.

2) 강의 체크리스트 사례

강의 체크리스트

[사전 준비]

- 강의 목표를 명확하게 설정하고 목표에 맞게 내용을 준비하였는가?
- 사전에 교육담당자와 충분한 협의를 하였는가?
- 레슨 플랜, 학습자료 등은 학습 내용에 맞게 준비하였는가?

· 필요한 자료나 비품의 준비는 적절하였는가?

[강의 태도, 동작]

· 자신있는 태도로 강의하였는가?

· 학습자를 편안하게 하고 밝은 태도로 임하였는가?

· 흥분하지 않고 침착하게 강의를 진행하였는가?

· 열의가 느껴지는 태도였는가?

· 제대로 된 복장이나 몸가짐이었는가?

[내용, 진행]

· 강의의 도입, 전개, 자기 소개 등은 적절하였는가?

· 강의 내용은 학습자가 이해할 수 있는 수준이었는가?

· 강의 요점을 분명히 하였는가?

· 레슨 플랜에 따라 진행하였는가?

· 강의 내용에 구체적인 사례나 체험담 등을 적절히 제시하였는가?

· 강의 통계는 중요점을 제시하여 실제 행동과의 연계를 강조하였는가?

[표현]

· 알기 쉬운 말로 설명하였는가?

· 어려운 용어나 말은 해설을 더했는가?

· 애매한 말투나 거창하고 장황한 말투를 피하고 알기 쉽게 표현하였는가?

· 목소리 크기, 높이, 속도 등은 적절하였는가?

· 말의 끝맺음은 명확하였는가?

· 몸짓, 손짓을 효과적으로 이용하였는가?

· 강의 타이밍을 잘 잡아 진행하였는가?

· 학습자에게 신경이 쓰이는 말투나 말버릇을 적절하게 조심하였는가?

[커뮤니케이션]

· 강의실 전체 학습자를 골고루 주시하였는가?

· 학습자와의 시선관리에 유의하였는가?

· 어떠한 학습자에게도 공평하게 대하였는가?

· 학습자와 쌍방향 커뮤니케이션을 꾀하였는가?

[학습도구]

· 판서 활용은 적절하였는가?

· 시청각 기자재, 교재 활용은 적절하였는가?

· 마이크는 적절히 사용하였는가?

[기타]

· 학습자 좌석 배치나 이동은 적절하였는가?

· 학습자로부터 질문을 받는 시간을 따로 마련하였는가?

· 학습자로부터 질문에 적절히 대처하였는가?

· 학습자의 잡담, 졸음, 소란한 분위기를 적절히 대처하였는가?

· 시간은 예정대로 관리되었는가?

효과적인 강의가 되기 위해서 강사와 교육담당자가 유의해야 할 부분을 8가지로 정리한다면 다음과 같다.

· (시간) 예정된 시간 내에 끝마칠 수가 있다.
· (강의) 알기 쉽게 설명하고, 시범을 보여줄 수가 있다.
· (실습) 순서대로 진행하고 각 순서의 요점을 이해시키고 따라 할 수 있게
  한다.
· (도구) 화이트보드나 시청각 기자재를 잘 활용할 수 있다.
· (진행) 레슨 플랜에 따라 명확하게 강의를 진행할 수 있다.
· (이해) 강의 주요 핵심내용을 강조하고 코멘트 할 수 있다.
· (분석) 학습자의 반응이나 분위기 흐름을 분석할 수 있다.
· (판단) 학습의 인과관계나 유의점을 파악할 수 있다.

강의 진행에 있어 다음과 같은 강사의 경우 학습자가 곤란을 겪을 수 있다. 따라서 교육담당자는 이러한 반응이 있을 경우 강사와 상의하여 강의 전개에 변화를 줄 필요가 있다.

· 전체적인 과정이 강의 중심으로 학습자가 수동적으로 참여하게 되어 재미
  를 못 느낀다.
· 강의 내용이 산만하여 핵심을 이해하기 어렵다.
· 말이 빠르고, 목소리가 작으며, 발음이 명확하지 않는 등 말투가 시툴다.
· 불필요하게 판서를 많이 하는 경향이 있다.
· 영상을 시청하는 것으로 끝나고 피드백이 없다.
· 교육게임을 즐기는 것으로 끝나고 의미 해석이 없다.

· 그룹 토의 등으로 대부분의 강의 시간을 채운다.

· 학습자에게 교재만 읽게 하고 강의를 끝낸다.

· 강사 자신의 체험이나 사고를 지나치게 고집한다.

· 시범을 보이지는 않고 학습자의 실습에 불평만 한다.

· 코멘트가 너무 장황하다.

· 질문을 받지 않는다.

· 질문에 대하여 적절한 대답을 못한다.

교육 평가

교육 종료 후에 달성도의 평가, 투자 효과의 평가, 개선점 등의 도출 등을 통해 교육의 효과를 평가해 볼 수 있다. 평가 대상, 평가자, 평가 활용자를 명확히 함으로써 조사 분석 방법을 설계할 수 있다. 평가 후의 사후 관리의 영향 또한 상당히 크다고 할 수 있다. 궁금한 점에 대한 답을 미리 준비하는 것이 필요하고 학습자들 간의 네트워크를 형성하고 촉진하여 학습자가 주변 직원들에게 학습 내용 전이를 용이하게 할 수 있도록 촉진하는 것이 중요하다.

교육 평가가 교육담당자에게 큰 관심사가 되고 있다. 교육 성과를 명확하게 측정하고자 하는 생각을 모두가 갖고 있다고 할 수 있다. 교육담당자들은 자신들이 운영한 교육이 투자 대비 어느 정도의 투자 효과가 있는지를 경영진에게 설명하고 싶어 하지만 이 또한 손쉽게 설명할 수 있는 부분이 아니다. 이와 같은 교육담당자들의 생각은 HRD 분야가 전문화되어가면서 평가 분야에 대한 여러 사례와 도구가 소개되고 있다.

그렇다면 구체적으로 어떠한 평가를 하고 싶은 것인가와 구체적으로 무엇을 측정하고 싶은가에 대한 질문에 교육담당자들은 명확하게 답을 할 수 있는 경우가 많지 않다. 원래 무엇을 평가하고 싶다는 생각을 갖고만 있지 어떻게 무엇을 해야 할지 애매할 경우가 실제 많다. 인사 평가, 광고 효과 측정, 설비투자 평가 조직변경에 대한 평가, 경영전략 평가 등등의 평가와 그 효과의 측정이라고 하는 일 자체가 그리 간단한 일은 아니다. 기업 경영에 있어 평가는 늘 핵심 경영 활동이 되어 왔다. 따라서 교육 평가가 엄밀하게 이루어질 수 없다는 생각은 경영자에게는 납득할 수 없는 변명으로밖에 들리지 않는다. 교육 평가에 대한 요구가 있으면 조금이라도 이를 수행하기 위한 노력하는 모습을 보여줘야 한다.

1) 교육의 평가 수준 교육 평가와 효과 측정에 대해 전문가 별로 다양한 접근 방법을 보이고 평가 내용도 서로 다르다고 할 수 있다. 따라서 통일된 평가가 이루어지지 않고 각자의 주관에 따라 애매하게 교육을 평가하고 끝나는 경우가 많다. 따라서 교육 평가와 측정에 대한 정의를 명확하게 하고 이 기준에 따라 교육을 검토하는 것이 중요하다. 이렇게 함으로써 교육과 연관된 모든 이해당사자가 공통된 교육 결과를 공유할 수 있게 된다.

2) 교육 효과 네 개의 수준 우선 교육 효과 측정 모델의 가장 대표적인 커크패트릭(Kirkpatrick) 4단계 평가 모형은 교육 평가자들이 기본적으로 알아야 할 모형이다. 이 모형에서는 교육 효과를 네 개의 수준으로 분류하고 있다.

1 단계: 반응(Reaction)
  – 학습자가 교육 과정에 대해 어떻게 느끼는가?
2 단계: 학습(Learning)
  – 학습자는 학습목표를 어느 정도 달성하였는가?
3 단계: 행동변화(Behavior)
  – 학습자는 실무에서 어느 정도 학습내용을 활용하고 있는가?
4 단계: 결과(Result)
  – 학습자는 행동변화를 통해 어느 정도 사업 성과에 기여를 하였는가?

	레벨	명칭	개요	효과대상
	1	반응	학습자의 반응	학습자
	2	학습	학습 성취도	학습자
	3	행동변화	실무 활용도	학습자
	4	결과	조직 공헌도	조직
	5	ROI	투자 수익률	조직

교육 효과 측정 모델

이 4단계 평가 모형은 이후 잭 필립스(J. Phillips)에 의해 ROI(Return On Investment, 투자수익률) 단계가 추가되어 ROI 모형이 된다. 4단계에서 비즈니스에 어느 정도의 영향(주로 금액으로 평가)을 측정할 수 있다면 투자 비용과 비교해 ROI를 측정할 수 있다는 것을 말한다.

이론적으로는 교육 효과 측정에 있어 5단계는 매우 설득력이 있어 보인다. 하지만 실제 교육 현장에서 교육이 개인에게 어떠한 영향을 미치었는지를 평가하는 것을 넘어 교육이 조직에 어떠한 영향이 주었는지를 평가하는 단계 4~5의 경우는 매우 어려운 일이다. 왜냐하면 조직 성과에 영향을 주는 요소는 교육 외에도 다양한 것이 있기 때문에 정확히 조직 성과에 교육이 어느 정도 기여를 했는지를 구분하기가 힘들다.

이에 더해 교육이 조직에 공헌할 수 있는 부분이 경제적인 부분 외에도 돈으로 환산할 수 없는 여러 효과들이 있는데 예를 들면, 학습자의 행동변화가 다른 조직원들에게 동기부여를 일으키는 결과를 가져왔다든가, 조직 전략과 기업 문화를 이해하고 공감하게끔 공헌을 하는 것 등이다.

이러한 공헌은 조직에 큰 영향을 가져다 주었음에도 불구하고 그 효과를 측정하기는 어려운 부분이다. 따라서 교육담당자들이 훌륭한 평가를 위해 5단계 모두에 대한 평가를 하려고 해도 실제 현장에서의 평가는 주로 1단계에서 3단계까지만 이루어지고 있다.

3) 무엇을 위한 평가인가? 커크패트릭의 모델을 일단 떠나서 평가의 목적이 무엇을 위한 것인가를 한번 생각해볼 필요가 있다. 평가 주체를 누구로 할 것인가에 따라 다음과 같이 크게 세 가지 목적을 말할 수 있다.

- 성취도의 평가
- 투자 효과의 평가
- 개선점의 도출

① 성취도의 평가

성취도 평가란 교육을 기획하는 시점에서 설정한 목표에 대해 교육 후 얼마나 달성하였는지를 점검해보는 것이다. 성취도는 상대적이라고 할 수 있는데 학습자의 능력에 비하여 지나치게 목표를 낮게 설정하면 성취도는 높게 달성될 수밖에 없다. 그렇지만 성취 목표를 지나치게 높게 잡게 되면 반대로 성취도는 낮아질 수밖에 없다. 학습자의 성취도는 사실 정량적으로 설정하기가 쉽지 않다. 일반적으로 학습자의 목표 수준을 설정하는 것 자체가 쉽지 않기 때문에 대체적으로 학습자 만족도와 같은 주관적인 지표를 통해 성취도를 평가하는 경우가 많다.

② 투자 효과의 평가

다음은 투자 효과의 평가인데 잭 필립스의 ROI 모델을 통해 이를 평가할 수 있다. 기업경영은 그 투자 비용 대비 효과로 평가받는 것이 원칙이다. 기업은 투자한 자본에 적절한 이익을 더해 다시 기업에 수익이 돌아오기를 기대한다. 이러한 경영기대를 정확히 반영하기 위해서는 투자와 투자 수익을 비교할 수 있는 동일한 척도를 개발하여 이를 정량적으로 측정할 필요가 있다. 동일한 척도로 가장 적절한 것이 금전적인 수치라고 할 수 있다. 예를 들어, 1,000만 원을 투자해 교육을 실시한 결과 수익이 1,200만 원으로 증가하였다면 투자수익률(ROI)는 120%이며 사전 설정되었던 기대치 110%를 상회하므로 이 교육은 성공적이었다고 평가할 수 있다.

앞에서도 기술하였듯이 이러한 효과 측정은 인재개발에 적용하기에는 다소 어려움이 있다. 순수 과학의 경우 인풋(투자)과 아웃풋(수익률)을 수치로 측정해 그 프로세스를 평가할 수 있지만 인간을 관리하고 다루는 경영의 세계에서는 그리 간단한 일이 아니다. 효과측정을 위해서는 인풋과 아웃풋을 정의함과 동시에 이것들이 측정되지 않으면 안 된다. 또한 아웃풋이 인풋으로 인해 결과가 도출되었다는 명확한 인과관계가 설명되지 않으면 안 된다. 또한 올바른 효과를 측정하기 위해서는 비교 집단 실험도 필요하다. 교육을 받은 집단과 받지 못한 집단 간에 각각의 아웃풋이 어떤 의미 있는 차이를 보일 때 교육에 효과가 있었다고 말할 수 있는 것이다.

기업 교육에서 ROI 평가를 하는 것이 어렵기 때문에 이를 하지 말자는 의미는 아니다. 갈수록 인재개발에 대한 경영층의 기대치가 높아지고 성과 지향 HRD를 요구 받는 상황에서 교육담당자들은 ROI

평가에 대한 지식을 겸비하고 이를 진행할 수 있어야 한다. 결국 교육 투자에 대한 수익률 평가는 어렵지만 갈수록 중요한 항목이라고 할 수 있다.

③ 개선점의 도출

교육 평가를 통해 얻고자 하는 것 중에서 개선점 도출이 매우 중요하다. 어떻게 보면 이 점이 교육 평가에 가장 현실적인 목적일 수도 있다. 성취도의 평가나 투자 효과에 대한 평가는 당초 설정된 목표와 효과 측정 방법에 따라 실시되므로 다소 애매한 것에 기반하여 실시할 수밖에 없다. 그렇지만 개선점은 현실 상태를 더욱 좋게 개선하기 위해서는 어떻게 개선해야 하는가 하는 관점에서 미래 지향적으로 다소 이상적인 상황을 상정할 수가 있다.

개선점 도출에서는 현재 교육의 실태가 중요하다. 예를 들면, 학습자의 반응에서 '강사의 강의 내용을 이해하는데 어려움은 없지만 사전에 강의 자료를 배포해 주었으면 좋겠다'라는 개선 요구 사항이 있다면 이는 학습자의 주관적인 생각은 주관적이지만 분명히 개선 검토 사항 중 하나이다.

이러한 학습자들의 목소리를 모아 관계자에게 피드백을 주어 이후 개선을 촉구하는 방법은 건설적인 교육 프로세스라고 할 수 있고 향후 양질의 교육 과정의 운영에 절대적으로 필요하다.

위에서 말한 세 가지 교육 평가 목적 모두를 만족시키는 방법이 있다면 좋겠지만 인력과 비용을 고려하여 평가의 우선순위를 정하는 것이 중요하다. 지금까지 대부분의 교육 평가는 교육담당자의 시각에서 평가가 이루어졌지만 향후에는 다양한 이해관계자들의 시각에서 평가가 이루어질 필요가 있다.

4) 평가 대상과 평가 지표 일반적으로 평가란 어느 평가 대상(자)에 대하여, 어떤 평가 항목으로, 어느 기준을 통해, 어느 평가자가 평가 또는 측정을 해서, 평가 결과를 활용하고자 하는 사람이, 어떤 활용 목적을 갖고 행하는 것이다.

평가 하기 전에 평가 지표, 평가 대상, 평가 방법, 평가자, 평가 활용자 등을 정하고 이들을 어떠한 조합을 통해 활용할 것인가를 정하는 것이 중요하다. 우선 평가 지표를 정하는 것이 중요한데 평가 지표에 해당하는 사항은 보통 학습 환경과 교육 운영담당자, 교육 프로그램과 학습 내용, 강사의 열의와 태도, 강사의 교수 방법과 지도 방법, 학습자의 태도와 자세, 학습자의 학습성과 등이 해당한다. 그렇다면 이들 평가 지표는 어떤 방법을 통해 평가할 수 있는지, 그리고 평가는 누구에 의해 이루어질 수 있는지를 보려면 다음 표와 같다.

평가 지표와 평가자

평가지표	학습자	교육담당자	학습자 강사	강사
학습 환경 운영담당자	◎	○	X	◎
교육 프로그램 학습내용	◎	○	△	◎
강사의 열의 태도	◎	◎	X	○
교수 방법 지도 방법	◎	◎	X	○
학습자의 태도 자세	○	◎	△	◎
학습자의 학습 성과	○	○	○	◎

평가 지표와 평가 방법

평가지표	설문	인터뷰	시험/리포트	연습평가	관찰평가
학습 환경 운영담당자	○	○	X	X	◎
교육 프로그램 학습내용	◎	○	△	X	X
강사의 열의 태도	◎	○	X	X	◎
교수 방법 지도 방법	◎	○	X	X	◎
학습자의 태도 자세	△	◎	△	○	◎
학습자의 학습 성과	○	△	○	○	◎

교육 평가의 대상물(자)은 콘텐츠에서는 교재, 강사, 학습자, 강의장이 되고, 콘텍스트의 경우는 주제, 강의 기법, 스케줄, 사전준비, 당일 운영, 프로그램 전체 등이 된다. 그리고 이러한 요소의 총체로서 교육

프로그램 전체 평가가 있다. 평가자와 평가 활용자는 학습자, 강사, 교육팀 등이 될 수 있다.

평가 대상, 평가자, 평가 활용자 구분

	평가 대상	학습			강사		
		학습자	강사	교육팀	학습자	강사	교육팀
콘텐츠	교재	○				○	
	강사	○		○	△	○	○
	학습자	○	○	○			○
	강의장	○	○	○			○
콘텍스트	주제	○	△			△	
	기법	○	△			△	○
	스케줄	○	○			△	○
	사전준비	○	△			△	○
	당일운영	○					
	프로그램 전체	○					◎

강사와 교육팀은 평가 대상 선정에 얼마나 관여하였는가에 따라 평가 참여가 달라진다. 예를 들면, 교재가 강사에 의해 개발되었다면 평가 활용자는 강사가 될 것이고 만약 교육팀이 교재를 선정하였다면 평가 활용자는 교육팀이 될 것이다. 평가의 목적은 이를 누가 활용할 것인가에 따라 다음과 같이 구분할 수 있다.

〈강사〉
· 강사는 금번 교육 평가를 바탕으로 자신의 강의 전반에 대해 돌아보고 다

음 강의에 개선점을 반영하여 더 나은 강의를 기획한다.

〈교육팀〉

· 금번 교육에 대한 전반적인 평가를 교육 결과 보고서에 반영한다.

· 보다 좋은 교육 기획을 위해 다음 교육 기획에 도움이 되는 정보를 얻는다.

· 학습자 개개인의 능력을 파악한다.

〈학습자〉

· 자기자신의 사고와 학습 자세에서의 습관, 특징, 강점과 약점 등을 파악해 자신의 학습에 반영한다.

교육 평가 방법은 설문조사, 인터뷰(면접), 테스트, 행동 관찰 등이 있다. 활용 가능한 비용을 고려하여 어떠한 평가 방법이 원하는 자료를 얻을 수 있는지를 잘 판단하여야 한다. 만약 테스트를 통해 평가한다면 정량적 평가 항목을 많이 만들어야 하지만 이미 테스트 문제가 만들어져 있다면 간단하게 평가를 진행할 수 있다. 당연히 새로운 테스트 문항을 개발한다면 시간과 비용이 발생할 수 있다. 대체로 테스트의 경우 교육 사전 테스트와 교육 후 치르는 사후 테스트로 나눠 학습자의 능력을 평가하는 경우가 많다.

테스트의 경우 지식 전달을 주목적으로 하는 교육이라면 유효한 평가 수단이 될 수 있지만 점수가 어느 정도 올라줘야 교육 기획과 투자한 비용에 합당한지를 판가름하기는 어렵다. 그리고 사전 사후 테스트를 두 번 하는 자체가 많은 시간과 비용을 들게 하는데 이를 통해 얻을 수 있는 평가 정보가 이에 비해 충분한 것이고 적절한 것인지를 확인하기가 어렵다.

설문조사 방법은 정성적인 평가 항목과 정량적인 평가 항목을 사용하게 되는데 비교적 비용이 적게 든다. 하지만 설문조사의 경우 응답자의 주관에 크게 의존하기 때문에 설문 내용이 응답자의 성향과 상황에 크게 영향을 받는다는 점을 고려해야 한다. 따라서 이러한 변수를 최대한 배제한 객관적인 설문이 이루어지도록 장치를 마련해 두어야 한다.

인터뷰(면접)는 정성적인 질문 항목에 대하여 비교적 깊이 있게 정보를 수집할 수 있는 장점이 있다. 그렇지만 학습자 일대일 면접의 경우 인원수에 따라 시간과 비용이 많이 들 수 있고 특히 면접자가 원거리에 근거할 경우 출장비용까지도 발생할 도 있다. 인터뷰는 다른 교육 평가 방법과 병행하여 몇 사람만 시행하는 것이 현실적이다. 인터뷰의 경우 면접대상자의 주관이 회답에 많은 영향을 줄 수 있고 또한 질문자가 의도적으로 답을 유도할 수도 있다. 따라서 교육에 대해 편견 없이 객관적으로 답을 해 줄 수 있는 대상을 선정하는 것이 중요하다. 또한 인터뷰를 진행할 면접자는 교육담당자인 경우가 많지만 교육담당자가 자신이 진행한 교육에 대해 좋은 반응이 있기를 바라는 형편이기에 다소 인터뷰에 편향성이 발생할 수도 있다. 따라서 면접자는 제 3자를 정해 진행하는 것이 객관적인 의견을 얻을 수 있다.

행동 관찰은 주로 교육 후 학습지를 평기하기 위해 시행되는 경우가 많다. 만약 학습자 행동 관찰을 인사고과나 승진 등에 반영할 목적으로 평가를 진행한다면 행동 관찰을 전문적으로 시행하고 평가할 수 있는 전문 교육 수료 평가자를 정할 필요가 있다. 이때 별도의 비용이 평가자 교육을 위해 발생할 수도 있다.

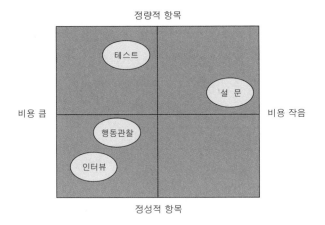

평가 방법에 따른 평가 내용과 비용

① 설문지 작성

교육 효과 측정하기 위해 가장 자주 사용되는 방법이 설문지 조사이다. 설문지는 어떻게 문항이 구성되느냐에 따라 그 결과물이 달리 도출되는데 우선 교육담당자들은 설문지의 기본 구조를 이해하는 것이 중요하다. 설문지는 크게 '기본 기능', '부가 기능', '서비스 기능' 등 세 가지 기능에 대한 항목으로 나눠볼 수 있다.

· '기본 기능'이란 교육 프로그램, 강사, 보조 교재 등을 말한다

· '부가 기능'이란 강의실, 환경, 실시 시기 등을 말한다.

· '서비스 기능'이란 식사, 숙박시설, 교육 운영 등을 말한다.

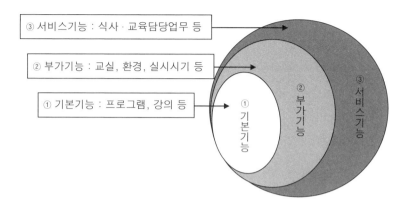

③ 서비스기능 : 식사 · 교육담당업무 등

② 부가기능 : 교실, 환경, 실시시기 등

① 기본기능 : 프로그램, 강의 등

①
기본기능

②
부가기능

③
서비스기능

② 설문지 작성 요령

● 설문의 목적을 명확히 밝힌다.

· 아무거나 묻지 말고 1~2개 정도의 주제를 묻는 것이 적당하다.

● 문항수

· 10분 정도로 답할 수 있는 양을 기준으로 하는 것이 적당하다.

· 질문 항목이 많거나 설문조사에 시간이 상당히 요구될 경우에는 교육시
간 중 별도의 시간을 정하여 설문을 진행하거나 레포트 형식으로 교육 후 학
습자들이 편한 시간에 설문에 답하여 제출하는 방법을 활용할 수 있다.

● 설문문항의 표현

· 문항은 가능한 한 간단명료하게 표현한다.

· 한 수준 아래 사람이 이해할 수 있는 용어와 표현을 쓴다.

· 한 개이 문한 안에 두 개외 질문을 포함시키지 않는디.

· 도입문 등에서 유도질문이 되지 않도록 주의한다.

● 질문 방법

· 폐쇄형 질문(closed question)의 사용(Yes/No, 척도)

· 개방형 질문(opened question)

● 설문 순서

· 원칙적으로 대답이 쉬운 문항부터 시작한다.

· 복수의 답이 가능한 질문의 경우 내용을 세분화해 우선 주변적인 상황 답을 먼저 하게 하고 핵심적인 답을 나중에 하게 한다.

● 인사문

· 설문지 처음에 협조 의뢰와 설문 목적, 이용 방법을 간결하게 기술한다.

· 마지막 협조에 대한 감사표시를 한다.

● 완성된 설문지는 반드시 배포 전에 모니터링을 통해 수정 보완한다.

5) 평가 항목과 평가 기준의 설계 구체적으로 무엇을 평가할 것인가 하는 평가 항목의 설계는 가장 어려운 작업 중의 하나이다. 평가 항목을 정하기 위해서는 우선 평가 목적을 달성했는지를 가늠하기 위해 어떠한 정보를 알아봐야 하는지를 검토해야 한다. 다음은 이러한 평가에 필요한 검토사항을 정리한 것이다.

〈교육 운영자와 관련하여〉

· 목표 달성도 : 당초 기획 단계에서 설정한 목표의 달성 정도

· 학습자의 반응(이해도, 성과에 대한 만족도 등)

· 강사/교재 선택의 타당성

· 학습의 장으로서 분위기 조성도

· 강사/교재와 학습자 간의 상호 부합도(수준 일치 여부)

· 운영상 미흡했던 점

〈강사와 관련하여〉

· 정량화 할 수 있는 결과(만족도, 유익도, 이해도 등)

· 이해할 수 있었던 점/이해 할 수 없었던 점

· 강의 진행 방식(토의 횟수, 토론 참여 및 피드백, 상호작용 등)

· 내용 해석 스타일(해설 중심인가? 사례 중심인가? 전체적인가? 핵심내용
  중심인가?)

· 강의장 연출(학습 분위기 만들기, 지적하는 방법 등)

〈학습자와 관련하여〉

· 전체 학습자의 지적 수준과 특징(가능하면 타사, 타 부문, 혹은 과거 학습
  자와 비교하여)

· 논의의 적극성

· 학습에 임하는 자세

· 특히 인상에 남는 학습자

  평가 기준 설정이 현실적으로 다소 어려운 부분이 있지만 일반적으
로 다음과 같은 기준을 설정하는 것이 무난하다.

· 당초 설정(기대)했던 목표 수준과의 비교

· 과거 시행했던 교육과의 비교

· 업계 평균 수준과의 비교

· 절대 기준

　평가 항목이나 평가 기준은 자주 변경하지 않는 것이 바람직하다. 특히 정량 평가가 주를 이루는 설문 조사는 과거 교육과 비교하고 타 부문, 타 계층과의 비교하는 경우가 많은데 이러한 평가를 지속 가능 하려기 위해서도 평가의 기준과 항목을 유지하는 것이 필요하다.

　타사 특히 경쟁사와 동일한 평가 척도를 가지고 교육을 평가한다면 자사의 조직원들이 타사보다 어느 정도의 역량 수준인지를 비교 분석할 수 있다. 이러한 분석 자료를 바탕으로 자사의 교육을 기획할 수 있기 때문이다. 이렇게 일관되면서도 용이한 평가 항목과 평가 기준에 따른 학습자 정보와 자료가 있다면 처음 강의를 하게 되는 강사에게 학습자의 파악과 강의를 설계하는데 도움을 준다.

　마찬가지로 강사에 대한 평가도 일관적인 평가 항목과 평가 기준이 있는 정보와 자료가 있다면 교육담당자가 강사를 선정할 때에 많은 도움이 될 것이다. 강사를 처음 초빙하게 되어 강사에 대한 정보를 전혀 모르는 가운데 강의를 시작하는 것은 마치 교육담당자가 복권을 사는 경우와 마찬가지고 교육 성과를 예측하기 힘들다. 그렇지만 강사에 대한 지속적인 평가와 자료를 축적하고 있다면 이러한 불확실성은 어느 정도 해소할 수 있다.

6) 교육 평가의 시기 교육에 대해 평가하는 시점은 크게 세 기간으로 나눠볼 수 있다. 교육 기간 중, 교육 종료 직후, 교육 후 일정 기간 후 이렇게 세 가지이다. 교육 기간 중이란 일정 기간에 거쳐 교육이 이루어질 경우 도중에 평가 정보를 모아 나머지 교육 기간에 반영하기 위해서이다(이를 형성평가라고 한다). 많은 교육이 여러 강사에 의해 진행하는 경우가 많으므로 평가 후 다른 강사가 교육을 담당하게 되는 경우 후임 강사는 교육에 대한 매우 유용한 정보를 얻게 된다. 현장 교육담당자로부터 직접 교육에 참석한 학습자들에 대한 특성과 호응도, 기타 유의하여야 하는 정보를 얻게 되므로 강의를 활성화하는데 상당한 도움 된다. 다만 이후도 교육을 계속 진행하기 때문에 학습자들은 강사와 교육담당자를 생각해 평가를 좋게 주려는 성향이 강해지기도 한다.

교육(강사의 강의)이 종료된 직후의 평가는 그 자리에서 학습자에게 설문지를 나눠주고 응답을 받는 즉시 설문지를 회수한다. 학습자 입장에서는 강의에 대한 느낌과 기억이 생생한 상황이므로 솔직한 반응을 얻을 수 있다. 단점으로는 교육이 끝나면 학습자는 빨리 강의장을 벗어나고 싶은 심정이기에 성의껏 시간을 가지고 답변을 하지 않을 수도 있다는 점과 강의 장소와 강의 즐거움에 따라 평가가 큰 영향을 받는다는 점이다. 따라서 엔터테인먼트적인 교육의 경우 강의 점수가 높게 나오지만 과연 이 점수가 교육의 목표 달성을 의미하는 것인지 의문이 남는다. 대부분 마음이 급한 학습자를 대상으로 평가를 하다 보니 시간도 부족해 정량적인 평가는 어느 정도 돼도 정성적인 평가는 양질의 의견을 모으기가 힘든 경우가 많다.

교육 후 일정 기간 후에 시행하는 평가는 학습자가 냉정하게 과거 교육을 되돌아볼 수 있는 여유가 있기 때문에 솔직한 의견을 모으기 쉽다. 또한 교육 후 현업에 복귀하여 일을 하는 가운데 교육을 통해 배운 내용이 현업에 어떻게 적용되고 있고 될 수 있는지에 대한 의견을 들을 수 있다. 교육의 본래 목적이 교육 장소에서의 만족보다는 현업에서의 적용이 더 큰 목적이기 때문에 이러한 목적은 현업에 복귀하여 일해 보지 않으면 목적 달성 여부를 알 수 없는 부분이다. 또한 일정 기간 후 재차 학습 내용을 돌아 볼 수 있는 기회가 생겨 학습 효과를 지속시키는 효과도 기대해 볼 수 있다.

구체적인 평가 시기는 교육 실시 후 너무 가까워도 실무 적용 기회가 부족할 것이고 만약 너무 교육 기간과 멀리 떨어지게 되면 교육에 대한 기억이 희미하여 교육 내용을 잘 생각 못 할 수도 있다. 대체로 교육 후 4~6주 후가 적절하다. 그렇지만 일정 기간 후의 평가의 단점은 학습자가 곳곳에 흩어져 설문 회수나 인터뷰가 곤란하다는 점이다. 그러나 이메일과 구글 혹은 네이버 온라인 설문으로 조사는 점점 손쉬워지고 있다.

위에서 제시한 평가 시점에 따른 장단점을 이해하고 그 효과와 사용 가능한 비용과 시간을 고려하여 어떠한 식으로 평가구조를 가져갈지를 구상하여야 한다. 평가 정보는 가능한 한 관련 당사자들에게 공개하는 것이 좋다. 많은 강사가 자신의 강의에 대해 학습자와 교육담당자로부터 어떠한 평가를 받았는지를 궁금해한다. 비록 기분이 나쁠 수 있는 평가 내용이 있다 하더라도 지속적인 강의 발전을 위해 평가 내용이 도움이 된다는 것을 누구보다도 잘 알고 있다.

교육당일 설문의 예

교육설문　　실시일 :　　　 /　　 /　　　교육명 :　　　　　　　　　강사명 :

1. 당신에게 본 교육은 유익하였는가?

　　　　　　　　　　　유익하지 않다 ① ② ③ ④ ⑤ 유익하다

2. 본 교육에서 실무에 도움이 될만한 부분을 기술하시오.

3. 당신은 본 교육내용을 충분히 이해하였는가?

　　　　　　　　　　　이해하지 못했다 ① ② ③ ④ ⑤ 이해하였다

4. 본 교육에서 이해된 부분을 간략히 기술하시오.

5. 본 교육에서 충분히 이해되지 않은 않은 부분은 무엇인지 기술하시오.

6. 금번 교육을 이해하는데 시간은 충분하였는가?

　　　　　　　　　　　부족했다 ① ② ③ ④ ⑤ 적당했다

7. 교육 진행 속도가 내용을 이해하는데 적절했는가?

　　　　　　　　　　　빨랐다 ① ② ③ ④ ⑤ 적절했다

8. 강사의 강의방법 : 진행은 만족스러웠나?

　　　　　　　　　　　불만족스럽다 ① ② ③ ④ ⑤ 만족스럽다

9. 강사의 강의방법 : 진행에 대하 의견을 기술해주세요.

10. 교재의 실습은 교육내용을 이해하는데 유익하였는가?

　　　　　　　　　　　유익하지 않았다 ① ② ③ ④ ⑤ 유익했다

11. 사전 학습내용은 교육내용을 이해하는데 충분했는가?

　　　　　　　　　　　불충분했다 ① ② ③ ④ ⑤ 충분했다

12. 사전 학습내용은 교육내용을 이해하는데 유익하였는가?

　　　　　　　　　　　유익하지 않았다 ① ② ③ ④ ⑤ 유익했다

7) 설문조사 결과 활용 시 유의점 교육담당자는 교육 직후 설문조사만을 가지고 강사를 평가하는 것은 매우 위험하다. 간혹 교육담당자가 강의 현장에 가보지도 않고 학습자에 의한 설문 결과만을 가지고 강사 교체를 요구하는 경우도 있는데 결코 간단히 생각할 문제가 아니다. 왜냐하면 학습자의 강의 직후 설문의 경우 강사 외에 다양한 변수가 영향을 미치기 때문이다. 강사들의 경우 동일한 내용을 여러 기업에 출강하여 강의하는 경우가 많다. 동일한 강사와 내용일 경우 적정 학습자 수와 학습에만 전념할 수 있는 강의실과 시설들이 갖추어진 곳에서 강의할 때와 수백 명을 대상으로 공연장 같은 곳에서 강의할 때의 강의 평가는 서로 다를 수 있다.

학습자들은 강사의 강의 내용 외에도 학습 환경에도 민감하게 반응하기 때문이다. 또한 교육담당자의 교육 운영이 미흡할 경우도 낮은 교육 평가로 이어질 수 있다. 또한 강의 내용이 무엇이냐에 따라 평가에 차이가 있을 수도 있다. 커뮤니케이션 과정과 같이 내용이 소프트한 과정의 경우 학습자의 감성을 자극할 수 있는 부분이 많고 내용이해가 용이해 높은 점수를 얻기가 쉽다. 하지만 재무 실무와 같은 수치를 다루는 과정의 경우 비교적 낮은 평가 점수를 주는 경우가 많다.

따라서 학습자를 대상으로 한 설문조사의 경우 맹목적인 과신을 해서는 안되고 교육담당자 스스로 과정과 강사를 평가할 수 있는 안목을 지니는 것이 중요하다. 또한 교육담당자는 평가에 대한 다양한 도구와 기법을 숙지하고 이를 활용할 수 있는 전문성을 갖추어 가야 한다.

8) 연말 인재개발의 평가 방법 각각의 교육 과정 평가 외에 HRD 부서에서 또 평가해보아야 할 부분이 있다면 연간 교육 운영에 대한 전반적인 평가라고 할 수 있다. HRD 부서의 인재개발에 대한 평가의 주요 내용은 기업과 조직이 당면한 과제를 어떻게 교육이 지원하고 성과 창출에 기여했는지를 평가하는 것이다.

인재개발의 목적과 전략이 타당했는지를 검증할 수 있는 평가면 적절한데 가장 중요한 점은 조직 차원의 교육 요구에 어떻게 대응하였고 그 결과 어떠한 결과를 가져 왔는가이다. 따라서 인재개발 평가지표는 다음과 같이 구분해 볼 수 있다.

인재개발 평가 지표

평가 지표	내 용
교육에의 공헌	• 교육 요구를 평가 체크리스트에 반영 • 이의 도달 상황, 습득 상황의 변화치를 표시
인재개발 목적 달성도	• 목적내용에 합당한 4~10개의 구체적 항목을 제시한다 • 평가방법을 평가자가 합의하고, 코멘트를 병기
인재개발 방법과 타당성	• 기간 내 실시한 인재개발활동을 개인별로 평가 • 성과로 직결되는 교육 방법을 주목하여 검토 • 타당한 방법이 있는지 코멘트
인재개발 과제의 해결	• 인재개발의 과제를, 평가시점에서 정리한다 • 이후 과제해결 방향에 대한 제안

각 평가 지표에 대해서 현재 상황이 어느 정도 개선되었는지를 명확히 제시해야 한다. 구체적으로는 이러한 지표의 내용을 세분화해 그 항목 마다 평점과 코멘트를 병기하면 좋다. 인재개발 평가 지표와 그 내용은 다음과 같다.

① 교육 요구에 대한 공헌

이 항목에서는 교육의 요구 사항을 명확하게 기술하는 것이 중요하다. 예를 들면, 사고 발생 원인 중에서 지식 습득과 기능 숙달과 관련된 항목을 정리해 놓고 그 달성도의 변화 추이를 시기별로 점검해야 한다. 이러한 원인으로 인해 발생하는 사고가 감소하였는지 확대되었는지를 명확하게 판단해야 한다. 물론 이러한 결과가 평가 연도 내에 나온다고는 할 수 없지만 지속해서 관찰하여야 하는 내용을 정리해놓고 시기별로 평가하는 방법이 적절하다.

② 인재개발 목적 달성도

이 항목을 평가하기 위해서 우선 인재개발 목적을 구체적으로 기술하지 않으면 안 된다. '공장 제조 직종에 해당하는 작업자의 품질 의식을 고양한다'라고 하는 교육 목적을 세웠다고 할 경우 대상자가 명확하지 않기 때문에 대상자의 소속, 직제, 대상자 수를 명확하게 하고 이들 대상마다 요구되는 품질 의식을 기재해 놓는 것이 좋다. 그리고 이들 대상자의 인재개발 전과 후의 역량과 의식 변화 정도를 평가해야한다. 한 가지 교육 목적에 4~10개 정도의 구체적인 평가 항목을 정해 평가하면 쉽게 파악할 수 있다. 평가 방법의 경우 평가자가 이해 당사자들과 합의를 통해 결정하되 이때 도출된 다양한 의견은 코멘트로 병기해 놓아야 한다.

③ 인재개발 방법의 타당성

이 항목에 대한 평가는 평가 기간 내에 실행된 모든 인재개발 활동을 열거하고 각각의 활동에 대한 평가를 진행한다. 특히 성과 있는 교육 방법이었는지 아닌지를 검토하고 이보다 더 타당한 방법이 있다면 함께 코멘트를 병기한다.

④ 인재개발 과제의 해결

이 항목은 인재개발 그 자체가 안고 있는 과제를 평가 시점에서 정리한 후 향후 어떻게 접근하여 문제를 해결할 것인가를 제안한다. 인재개발에 대한 전반적인 내용을 제안할 수 있는데 일부 제안에는 구체적이지 않고, 실현이 어려우며 별 의미가 없는 것이 포함될 수 있으므로 참고 제안 정도로 다루는 것이 좋다.

교육 평가 설문지 사례

1) 교육 설문 유형 – 교육 전반에 대한 설문 사례

교육은 어떠하였습니까? 다음의 (1)~(33)의 각 항목에 대해 해당하는 것에 ○표를 해 주세요.

[교육의 운영에 대해]

(1) 교육 환경은 좋았다.

(2) 강의장 레이아웃은 교육 내용에 맞게 잘 조성되었다.

(3) 교통편이 좋았다.

(4) 교실이나 비품 등은 사용하기 쉬웠다.

(5) 교육 운영 담당자는 친절하고 정중하게 학습자를 대해주었다.

(6) 교육 프로그램의 운영은 순조로웠다.

(7) 사전 연락이나 안내 등의 정보는 적절했다.

(8) 교육 운영이 학습자 중심으로 이루어졌다.

(9) 교재나 배포 자료 등은 적절했다.

(10) 생활 관련한 시설(숙박. 휴게실 등)은 좋았다.

[교육 내용에 대해]

(11) 교육 중 각 강의 주제는 적절하였다.

(12) 교육 목적이 명확하고 현실적이었다.

(13) 교육 프로그램 학습에 몰입시키는 요소가 있었다.

(14) 연습, 실습 등 실천적 교육이었다.

(15) 원하던 내용을 학습할 수 있었다.

(16) 현장에 도움되는 내용이었다.

(17) 내용의 수준은 적절했다.

(18) 학습자끼리 교류를 할 수 있도록 배려하였다.

[강사에 대해]

(19) 열의를 가지고 강의하였다.

(20) 학습자를 존중하면서 지도하였다.

(21) 이해하기 쉬운 말투였다.

(22) 어려운 것을 친절하게 설명해 주었다.

(23) 틀리기 쉬운 부분을 잘 설명해 주었다.

(24) 처음부터 마지막까지 집중해 들을 수가 있었다.

(25) 쉬운 것부터 점점 어려운 것으로 설명해 주었다.

(26) 다채로운 교수법을 구사하고 있었다.

(27) 교재, 텍스트가 충실했다.

(28) 강사는 해당 주제에 대해서는 최적의 전문가였다.

[학습자에 대해]

(29) 학습자는 의욕적으로 학습에 임하였다.

(30) 학습자의 수강 태도가 좋았다.

(31) 적극적인 발언이나 질문이 많았다.

(32) 연습 과제 등 준비에 열심이었다.

(33) 학습자끼리 교류가 활발했다.

그 외 의견, 요구 사항을 기술해 주세요.

2) 교육 설문 유형 - 교육 운영, 내용, 강사, 학습자에 대해 설문 사례

교육에 관해 기술한 다음의 각 항목에 대해, ①~⑤의 숫자를 (   )안에 기입해 주세요.

① 전혀 그렇게 생각하지 않음 ② 그렇게 생각하지 않음 ③ 어느 쪽이라고도 할 수 없음 ④ 그렇게 생각함 ⑤ 완전히 그렇게 생각함

[교육의 운영에 대해]

(1) 교육 환경은 좋았다. (   )

(2) 강의장 레이아웃은 교육 내용에 맞게 잘 조성되었다. (   )

(3) 교통편이 좋았다. (   )

(4) 교실 내 비품 등은 사용하기 쉬웠다. (   )

(5) 교육 운영 담당자는 친절하고 정중하게 학습자를 대해주었다. (   )

(6) 교육 프로그램 운영은 순조로웠다. (   )

(7) 사전 연락이나 안내 등의 정보는 적절했다. (   )

(8) 교육 운영이 학습자 중심으로 이루어졌다. (   )

(9) 교재나 배포 자료 등은 적절했다. (   )

(10) 생활 관련한 시설(숙박. 휴게실 등)은 좋았다. (   )

[교육 내용에 대해]

(11) 교육 중 각 강의 주제는 적절하였다. (   )

(12) 교육 목적이 명확하고 현실적이었다. (   )

(13) 교육 프로그램 학습에 몰입시키는 요소가 있었다. (   )

(14) 연습, 실습 등 실천적 교육이었다. (   )

(15) 원하던 내용을 학습할 수 있었다. (   )

(16) 현장에 도움되는 내용이었다. (   )

(17) 내용의 수준은 적절했다. (   )

(18) 학습자끼리 교류를 할 수 있도록 배려하였다. (   )

[강사에 대해]

(19) 열의를 가지고 강의했다. (   )

(20) 학습자를 존중하면서 지도하였다. (   )

(21) 이해하기 쉬운 말투였다. (   )

(22) 어려운 것을 친절하게 설명해 주었다. (   )

(23) 틀리기 쉬운 부분을 잘 설명해 주었다 (   )

(24) 처음부터 마지막까지 집중해 들을 수가 있었다. (   )

(25) 쉬운 것부터 점점 어려운 것으로 설명해 주었다. (   )

(26) 다채로운 교수법을 구사하고 있었다. (   )

(27) 교재, 텍스트가 충실했다. (   )

(28) 강사는 해당 주제에 대해서는 최적의 전문가였다. (   )

[학습자에 대해]

(29) 학습자는 의욕적으로 학습에 임하였다. (   )

(30) 학습자의 수강 태도가 좋았다. (   )

(31) 적극적인 발언이나 질문이 많았다 (   )

(32) 연습 과제 등 준비에 열심이었다. (   )

(33) 학습자끼리 교류가 활발했다. (   )

3) 교육 설문 유형 - 특히 교수법에 관한 설문 사례

교육을 되돌아 본 후, 다음의 (1)~(10) 항목에 대해 ①~⑤의 숫자를 응답란에 기입해 주세요.

① 전혀 생각하지 않음 ② 그렇게 생각하지 않음 ③ 어느 쪽이라고 도 할 수 없음 ④ 그렇게 생각함 ⑤ 전적으로 그렇게 생각함

(1) 학습 내용이 풍부해서 좋았다. (　)

(2) 학습 내용의 수준은 적절했다. (　)

(3) 목소리가 명료해 잘 들을 수 있었다. (　)

(4) 내용 설명의 방법, 강의 전개 방법이 좋았다. (　)

(5) 강의 진행 속도가 적절했다. (　)

(6) 강사와 학습자 간의 교류가 있었다. (　)

(7) 화이트보드에 쓰는 방법은 좋았다. (　)

(8) 교재나 교과서 이용이 적절해 이해에 도움이 되었다. (　)

(9) 이 교육은 가치가 있는 것이었다. (　)

(10) 흥미와 관심을 갖고 의욕적으로 수강할 수 있었다. (　)

그 외 좋았던 점이나 나빴던 점, 요구 사항 등을 자유롭게 기술해 주세요.

4) 교육 설문 유형 - 교육 내용에 기반해 상세하게 설문 한 사례

'성공적인 강의법과 교육 설계' 과정에 대한 설문

1. 세미나를 통해 학습한 다음의 각 내용들에 대해 아래의 5단계 척도를 기준으로 항목별로 ○표 해 주시기 바랍니다.

(5 매우 좋음, 4 좋음, 3 보통, 2 좋지 않음, 1 매우 좋지 않음)

(5 4 3 2 1) ① 좋은 강의란

(5 4 3 2 1) ② 강의의 이점, 단점

(5 4 3 2 1) ③ 강의를 잘한다는 것

(5 4 3 2 1) ④ 강의법의 성공 원칙

(5 4 3 2 1) ⑤ 강의법에 관한 노하우

(5 4 3 2 1) ⑥ 강의 개선 방법

2. 당신은 이 세미나에서 다음의 목적을 달성할 수가 있었습니까? 5단계 척도를 기준으로 항목별로 ○표를 하여 주시기 바랍니다.

(5 잘 할 수 있음, 4 할 수 있음, 3 보통, 2 할 수 없음, 1 전혀 할 수 없음)

(5 4 3 2 1) ① 강의법의 특징, 장점, 단점을 설명할 수 있다.

(5 4 3 2 1) ② 좋은 강의의 원칙을 활용해 강의 방법을 고안해 낼 수 있다.

(5 4 3 2 1) ③ 실제 강의 시 개선된 방법을 활용할 수 있다.

3. 당신은 세미나를 마친 후 학습 전 기대했던 학습목표를 달성할

수 있었습니까?

□ 전부 달성할 수 있었다
□ 상당히 달성할 수 있었다.
□ 보통이다.
□ 대체적으로 달성할 수 없었다
□ 거의 달성할 수 없었다

4. 그 외, 본 세미나에 참가하고 느꼈던 것이 있으시면 자유롭게 기입해 주세요

4) 교육 설문 유형 – 수강 전과 후를 비교한 설문 예

교육 프로그램 설문

아래와 같은 (1)~(15)의 항목에 대해 교육 수강전과 수강 이후에 어떻게 변화하였는가? 다음 ①~⑤까지의 척도에 해당하는 숫자를 기입해 주세요.

① 전혀 그렇게 생각하지 않는다 ② 그렇게 생각하지 않는다 ③ 어느 쪽이라고도 할 수 없다 ④ 그렇게 생각한다 ⑤ 완전히 그렇게 생각한다.

	수강 전	수강 후
(1) 왜 능력개발 업무가 필요한가?	( )	( )
(2) 교육 훈련이란 무엇인가?	( )	( )
(3) 능력개발의 체계적, 이론적인 정리 핵심요령	( )	( )
(4) 인재육성의 실례	( )	( )
(5) 인재육성 계획, 인재육성 체제	( )	( )
(6) 교육 훈련 프로세스의 원가요소와 각각의 역할과 기능	( )	( )
(7) 학습지도법에 있어서 무엇을 중요시 해야 하는가?	( )	( )
(8) 학습의 종류와 지도 방법	( )	( )
(9) 인재육성의 4개이 방법가 특진	( )	( )
(10) 인재육성 풍토. 환경을 조성하려면 어떻게 해야 할까?	( )	( )
(11) 교육 체계 구성 방법	( )	( )
(12) 인재육성과 평가, 처우의 연계	( )	( )

(13) 인재육성 담당자의 업무는 무엇인가?　　　　　(　) (　)

(14) 인재육성 담당자에게 요구되는 사고, 업무의 방법은? (　) (　)

(15) 직장 내 문제와 본 강좌 내용과의 연관관계　　　(　) (　)

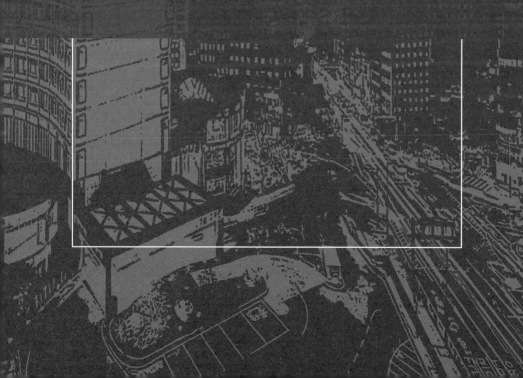

4장

사내 강사로서
HRD 담당자

　회사 안팎에서 이루어지는 수많은 교육 프로그램 중 일부는 교육담당자를 통해 강의가 이루어진다. 신입사원을 대상으로 하는 조직 소개에서부터 가벼운 주제의 강의의 경우 전문 강사에 의뢰하지 않고 교육담당자가 교육을 준비해 강의를 진행하는 것도 교육 역량을 강화하는 좋은 기회이다.

　HRD 담당자는 수행해야 할 여러 업무 중에 강의도 중요한 업무로 자리매김하고 있다. 많은 교육담당자가 장기적인 비전으로 사회에 나가 전문 강사를 꿈꾸는 사람들도 있어서 사내외적으로 강의 기회가 주어진다면 적극적으로 임하는 자세가 필요하다. 강의의 역할은 다른 업무와는 달리 학습자를 상대로 하는 특수 업무이다. 따라서 혼자서 하는 다른 사무 업무와는 달리 성공적인 강의에 필요한 역량을 습득하여야 한다.

사내 강의의
실제

4 - 01.

성공적인 사내 강사가 되기 위해서는 이 일의 의의와 목적을 올바르게 이해하지 않으면 안 된다. 각 교육의 목적을 정확히 이해하고 자신이 강의하는 내용을 통해 학습자들의 경영성과를 달성에 도움이 될 수 있어야 한다는 뚜렷한 사명 의식도 필요하다.

사내 강사의 조건과 역할

1) 사내 강사 업무의 의의   조직에서 사내 강사라고 할 때 각 해당자는 자기 일에 대해 갖는 가치관이 다를 수 있다. 조직에 따라 자신이 전임 강사인 경우도 있지만 다른 업무와 겸임으로 하는 교육담당자도 많다. 또 윗선에서 시켜 어쩔 수 없이 하는 사람도 있고 강의를 자신의 천직으로 생각하는 사람도 있다. 하지만 대부분의 조직에서 HRD 담당자들은 자신의 주 업무가 기획이든 운영이든 상관없이 강사가 되어 강의를 해야 하는 경우가 다반사이다. 자신이 강의를 하게 된 이유가 어떠하든 조직 발전에 도움이 되기 위해서는 강의에 대한 기본 이해와 함께 기본 스킬을 숙지하고 있어야 한다.

강의하게 된 사내 강사 모두가 유념해야 하는 사항은 바로 '교육은 경영 활동에 필요한 인재육성을 위해 실시된다'는 점이다. 기업은 사업 다각화, 글로벌화, 기술 개발, 시장 요구 사항의 다양화, 노동 구조의 변화 등 급변하는 경영환경에서 변화에 유연하게 대응하며 동시에 강한 조직을 만들어가지 않으면 안 된다. 이를 위해 조직은 조직 전략을 통해 지속적인 경쟁력 우위를 확보하고 동시에 이를 실현할 수 있는 인재를 확보하여야만 한다. 이러한 인재의 확보는 채용을 통해 이루어질 수도 있지만 내부의 인력양성을 통해 이루어지기도 한다. 사내 강사는 이러한 인재육성에 핵심적인 역할을 수행하고 있다는데 큰 의의를 찾을 수 있다. 그리고 조직 내 사내 강사가 필요한 이유는 다음과 같이 정리할 수 있다.

· 보다 업무 현장에 적합한 교육의 필요성
· 프레젠테이션 기술 향상의 필요성
· OJT와 집합교육의 연동 필요성
· 조직 문화 혁신 필요성
· 학습자와의 일체감을 높일 필요성

2) 사내 강사의 역할 사내 강사의 가장 큰 역할은 학습자의 학습을 지원하는 것이라고 할 수 있다. 학습자들이 교육을 통해 교육 이전보다 더 좋은 아이디어와 효과적인 행동을 찾아내 자신의 업무에 적용할 수 있도록 이끄는 것이 주된 역할이라 할 수 있다.

사내 강사는 경영활동의 한 책임자가 되어 조직 전략과 조직 목표를 실현할 수 있는 능력을 갖춘 인재를 육성할 것을 조직은 기대한다. 이러한 기대에 부응하기 위해서 사내 강사는 필요한 기한 내에 요구하는 능력을 갖출 수 있도록 학습과 필요 활동을 하게 만드는 책임이 있다. 즉, 강의를 통해 조직원의 현재의 지식, 기능, 생각, 의식, 가치관 등에 변화를 주어 좀 더 뛰어난 그리고 효과적인 생각과 행동을 찾아 이를 실행하도록 지원하는 것이 주요 임무이다.

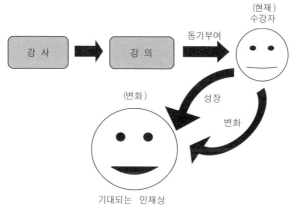

강사의 역할

사내 강사들의 노력 중에는 학습자들이 학습에 몰입하고 참여하도록 하는 것인데 지나치게 학습자의 주의를 끌기 위하여 흥미만을 추구한다면 교육의 진정한 목적을 벗어날 수가 있다. 재미있지 않으면 강사로서 적합하지 않다고 생각할 수 있지만 이는 잘못된 생각이다. 그렇다고 강사가 재미없이 지식만을 전달하는 것으로 자신의 역할을 다했다고 할 수도 없다. 중요한 점은 학습자들이 단지 지식을 아는 수준에 머물러 있게 해서는 안 된다는 점이다. 배운 지식을 행동으로 옮기고 이를 업무에 적용할 수 있도록 만들고 학습자를 지원하는 것이 사내 강사의 역할이라고 할 수 있다. 다음은 사내 강사가 자신의 역할을 완수하기 위해 유의해야 할 점들이다.

첫째, 학습자 중심으로 강의를 전개해나가야 한다. 강의는 '학습자를 중심으로 이들의 요구에 맞춰 교육을 진행하는 것'이 원칙이다. 강사의 의도가 학습자의 능력, 사고의 변화, 그리고 문제의 해결이라고 할지라도 결과적으로는 학습자의 현재 상태와 기대치 간의 차이를 메우려는 노력이다. 따라서 모든 강의의 중심에 학습자가 있다는 것을 명심해야 한다.

둘째, 학습자의 현재 상태로부터 시작한다. 학습자 중심의 강의를 위해서는 우선 학습자의 현재 지식, 능력, 생각, 행동의 수준을 그대로 받아들여야 한다. 학습자의 능력을 무시하거나 현재 상태에 부정적이면 아무리 좋은 강의를 한다고 할지라도 학습자 또한 부정적인 태도를 견지한다. 따라서 학습자의 현재 상태를 있는 그대로 받아들이고 이를 어떻게 개선할 것인가를 학습자 입장에서 진지하게 생각해보아야 한다.

3) 사내 강사에게 요구되는 조건 조직 내 사내 강사로서 갖추어야 할 조건과 자질에 대하여 열거한다면 매우 폭넓게 제시할 수 있다. 이 중 실무적인 열 가지 항목만 정리한다면 다음과 같다.

· 문제감지 능력(문제를 파악하는 능력)
· 문제구성 능력(문제를 이론화하는 능력)
· 문제의 정의, 대안제시 능력
　(설명하여 이해시키는 동시에 대책을 수립하는 능력)

· 교육기법 활용 능력(교육실무능력)

· 역할의식의 확립(역할의식 명료화)

· 학습자에 대한 애정과 교육에 대한 열정(애정과 열정 소지)

· 개인적 매력(매력 만들기)

· 끌어들이기 능력(주위의 협력을 이끌어내는 능력)

· 조직 목표와 교육 성과를 일치시키는 능력

  (조직 목표의 이해와 교육 프로그램 기획력)

· 자기 계발 의욕(자기 계발 실행력과 지속력)

① 문제감지 능력(문제를 파악하는 능력)

조직, 특히 기업활동이란 것이 지속적인 문제 해결의 과정이라고 할 수 있다. 기업은 환경변화에 적응해야 하는 유기체와 같은 존재이고 적응하기 위해서는 구체적인 변화를 요구한다. 기업 경영의 기본 방침은 쉽게 변하지 않지만 이 기본 방침을 지키기 위한 판단의 잣대는 시대 변화에 대응해 변화한다. 이 과정에서 다양한 문제가 발생하고 교육이 필요하다.

이러한 환경 속에서 사내 강사로서 HRD 담당자들은 문제와 교육 요구를 감지할 수 있어야만 책임을 완수할 수 있다. 상황의 필요점을 스스로 감지할 수 있는 능력이 없다면 사내 교육을 실행하는데 열정이 생기지 않고 수동적으로 된다. 문제를 감지히기 위한 한 가지 방법은 자사를 둘러싸고 있는 미래 환경을 추측해보는 것이다. 미래 환경과 현실을 비교해 보면 문제를 쉽게 감지할 수 있고 현 상황에서의 자사의 강점과 약점을 어느 정도 파악할 수 있게 돼 대책을 강구할 수 있는 교육을 기획할 수 있다.

② 문제구성 능력(문제를 이론화하는 능력)

문제가 있다는 것을 감지하였다면 문제의 배경을 파악하고 문제를 구체화하여야 한다. 사내 강사의 경우 다른 사람에게 문제를 자신이 아는 것보다 더 명확히 이해시키고 자기보다 다른 사람들이 더 잘 할 수 있게 해야 한다. 따라서 문제를 명확히 문장화하는 것은 물론 자신이나 타인의 경험에 대해 구체적으로 문장화할 수 있는 능력이 있어야 한다. 이러한 일을 할 수 있을 뿐만 아니라 좋아해야만 사내 강사로서 만족스럽게 일을 할 수 있다.

③ 문제 정의, 대안제시 능력(설명하여 이해시키는 동시에 대책을 수립하는 능력)

문제를 명확히 정의하였으면 원인을 분석하여 구체적인 대응책을 마련하는 능력이 요구된다. 이때 현장 실태의 파악 및 조사, 현장 관리 감독자와의 의견 교환, 현장에서의 정보 수집 능력이 있어야 한다. 교육담당자가 아니라 현장 책임자 입장에서 문제를 바라보고 실제 자신이라면 어떻게 현장의 문제를 해결할지 대안을 제시할 수 있어야만 교육에서 많은 호응을 얻어낼 수가 있다.

④ 교육기법 활용 능력(교육실무 능력)

문제를 감지하고 그 내용을 명확히 하여 대안을 마련하였다면 그다음에는 조직원들에게 그것을 이해시키고 행동하게 하는 기술이 필요하다. 사내 강사로서 매우 중요한 자질이지만 실제 다른 사람을 이해시키고 행동하게끔 하지 못하는 경우가 많다. 하지만 조직에는 규정이 있고 방침과 목표가 존재한다. 주위의 여건과 강사로서의 기본 스킬만 있으면 교육의 성과는 눈에 띄지 않지만 서서히 오랜 기간에 거쳐 효과를 보일 수 있다. 또한 교육 실무 능력은 강의를 지속함으로써 그 실력이 증가한다. 강사로서는 점점 강의에 대한 자신감과 흥미를 갖게 되는 것이다.

강의 시 강의 기법 활용 능력을 함양하기 위해서는 첫째, 능력 있는 강사의 강의 기법을 잘 보고 배워야 한다. 자신이 학습자로 강의에 참여할 때 다른 강사들은 어떻게 강의를 진행하는지 내용과 기법에 관심을 기울여야 한다. 둘째, 전통적인 강의기법을 자신만의 것으로 소화하여야 한다. 같은 교육을 모두 똑같은 방법으로 장시간 하는 것보다 조금 변화를 주면 학습자들도 활기를 띠게 된다.

⑤ 역할의식의 확립(역할의식 명료화)

역할은 크게 두 가지 관점에서 접근해야 한다. 한 가지는 학교 선생님의 역할이다. 학생들의 인격과 올바른 가치관과 인격을 갖출 수 있는 점을 강조하는 역할이다. 다른 역할은 교육담당자로서 역할이다. 교육담당자의 역할은 조직원의 역량 개발을 통한 조직 성과 향상에 더 많은 관심이 있다. 이 두 가지 입장이 잘 균형을 이루도록 역할을 수행하여야 한다.

사내 강사는 지금 자신의 눈 앞에 있는 학습자에게 무엇을 해줄 수 있는지를 항상 생각해 보아야 한다. 이때 강사 자신의 성장을 위해 이 일은 어떠한 도움이 되는지도 함께 생각해보는 것이 좋다.

⑥ 학습자에 대한 애정과 교육에 대한 열정(애정과 열정 소지)

학습자에게 애정을 갖게 되었다면 그 교육의 반은 성공하였다고 해도 과언이 아니다. 강사, 학습자 모두 사람이기 때문에 좋고 나쁜 감정을 가질 수 있다. 또 서로 좋고 싫은 것은 신기할 정도로 상대방에게 잘 전해지며 이러한 감정은 교육에 그대로 나타난다.

교육에서 좋아하는 스타일의 학습자만 상대할 수는 없다. 강사로서는 모든 학습자를 좋아할 수 있는 자질, 즉 수용의 자질이 필요하다. 학습자를 무시하고 업신여긴다면 교육은 실패할 확률이 높다. 학습자들의 자질이 갈수록 높아지는 상황에서 학습자들은 무조건 순응하고 맹목적으로 반응하지 않기 때문이다. 학습자에 대한 애정과 함께 강사로서 자신의 업무에 의욕과 열정을 갖는 것 또한 매우 중요하다. 강사 활동과 업무가 자신의 의지로 된 것이 아니라서 매사 의욕이 없고 이러한 느낌이 학습자에게 전이된다면 그 이상 불행하고 가치 없는 일도 없을 것이다. 일단 사내 강사로서 임명되면 개인의 의도가 어찌 되었든 학습자에 대한 수용적인 입장과 일에 대한 의욕을 갖지 않으면 강사로서 자격은 없다.

⑦ 개인적 매력(매력 만들기)

사내 강사의 대외적인 자격, 학력, 경력 등도 중요한 매력 요소지만 무엇보다 중요한 점은 자신만의 인간적인 매력이 있어야 한다는 점이다. 매력은 강의 일을 통해 얼마든지 쌓을 수 있다. 또한 강의 업무가 좋아 의욕적으로 일을 하면 점점 인간적인 매력을 갖게 된다. 사내 지위가 높고 소위 명문대학을 나온 것, 또 과거 경력 등 다른 사람에게 매력적으로 보이는 이력을 갖춘 강사는 많지만 여기에 인간적인 매력까지 갖춘 완벽한 강사는 쉽게 보기가 힘들다. 따라서 강사는 뭔가 한두 가지 자신만의 고유한 매력을 갖도록 자기 계발이 필요하다.

자신만의 매력을 가지려면 '좋아하면 잘하게 된다'라는 생각으로 한 가지 자신이 좋아하는 일을 꾸준히 개발시켜 회사 안팎에서 인정을 받을 수 있도록 노력하는 자세가 필요하다. 한 가지에 포함될 수 있는 내용은 자신의 업무를 포함하여 각종 취미 활동, 전문 지식이나 자격, 예술적인 활동 등이 모두 포함될 수 있다.

⑧ 끌어들이기 능력(주위의 협력을 이끌어내는 능력)

사내 강사는 세일즈맨이 되어야 한다. 사내 강사는 대학교수나 연구원과 같이 연구실에서 연구만 하는 존재가 아니다. 교육 준비 중, 실시 중, 실시 후 그 어느 때라도 주위 이해관계자들로부터 협력을 얻어내고 추후 교육에 참여를 독려하는 교육 세일즈맨이 되어야 한다. 또한 최고 경영자의 관심과 지원을 얻어내기 위한 노력도 기울여 최고 경영자, 일선 현장 관리자 모두 교육 현장에 관심을 갖도록 교섭력을 발휘하여야 한다.

조직 내에서 일반적으로 조직원들은 자신이 관계한 일이나 업적 명예와 연관이 있으면 관심을 보이지만 그렇지 않으면 무관심한 태도를 보인다. 따라서 최고 경영자가 관심을 보이거나 참여한 교육은 일반적으로 최고 경영층으로부터 좋은 평가를 받게 된다. HRD 담당자에게는 상하좌우 관련된 모든 당사자를 참여시키고 끌어들이는 능력, 교육 후 교육 내용을 현장에 전이시키는 능력, 일선 관리자들이 학습자를 자발적으로 파견시키게 하는 능력이 갈수록 크게 요구되고 있다. 5년 전의 교육 체계와 레슨 플랜을 그대로 답습한다면 경영층이나 현장으로부터 환영을 받지 못한다. 지금은 변화의 시대 이상으로 급변하는 시대이다. 과거의 이상적인 인재상이나 교육 체계 모두 변화된 환경에 맞추어 다시 수립하여만 한다. 따라서 사내 강사는 주위 사람들로부터 협력을 잘 끌어내고 이들로부터 도움을 적극적으로 받아야 한다.

⑨ 목표와 성과를 일치시키는 능력(조직목표의 이해와 교육 프로그램 기획력)

사내 강사의 역할이기도 하지만 사내 강사는 최고 경영층의 요구에 대응하여 교육을 전개하는 기획자이자 실행자가 되어야 한다. 조직 내 교육은 다양한 목적을 갖고 기획하지만 가장 일차적이면서 중요한 목적은 조직의 경영 방침 및 전략이 일치하고 그 목적을 달성하게 하는 것이 되어야 한다. 또한 변화하는 환경과 미래 전략에 맞춰 교육도 변화하여야 한다. 교육은 또한 현재의 부족한 역량을 보완하기 위한 것이기도 하지만 미래의 필요 역량을 미리 확보하려는 노력이기도 하다. 교육을 기획하고 운영하면서 항상 PDCA(Plan, Do, Check, Action)의 관리 사이클에 맞춰 추진해야 한다.

일상 업무를 추진하면서 사내 강사는 항상 경영층에서 내건 경영 방침이나 지시사항, 주요 중역 회의에서의 인사말 등에 주의를 기울이고 이를 메모하여 교육에 반영하려는 노력을 기울여야 한다. 본사와 멀리 떨어져 있는 연수원 같은 곳에 근무한다면 본사 주요 경영층의 관심사와 정보를 얻으려는 노력을 기울여야 한다.

⑩ 자기 계발 의욕(자기 계발 실행력과 지속력)

훌륭한 사내 강사가 되기 위해서는 매일 공부를 하여야 한다. 과거의 오랜 경험만으로 할 수 있는 일은 그리 많지 않다. 과거의 좋은 경험은 학습을 통한 새로운 지식과 결합하여 좋은 강의 주제가 될 수 있다. 훌륭한 강사의 밑바탕에는 이처럼 끊임없는 노력과 지식의 탐구 그리고 새로운 강의 스킬에 대한 호기심이 있어야 한다.

나이 많은 강사라고 할지라도 첨단 정보화 기기에 익숙해야 하며 강의 시 활용하는 각종 스마트 앱이나 툴을 잘 다룰 수 있어야 한다. 차별화된 지식 습득을 위하여 외국어에도 관심에 기울여야 한다. 가령, 외서를 보았을 때 어느 정도 그 의미를 파악할 수 있어야 한다.

또한 사내 강사는 일밖에 모른다는 딱딱한 이미지를 가지고 있다면 과감히 이를 탈피하도록 노력을 해야 한다. 다른 사람들과 이야기할 수 있는 취미 한 가지 정도는 갖고 있는 것이 좋다. 사내 강사의 이미지에 어울리는 취미가 적합할 것이다. 가능하면 오랫동안 지속할 수 있고 조직과 지역사회에서 동료를 만들 수 있는 취미를 개발하는 것이 바람직하다. 변화와 자기 계발을 위해 도움이 될 수 있는 힌트는 다음과 같다.

· 나이를 잊는다
· 적극적 정보수집과 겸허한 자세로 배우려 한다
· 시간과 비용이 들더라도 적극적으로 배움의 기회를 탐색한다
· 일년에 한번 정도는 논문이나 저술 등 연구활동에 참여한다
· 교육 및 강사 자격증 관련 교육이나 시험에 응한다

· 매년 한 가지 새로운 것을 시작한다

· 후임 강사 양성에 힘쓴다

이상과 같이 사내 강사가 갖추어야 하는 조건과 자질에 대하여 서술하였는데 이와 같은 조건과 자질이 갖추어져 있다고 안심할 것도 아니고 안 갖추어졌다고 실망할 것도 아니다. 지금부터 필요한 자질을 보완하여 나가겠다고 생각하고 실행으로 옮기는 능력이 어쩌면 가장 필요한 자질이 아닐까.

4) 사내 강사의 필요 능력 사내 강사에게 필요한 능력은 '지식', '기능', '태도와 자세' 세 부분으로 나누어 각각 필요 능력을 생각해 볼 수 있다. 처음부터 완벽한 강사는 없다. 사내 강사가 된 후부터 지식과 경험을 쌓고 자신의 강점은 확대하고 약점은 보완해가는 것이 중요하다.

① 지식 관련 능력

● '가르치는 내용' 그 자체에 대한 지식

우선 가르치는 내용에 대한 전문 지식이 필요하다. 자신 있게 강의할 수준은 아니지만 표면적인 지식만으로도 어느 정도 강의는 가능하다. 그렇지만 학습자를 충분히 납득시키기 위해서는 자신이 말하는 내용에 대한 이론적 배경과 근거를 충분히 이해하고 있어야 한다.

● '가르치는 방법'에 대한 지식

다음으로는 효과적으로 내용을 전달하는 방법, 즉 교수법에 관한 지식이다. 내용이 아무리 좋아도 이를 전달하는 방법이 효과적이지 않으면 학습 효과를 극대화할 수 없다. 따라서 사내 강사는 강의법이나 토론법과 같은 각종 강의 기법, 학습자 동기부여 방법, 각종 학습 이론에 대한 기본지식뿐만 아니라 이를 현장에서 활용할 수 있는 능력을 갖춰야 한다.

② 기능 관련 지식

● 강의 기술

다양한 교수법에 관한 지식뿐만 아니라 실제 말로 학습 내용을 전하는 능력이 필요하다. 같은 내용이라도 강사의 말투와 태도, 목소리의 톤 등에 따라 학습자의 반응은 다르다. 사내 강사는 학습자의 수준을 고려하여 이들이 쉽게 이해할 수 있도록 내용을 잘 풀어갈 수 있는 능력이 필요하다.

● 인간관계 형성 능력

다양한 학습자와 좋은 인간관계를 형성할 수 있는 능력, 학습자들과 쉽게 친숙해지고 소통할 수 있는 능력이 필요하다. 사내 강사의 인격적인 요소 또는 학습자를 강의에 끌어들이는 능력이 필요하다.

● 정부 수집 능력

교육 내용 전반에 걸친 정보의 수집이나 학습 내용과 관련된 사례 등의 수집 능력이 필요하다.

● 교육 전체 조정 능력

교육을 어떻게 코디네이터하고 조정할지를 아는 능력으로 목적에 맞게 교육 프로그램의 운영과 교육 방법의 선정 능력이 필요하다.

● 창의적 도전 능력

과거의 것을 반복함으로써 발생할 수 있는 매너리즘을 탈피할 수 있는 방법의 강구, 그리고 새로운 것에 대한 도전, 교육 기법의 과감한 적용 등의 능력이 필요하다.

③ 태도와 자세 관련 능력

사내 강사에게 필요한 태도는 성실함, 열의, 겸손함, 학습자와 함께 하려는 자세가 필요하다.

④ 기타 요구되는 행동 능력

● 레슨 플랜을 작성할 수 있다

강의 목적과 내용을 결정하고 학습 목표를 구체적으로 달성할 수 있어야 한다. 그리고 강의와 관련한 각종 정보를 수집하고 이를 정리하여 자신의 강의 내용으로 구조화 할 수 있어야 한다. 또한 강의 목적에 맞게 적절한 강의 기법을 선정하고 이를 교수 체제화 할 수 있어야 한다.

● 효과적인 강의를 진행할 수 있다

아무리 어려운 내용이라도 학습자가 알기 쉽게 설명할 수 있어야 한다. 이때 어떠한 단어를 쓸 것인지와 말투 등에 신경을 써야 한다.

학습자들로부터의 예상되는 질문에 대한 답변을 마련하고 질문 내용을 효과적으로 요약할 수 있어야 한다. 판서 등 학습 도구를 효과적으로 활용하는 방법에 숙달되어야 한다.

● 강의에 대한 자기 평가를 할 수 있다

사내 강사는 강의 도중 전체적인 학습 분위기를 평가하여 강의 방법이나 내용을 전환할 수 있어야 한다. 강의 후에는 자기 평가를 통하여 개선점을 파악하고 이를 다음 강의에 반영할 수 있어야 한다.

● 학습자와 함께 배울 수가 있다

사내 강사도 학습자의 말에 귀를 기울일 수 있어야 한다. 또한 이들의 호소를 들어주어야 하며 매사 자신이 솔선수범하는 자세를 취하여야 한다.

5) 사내 강사의 기본 행동 사내 강사가 취하여야 할 기본행동은 여러 가지가 있다. 가장 먼저 기본이 되는 행동을 익히고 점차 높은 수준의 행동을 익히는 것이 좋다. 사내 강사가 기본적으로 익혀야 할 행동은 다음과 같다.

● 사전 준비는 확실히 꼼꼼하게

강의의 성공 여부는 사전 준비에 달려있다. 사전 준비는 그만큼 중요한 요소로서 준비가 부족해 실패할 수는 있어도 너무 많이 준비해 실패하지는 않는다. 특히 처음 하는 강의 주제의 경우 꼼꼼하게 확실히 강의를 준비하지 않으면 안 된다.

● 내용 파악을 충분히

강사가 강의 내용을 파악하고 있지 못하다면 학습자 또한 당연히 학습 내용을 이해할 수 없다. 학습자들은 강사가 강의 내용을 파악하고 있는지 없는지 귀신같이 눈치채므로 강사는 강의 전 충분히 강의 내용을 파악하고 강의실에 들어가야 한다.

● 학습자의 관심을 끌 수 있는 내용으로

학습자들은 강사의 강의 내용이 자신의 일과 연관이 되어 있을 때 높은 관심을 보인다. 따라서 강사는 가능하면 학습자와 관련된 사례와 이야기를 통해 강의를 진행하여야 한다. 그래야 학습자들은 강의 내용을 남 이야기가 아니라 자신의 이야기로 듣고 관심을 집중한다.

● 학습자와 행동을 함께

어떠한 행동을 학습자에게 지시한다면 가능하면 자신도 그 행동을 함께 보이는 것이 좋다. 예를 들어, '책상을 저쪽으로 옮깁시다'라고 요청했다면 강사 자신도 책상을 옮기는 제스처를 취하는 것이 좋다. 또한 휴식 시간이나 식사 시간에 학습자들과 함께 대화를 통해 공감대를 형성하는 것도 교육 전반에 긍정적인 영향을 준다.

● 학습자와의 마음을 연 만남이 되도록

아무리 이치적으로 맞다 하더라도 마음이 따라가지 않으면 사람들은 움직이지 않는다. 강사는 이러한 점을 고려해 학습자의 감정을 배려하고 이해하는 관계를 만드는 것이 중요하다. 실제 현장에서 모든 학습자들과 마음을 열어 대화할 수 있는 것은 시간적으로 어렵다. 그렇지만 자투리시간에라도 이러한 노력을 기울이는 자세가 필요하다.

강의 프로세스의 이해

1) 교육 목적의 파악 교육 전체 분위기가 아무리 좋다 하더라도 교육 목적을 벗어난 강의는 의미가 없다. 교육 프로그램의 구성, 도구나 교수 방법의 선택 등 모든 준비는 교육 목적에 부합하게 진행하지 않으면 안 된다. 따라서 사내 강사는 강의를 준비하는데 있어 가장 먼저 교육을 해야 하는 목적을 파악하는 것부터 시작해야 한다.

우선 교육 목적과 조직적 배경을 파악해야 한다. 교육 목적을 파악한다는 것은 그 목적을 달성해야만 하는 조직적인 배경이 있다는 것을 이해하는 것이다. 조직의 역사나 문화, 조직원의 구성, 외부 경영환경의 변화, 규정이나 관련 법률의 개정 등이 새로운 교육 요구를 발생시킬 수 있다.

에를 들어, 중견사원 교육 목적을 다음과 같이 기술하였다고 하자.

· 중견사원으로서의 책임과 역할을 이해하고 이를 완수하기 위한 필요 역량을 배양한다.

· 미래의 리더 또는 관리자 후보로서 요구되는 자질 향상 과제를 구체화한다.

이와 같은 내용 기술을 통해 누구라도 교육 목적을 쉽게 파악할 수 있다. 사내 강사라면 이와 같은 표면적 목적과 함께 그 배경이 되는 다양한 관련 사항들을 함께 파악할 수 있는 혜안을 가지고 있어야 한다. 다음으로 사내 강사는 교육 목적을 다각도로 파악하는 관점을 가지고 있어야 한다. 다음과 같은 관점에서 교육 목적을 파악하는 것도 도움 된다.

· 경영 과제와의 관련
· 인재육성 과제와의 관련
· 현장 상황과의 관련
· 다른 교육 기회(OJT, 자기 계발 등)와의 관련
· 누구를 언제까지 어느 수준으로 육성할 것인지 구체화
· 주제에 대한 교육의 질은 어느 정도인가?

등의 교육의 목적을 파악하는 관점을 갖고 접근하는 것이 좋다.

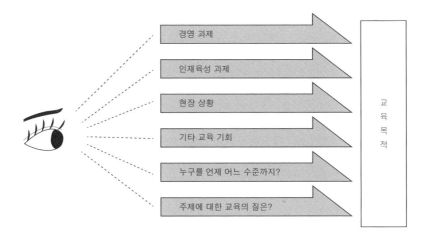

경영 과제

인재육성 과제

현장 상황

기타 교육 기회

누구를 언제 어느 수준까지?

주제에 대한 교육의 질은?

교육 목적

교육 목적을 다각도로 파악

2) 학습자 파악 강사는 학습자 수준에 맞춰 강의 수준을 조정하고 교육을 진행하여야 하며 학습자와의 관계를 원만하게 유지하여야 한다. 이를 위해서는 사전에 학습자에 대한 충분한 파악이 이루어져야 한다. 말할 필요도 없이 교육은 학습자가 있기에 가능하다. 어떠한 강의 내용, 기법이라도 학습자를 주체로 기획하지 않으면 안 된다. 학습자 상황을 파악하는 것은 강의 효과를 극대화하기 위해 꼭 필요한 조건이라고 할 수 있다.

우선 학습자를 올바로 파악하기 위해서는 두 가지 측면에서 생각해보아야 한다. 학습자의 선정이 어떠한 기준을 가지고 이루어졌다고 하더라도 모든 학습자는 각자 얼굴이 다르듯이 교육에 임하는 태도나 의식, 그리고 이해력에 차이가 있다. 사전에 학습자의 의식이나 능력을 모두 파악하는 것은 현실적으로 어려움이 많지만 가능한 한 파악하려는 노력을 기울여야 한다. 학습자를 파악할 때는 다음의 두 가지 측면에서 정보나 특성을 파악하면 도움 된다.

첫째는 집단 측면으로 학습자들이 어떠한 기준으로 선정되었는가를 살펴보는 것이다. 둘째는 개인 측면으로서 이름, 나이, 소속 등 개인적인 정보를 파악하는 것이다.

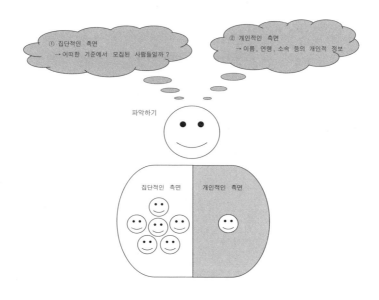

학습자를 파악하기 위해 알아보아야 할 정보나 특성은 다음과 같다.

집단으로서의 정보나 특성

· 전체 인원수

· 선정의 기준(계층, 직종, 경력, 교육) 등

· 교육 대상 집단에 공통으로 적용되는 과제나 문제점

· 교육 대상 집단의 기대사항

개인으로서의 정보나 특성

· 이름, 나이, 소속 부서, 경력기간

· 본인의 업무 내용, 담당 업무 범위, 주요 실적

· 본인의 성격

· 취득자격

· 과거 교육 이력

· 본인 소속 사업장 또는 부서의 분위기와 조직문화

· 본인의 상사, 부하와 관련 사항

사내 강사는 학습자의 상황에 유연하게 대처할 수 있어야 하는데 이는 얼마나 학습자를 잘 파악하고 있느냐와 상당히 관련이 있다. 이와 관련한 사례를 들면 다음과 같다.

'부하 육성과 지도'라는 주제로 신임과장 교육을 진행할 경우 실제 지장에서 부하가 없는 학습자가 있다는 것이 사전에 파악되었다고 하자. 이 경우 교육 시작 단계에서 학습자 전체에게 다음과 같이 설명을 할 수 있다.

"학습자분들 중에는 현재 자신의 소속 부서에서 부하가 없는 분도 계십니다. 이러한 분들은 교육 내용이 그다지 자신에게 의미가 없다고 생각할 수 있지만 직장 생활을 하다 보면 조만간 부하직원이 생길 가능성이 높습니다. 지금부터 미리 자신이 상사 역할 할 것을 고려해 강의를 들어주셨으면 좋겠습니다. 또한 조직변화는 수시에 있기 때문에 언제 부하직원이 생길지도 모릅니다. 따라서 과정으로서 부하직원 육성과 지도에 관한 기본적인 지식을 갖추는 것이 좋습니다."라고 교육 도입 부분에서 언급하는 것이 좋다.

대부분의 학습자들은 자신과 입장이 다르거나 관계가 없다고 생각이 들면 교육에 집중하지 않고 대충 시간을 채우는 경우를 볼 수 있는데 이러한 학습자가 많으면 교육 효과를 크게 기대할 수 없다. 따라서 사내 강사는 학습자의 상황을 사전에 파악하여 이렇게 예상하는 문제에 대해 조처를 하는 것이 좋다.

3) 교육 전체 프로세스의 파악   교육은 기획, 실시, 평가의 일련의 프로세스를 따른다. 강의는 실시 단계에서 이루어지는데 강의 효과를 높이기 위해서는 강의 실시 전후를 잘 이해하고 있어야 한다. 강사가 교육 전후 사정을 잘 모르게 되면 강의 내용이 자연스럽게 앞뒤가 맞지 않고 혼자만 따로 진행되는 형국이 될 수도 있다.

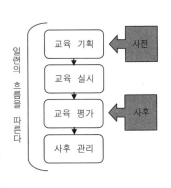

교육 전체 프로세스

사내 강사는 강의 장면을 전체 교육의 일부만을 떼어 점으로 생각할 것이 아니라 교육 전후를 연결하여 선으로 보는 시각이 필요하다. 교육 기획(사전), 평가(사후) 활동을 전체적으로 파악하려면 다음과 같은 사항에 관심을 가져야 한다.

기획(교육 사전) 단계에서의 체크포인트

· 인재육성에 대한 요구는 무엇인가?

· 교육 요구는 무엇인가?

· 본 교육은 교육 체계 내 어디에 해당되는가?

· 교육제도, 인사제도와는 어떻게 연관되어 있는가?

· 기타 교육 기회와는 어떻게 연동되는 것인가?

· 교육 목표는 무엇인가?

평가(교육 사후) 단계에서의 체크포인트

· 실시 교육에 대한 측정과 평가는 언제 어떻게 진행되는가?

· 사후 관리는 어떻게 진행되는가?

· 교육에 대한 전체 평가는 어떻게 이루어지는가?

교육에 대한 전반적인 관리도 프로젝트 관리와 같이 기획(Plan), 실시(Do), 평가(See)의 사이클을 따른다. 이러한 사이클을 통해 교육을 발전적으로 진행할 수 있다. 사내 강사는 이와 같은 사이클 상 자신의 위치와 사전 사후 관계의 명확한 파악을 하여야만 전체 교육 과정이 원만히 그 목적을 달성할 수 있도록 자신의 역할을 하게 되는 것이다.

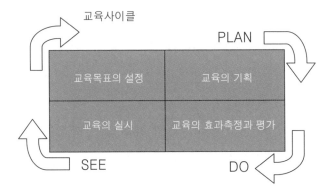

교육사이클

4) 교육 운영의 이해 교육을 연극으로 비유하면 사내 강사 또는 외부에서 초빙된 강사는 실제 연극의 배우와 같은 역할을 수행한다. 하지만 배우가 무대 위에서 연극을 잘하게끔 하기 위해 무대 뒤편 보이지 않는 곳에서 수많은 스텝들이 이를 지원하고 있기 때문에 가능하다는 것을 이해하여야 한다. 교육도 마찬가지이다. 강사가 좋은 강의를 진행하기 위해서는 교육 운영자의 절대적인 도움이 필요하며 강사 또한 교육 운영에 대한 깊이 이해하고 있어야 한다.

교육 운영과 관련해서는 다른 장에서 상세히 설명했으므로 여기에서는 전체 흐름만 언급한다. 교육 운영은 크게 사전 준비, 교육장 운영, 교육 종료 후 사후 관리 부분으로 나눌 수 있고 각각에 해당하는 운영 관련 내용은 다음과 같다.

사전 준비
· 교육의 기획 및 관련 당사자들과의 협의
· 교육대상자 선정

· 교육대상자 통지 및 교육 안내
· 교재 비품 등의 준비와 확인

교육장 운영
· 교육장 레이아웃
· 교재 비품 세팅
· 개강과 종강
· 강사 강의 진행 지원

교육 종료 후 사후 관리
· 교육 효과 측정
· 교육 평가
· 교육 통계와 피드백
· 교육 후의 사후 관리

교육대상자의 선정을 제대로 하기 위해서는 우선 '무엇을 위해 교육을 실시하는 것인가?'하는 교육 목적을 명확히 하는 것이 중요하다. 교육 목적이 명확하면 저절로 교육대상자가 명확해진다. 또한 교육대상자를 선정할 때는 다양한 선정 방법 중에서 가장 적절한 방법을 선택하는 것이 좋은데 교육대상자 선정 방범에는 상사의 추천, 자원, 시험에 의한 선정, 승진이나 승격 대상자, 새롭게 조직에 취업을 한 신입 및 경력사원, 연령, 해당 업무 면접 결과 조직 내 핵심 인력, 직장이나 직종 전환자, 설문 활용 등이 있다.

교재나 비품의 준비나 확인 작업에는 대조표나 체크리스트를 만들어 누락 없도록 해야 한다. 가능하면 여분을 준비해 놓는 것도 좋다.

강의 내용의 구성과 강의 준비

1) 강의 내용의 구성 ① 강의 내용 구

성 순서 사내 강사가 강의하기 위해서는 우선 강의하려는 교과목의 내용을 구성해야 한다. 교육 내용은 교육 목적을 확인하고 이에 부합하는 내용으로 구성해야 한다. 일반적으로 강의 내용의 구성 순서는 다음과 같다.

첫째, 교육 목적을 명확히 하여야 한다. '무엇을 위해서 교육을 실시하는 것인가?'라는 교육 목적을 강의 내용 전체에 충실히 반영하여야 한다.

둘째, 현재의 상태와 목표 간의 차이를 파악한다. 금번 교육을 통해 어느 수준까지 역량을 개발할 것인가 하는 교육 성과와 현재의 상태를 명확히 이해하여야 한다. 현상의 파악은 학습자와의 면담이나 설문 등을 통하여 파악할 수 있다. 목표 설정은 관계자의 의견을 참조하여 달성할 수 있고 실현할 수 있는 수준으로 검토하여야 한다.

셋째, 전달하고자 하는 학습 내용을 결정하여야 한다. 학습 내용은 현상과 목표 간의 차이를 좁힐 수 있어야 한다. 또한 언제 어느 정도의 시간으로 학습이 가능한지와 학습자의 수준 등을 고려하여 지나치게 많거나 적은 양의 학습 내용이 되게 해서는 안 된다.

넷째, 내용에 적합한 교수 방법을 선정하여야 한다. 강의 내용 전체가 일관성이 있게 구성하면서 동시에 효과적으로 학습 내용을 전달할 수 있는 교수 방법을 결정하여야 한다.

다섯째, 이상에서 말한 내용을 하나로 정리해 프로그램의 프로세스를 만들어야 한다. 강의 내용은 가능한 한 학습자가 이해하기 쉽게 표현되어야 한다.

프로그램 구성 예

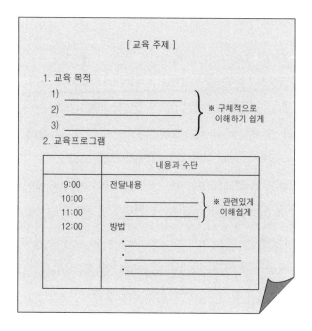

② 강의 내용 구성 원칙

강의 내용을 작성할 때는 다음의 세 가지 원칙을 유념하여 학습자가 이해하기 쉽게 전개하여야 한다.

· 큰 개념에서 작은 개념으로 전개
· 순서에 따라 전개
· 설명해야 할 대상의 특성에 따라 전개

첫째, 강의 내용은 큰 개념으로부터 시작하여 작은 개념으로 전개해 나가야 한다. 사물의 이해를 이해하기 위해서는 체계적인 접근이 필요하다. 학습자에게도 이와 같은 접근법을 활용하여 큰 개념에서부터 작은 개념으로, 총론에서 각론으로 강의 내용을 전개하는 것이 강의 내용의 체계를 명확히 하는데 도움 된다. 예를 들면, '관리자를 둘러싼 환경'이란 큰 개념에서 시작하여 '관리의 변화'와 '직장에서의 관리' 등의 작은 개념으로 강의 내용을 체계화하여야 한다.

둘째, 내용을 순서에 따라 전개하여야 한다. 어떠한 일이든 순서가 있다. 교육 프로그램도 순서에 따라 자연스러운 흐름을 만드는 것이 학습자의 이해를 돕는다. 특히 기능을 중심으로 교육을 전개하는 경우는 순서가 매우 중요하다. 각각의 순서마다 특히 강조해야 하는 부분에 대해서는 포인트를 두어 강의를 진행해야 한다.

셋째, 설명해야 할 대상의 특성에 따라 강의 내용을 변화시킬 수 있다. 교육의 욕구가 다양하여 전체의 내용을 한 가지로 통일하기 힘든 경우 주제를 나눠 각각에 대하여 강의를 진행하는 것도 한 방법이다.

경영에 대한 설명이 필요할 경우 조직 외부 요소와 조직 내부 요소로 나눠 주제를 다양화 할 수 있다. 조직 외부의 시장환경과 조직 내부의 조직문화는 서로 연결성이 없어 보이는 주제이지만 크게 보면 조직이라는 축을 기준으로 공존하는 주제들이다.

③ 강의 내용 구성 포인트

강의 내용을 구성하고 어떻게 풀어갈 것인가를 생각할 때 다음의 사항을 유념하여야 한다.

첫째, 강의 내용은 알기 쉽게 표현해야 한다. 강의 시 사용하는 표현이나 말은 누구라도 이해하기 쉽게 표현되어야 한다. 학습자가 강의 내용을 어렵게 느낀다면 학습 참여에 저항감을 느끼게 만들 수 있다.

둘째, 솔직하게 표현해야 한다. 교재 내용을 학습자가 읽으면 곧바로 무엇을 해야 할지와 그 목적이 무엇인지를 알 수 있도록 표현한다. 내용의 본질이 드러나도록 솔직한 표현을 사용하여야 한다.

셋째, 학습자들이 식사를 할 수 없을 정도이거나 밤 늦게까지 매달려야 하는 학습 내용은 자칫 학습자의 반감을 불러올 수 있다. 따라서 학습 내용은 학습자가 무리가 없도록 구성하여야 한다.

넷째, 전체 내용에 균형감이 있어야 한다. 어느 장은 내용이 적고 어느 장은 내용이 많지 않은지 살펴보고 적절한 학습량이 될 수 있도록 조정해야 한다.

다섯째, 교육 목적과 강의 내용이 부합하도록 내용을 전개해야 한다. 특히 교육 목적을 달성할 수 있도록 교육 일정에 적절한 균형을 유지하고 그렇지 못할 경우 조정해야 한다.

2) 교재의 개발과 활용 사내 강사의 경우 강의에 사용할 교재를 자신의 강의에 맞추어 스스로 개발하는 것이 좋다. 강의가 정해지면 가능한 한 빨리 교재를 작성하고 세세한 부분까지 점검하여 인쇄를 의뢰해야 한다.

① 강의 교재의 역할

강의 교재는 다음의 두 가지 역할이 있다. 첫째, 교육 중 학습자의 학습 이해를 돕는다. 교재를 가지고 있는 학습자는 강의 내용을 듣고 필요한 내용을 교재에 기재하면서 강의를 들으면 더욱 내용을 깊이 있게 이해할 수가 있다. 둘째, 교육 후 학습 내용을 복습할 수 있고 실행 시 안내서 역할을 한다. 교육이 끝난 후 강의 내용은 한 권의 교재로 정리가 된다. 학습자는 필요할 때 이를 꺼내 내용을 확인할 수 있고 업무 적용 시 도움을 받을 수 있다.

② 교육용 교재 준비 시 검토 사항

교육용 교재의 준비는 교육 일정이 정해지면 함께 작성 일정을 정하는 것이 좋다. 많은 강사가 강의에 임박하여 교재를 만드는 일이 많은데 그렇게 하면 교재 품질도 떨어질 가능성이 있고 강의 시간에 맞춰 인쇄를 하지 못하는 일도 발생할 수 있다. 따라서 교육 일정이 정해지면 이때 교재 완성 기한도 함께 정하는 것이 좋다.

교재를 만들기 위해서는 교재 스타일, 즉 구성 형식을 생각해 보아야 한다. 이때 교재 형식을 결정하는데 교재의 목적(무엇을 위한 것인가?)과 활용 범위(어디까지 활용하는가?)를 고려하여야 한다. 예를 들어,

1시간 정도의 강의 중심 교육이라면 교재를 강의 포인트를 중심으로 정리한 간단한 요약본 정도면 되지만 3일간 교육으로 실습이 병행되고 교육 후에도 내용을 참고해야 한다면 이다음에 다시 읽거나 복습할 수 있도록 어느 정도의 해설을 첨부해주어야 한다.

교재 준비 시 검토 사항
· 교육용 교재의 목적, 활용 범위를 확인한다.
· 교재 스타일을 결정한다.
· 외부에 원고를 의뢰할지 결정한다.
· 필요 교재 수를 결정한다.
· 교재 사이즈, 바인더 유무, 철하는 방법을 결정한다.
· 강의 주제와 교재 내용이 일치하도록 한다.
· 문자나 도표가 교재와 어울리도록 작성한다.
· 서술식 표현으로 할지 개조식 표현으로 할지 정해 문장을 통일한다.

③ 교재 만드는 방법

강사의 경우 강의용 슬라이드를 그대로 교재로 사용하는 경우가 있지만 이때 강의 내용이 교재에 다 수록되면 학습자들은 강사가 얘기할 내용이 교재에 있으므로 강사보다는 교재에 더 집중하여 오히려 역효과가 날 수 있다. 따라서 교재를 구성할 때는 모든 강의 내용을 다 수록할 것이 아니라 학습자들이 세부 내용에 대해 궁금해하고 스스로 생각할 수 있도록 적절한 여백을 주는 것이 효과적이다.

교재 페이지의 구성 사례는 다음과 같다.

페이지의 구성

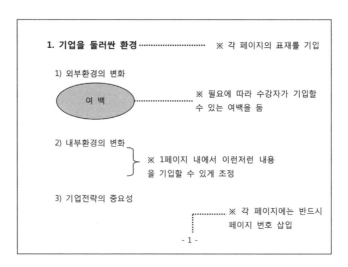

강의 내용 관련 교재 페이지를 작성하는 경우

· 핵심 내용 중심으로 작성한다.

· 강의로 해설해야 할 부분은 이해를 돕기 위해 그림이나 도표로 표현한다.

참고 자료 관련 교재 페이지를 작성하는 경우

· 자료 번호나 그림, 표 등의 번호를 통일성 있게 명시한다.

· 반드시 표제를 붙인다.

· 문자 크기는 자료의 특성에 따라 차이를 두어도 좋다.

· 용지 크기는 교재 크기에 맞춘다.

· 참고 문헌이나 웹사이트에서 자료를 인용했다면 반드시 출처를 밝힌다.

심화 자료 관련 교재 페이지를 작성하는 경우
· 학습자가 문제의식을 갖도록 자료 뒤에 질문이나 생각해 볼 점 등을 제시한다.
· 학습자의 이해도를 묻기 위해 연습 문제를 출제하는 것도 유효하다.
· 이해 촉진 테스트나 연습 문제 등 답안을 표시할 때는 안 보이도록 편집한다.
· 개념도나 관계도를 표시할 때는 상세함 보다는 이해하기 쉽게 표시하고 텍스트 박스 등 포인트를 주어 그린다.
· 흐름도를 만들 때는 좌에서 우로. 위에서 아래로 자연스럽게 전개한다.
· 오자, 탈자, 인쇄오류, 부적절한 용어 등이 있는지 충분히 검수한다.

④ 교재의 배포와 활용법
바인더 교재는 교육 내용이나 학습 효과를 고려할 때 내용 첨부가 용이해 유용하다. 학습자가 학습 내용 전체를 사전에 알게 되어도 강의에 크게 문제가 되지 않는다면 교육 전에 배포하는 것이 좋다. 이때 교재는 대략적인 아웃라인만 기재되어 있고 자세한 내용은 강사의 설명을 들어야 이해되는 것이 일반적이다. 하지만 학습자에게 강의에 앞서 내용을 알리지 않는 것이 학습 효과에 도움이 된다고 생각하면 강의 진행에 맞춰 교재를 나눠주는 것도 한 방법이다. 교재의 해설량이 많아 이를 이해하는데 시간이 많이 필요하거나 학습자가 강사에게 주목해야 한다면 교재를 해설 후에 배포할 수도 있지만 이는 신중하게

그 효과를 고려하여 결정해야 한다. 강사는 학습자의 주의를 끌기 위해 큰 소리로 교재를 읽게 할 수 있다.

그리고 중요한 부분을 강조하기 위해 밑줄을 긋도록 할 수 있다. 학습자들이 졸고 있을 때에서는 '교재 몇 페이지를 펴주시기 바랍니다'와 같은 주문을 통해 학습자들의 신체나 시선을 움직여 자극을 줄 수 있다.

3) 보조 워크시트의 준비 워크시트는 학습자들이 교육에 주체적으로 참여하는데 도움을 준다. 워크시트는 논리를 따지고 주어진 정보를 정리하는데 도움을 주는 도구로서 표 형식, 플로우 형식, 설문이나 대조표 형식, 문장 완성 형식 등 그 종류가 다양하다.

워크시트는 언제 활용하는 것일까? 일정한 이치나 원칙에 따라 생각을 전개할 때, 복잡한 정보를 정리하고 분석할 때, 발상을 촉진할 때 주로 사용한다.

워크시트를 활용하는데 유의할 점은 무엇인가? 우선 강의 전 워크시트를 사전 테스트해 보아야 한다. 강사는 학습자 관점에서 실제 내용을 기재해 보면 워크시트의 이해가 어려운 부분이나 수정 보완해야 할 부분을 쉽게 찾아낼 수 있다. 강사는 준비한 워크시트를 무리하게 모두 사용하려는 욕심을 버려야 한다. 처음 사내 강사가 된 사람의 경우 시간이 남지 않게 하기 위해 워크시트를 너무 많이 준비하고 실제 강의 시 이를 다 활용하려고 시도하는 경우가 많다. 하지만 자칫 학습자에게 큰 부담이 되어 학습자가 소화불량에 걸릴 수도 있다.

일반적인 워크시트 활용 순서

① 목적과 배경을 설명한다

② 워크시트의 설명

· 워크시트의 내용 구성이나 기입 방법, 주의 사항, 실습을 진행시키는데 필
요한 주의 사항 등을 설명한다.

· 워크시트의 실물을 보여주거나 스크린에 띄워 보여주면서 상세 설명한다.

· 작업 순서 등은 두 번씩 반복해 설명하는 것이 좋다.

③ 질문 및 확인

· 학습자들로부터 질문을 받는다.

· 학습자가 실습 순서를 올바르게 이해하고 있는지, 실습을 진행시키는 것을
납득하고 있는지(동기는 충분한지) 두 가지 사항을 확인한다.

④ 실습 개시

· 학습자의 작업이 순조롭게 진행되고 있는지를 살펴보고, 자세히 관찰한다.
순서를 설명해 주었음에도 잘 듣지 않고, 착각하는 일이 있으므로 주의한다.

· 실습 개시 후, 질문에 답해야 하는 경우 같은 의문을 가진 학습자가 있을지
도 모르므로 질문자 개인뿐 아니라 전체 학습자를 대상으로 설명한다.

워크시트가 완성된 후에는 그 활용이 중요하다. 학습자 중에서 몇
사람의 작성 내용을 전체에게 발표하게 하거나 소그룹 내에서 작성 내
용을 상호 공유하도록 유도할 수 있다. 각 개인이 작성한 내용을 모아
소그룹 전체의 의견으로 정리를 시키는 것도 필요하다. 또한 그룹에서

정리한 내용을 바탕으로 주어진 주제를 소그룹 안에서 토의하도록 할 수도 있다.

워크시트 활용 예

· 우선 개인적으로 직장이나 일에 대한 불만이나 의문점을 표시하게 한다.

· 소그룹 안에서 의견을 교환하거나 공유하게 한다.

· 문제점을 모아 정리한다.

· 개선책을 그룹 토의를 시킨다.

4) 레슨 플랜의 작성 교육 준비의 중심에는 무엇보다도 레슨 플랜의 작성이 자리잡고 있다. 교육 전체의 흐름을 정리하고 강사 자신의 역할과 할 말과 일을 정리해 봄으로써 교육 품질과 학습자의 만족도를 제고할 수 있다.

① 레슨 플랜의 요소와 작성 순서

레슨 플랜의 작성은 교육 시간을 효과적으로 활용할 수 있고 강사가 시간을 관리할 수 있도록 구조화할 수 있다. 이를 통해 강사는 여유와 강의에 대한 자신감을 가질 수 있다. 그리고 사전에 학습자의 수준과 이해도에 맞춰 내용을 구성할 수 있고 상황과 학습자에 따라 학습 내용을 구분하여 사용할 수 있다. 레슨 플랜에 들어가는 주요 구성 요소는 다음과 같다.

· 시각, 소요 시간
· 교육 내용 항목

· 레슨의 진행 방법

· 사용 교재, 비품 등

· 운영상의 유의점이나 주의 사항

레슨 플랜은 다음의 순서와 같이 작성하는 것이 일반적이다.

② 레슨 플랜의 기본 구성

도입부(서론)

· 학습자의 주의를 끌고 흥미를 유발시킨다. 경청의 필요성을 느끼게 한다.

· 마음을 편안하게 한다.

· 학습자의 이해도나 반응을 확인한다.

· 프로그램의 개요, 주제, 목적 등을 설명한다.

· 일화나 사례를 가지고 직간접적으로 강의 도입을 할 수도 있다.

전개부(본론)

· 학습자가 이야기 방향과 전체 모습을 파악할 수 있게 한다.

· 강조점을 명확히 한다.

· 시간적인 흐름, 인과적 관련성과 순서나 실시 단계 등에 따라 배열하고 구성한다.

· 학습자의 관심, 이익과 결부시켜 이야기한다.

· 사례에 따라 논점을 보강한다.

종결부(결론)

· 질문을 받고 대답한다.

· 이야기한 주요 항목을 요약하고 정리하여 결론을 끌어낸다.

· 시간 배분을 조정하여 예정대로 끝마친다.

강의에 익숙하지 않으면 빨리 끝내거나 시간이 다 되었는데도 끝내지 못하는 경우가 있지만 기본 원칙은 시작과 끝에 각각 5분 정도의 여유를 두는 것이다.

③ 레슨 플랜의 작성 예와 작성 포인트

레슨 플랜을 작성할 때는 실제 교육 장면을 상상해 강사의 말투로 대본을 쓰듯 만드는 것이 요령이다. 이러한 작업은 상당한 시간을 요하는 세세한 작업이지만 강의 내용을 내 것으로 만들기 위해서는 반드시 준비해야 한다. 강의의 요점이나 항목만 기재한 레슨 플랜은 장기간의 교육 시 생각지 못한 방향으로 강의의 흐름이 전개될 수 있으므로 레슨 플랜은 가능하면 대충하지 말고 빈틈없이 준비해 두는 것이 좋다. 그래야만 실제 강의에서 당황하지 않고 여유를 가질 수 있다.

레슨 플랜 작성 예

시간	항목(소요시간)	내용, 교재, 포인트	비고
09:05	조직원으로서의 기대(75분) 1. 조직 내에서 기대되는 행동을 학습 (50/75분)	\<여기서는 신입사원을 대상으로 전개한다\> 자, 앞에서는 조직이라는 것이 무엇인지에 대하여 학습하였는데 이제부터는 이와 같은 조직 속에서 학습자 여러분들에게 생각해보도록 합시다. 이에 따라 지금부터 실습 진행방법을 설명해 드리겠습니다. \<진행방법\> 지금부터 실습은 그룹활동을 통해 진행됩니다. 우선 개인별로 3개 항목 이상 카드에 적어 제출하기 바랍니다. 주제는 '신입사원에게 기대되는 것은 이것이다'입니다. 생각할 시간은 5분입니다.	그룹 실습 진행방법 판서 비품 배포 기록카드 4*8cm 각자 5장 전지 그룹별 1장 마커펜 각 그룹별 배포

5) 레슨 차트의 작성과 활용 레슨 플랜과 레슨 차트는 그 용도와 표현 형식이 다음과 같이 차이가 있다. 강의를 준비하는 강사는 우선 레슨 플랜을 작성하고 이후 레슨 차트를 준비하는 것이 좋다.

레슨 플랜과 레슨 차트의 비교

시 간	레슨 플랜	레슨 차트
효 용	· 강의 흐름에 맞춰 작성한다 · 강의내용을 확실하게 전달한다 (진도에서 벗어나지 않는다)	· 강의 내용을 자신의 것으로 한다 · 강의의 영향력을 극대화한다
표 현	· 시나리오에 따라 말할 내용을 기록한다	· 도표와 키워드 중심으로 기록한다

대체로 레슨 차트는 전체 교육 중 한 개 모듈이나 세션을 기준(대략 1~2시간 분량)으로 그 내용을 용지 1장에 정리한다. 이때 어떤 자료를 보고 만들기보다는 전체의 흐름을 생각하면서 자신의 스타일로 만들어 간다. 레슨 차트는 회화 형태가 아니라 그림이나 도해 중심으로 구성한다. 그림으로 표현하기 위해서는 문장 이상의 이해력이 요구된다. 따라서 레슨 차트를 만들어 봄으로써 강의 내용을 확실하게 자신의 것으로 할 수 있다.

레슨 플랜 작성 순서
- 정리
  · 전에 작성한 레슨 플랜의 내용을, 자기 나름대로 머릿속에서 정리한다.

- 작성

· 다음으로 전체 흐름을 생각하면서 각 항목을 '그림과 짧은 문장'을 이용해 나타내간다. 이때 항목에서 다른 항목으로 내용이 전이 되기 위해 활용되는 것이 '키워드'이다. 키워드들을 생각하면서 항목을 이어 간다.

확인과 수정

· 레슨 차트가 완성되면 전체 그림을 대략 훑어본다.

  − 처음부터 끝까지 흐름은 좋은가?

  − 상호 관계 배열은 적절한가?

· 흐름에 무리가 있다고 생각이 들면 좋지 않은 부분을 고쳐 전체의 수준을 맞춘다.

레슨 차트 사례

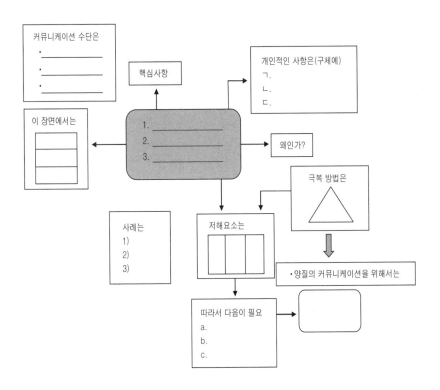

レ슨 차트는 작성 자체만으로도 큰 의미가 있다. 완성된 레슨 차트는 레슨 플랜과 함께 적절히 어우러져 사용하는데 레슨 플랜의 내용을 머릿속으로 암기하고 있다면 레슨 차트를 통해 내용과 절차를 확인하면서 진행할 수 있다. 레슨 차트는 마치 각 세션을 한 장의 사진으로 표현한 것과 같아 강사로서는 전체 강의 내용을 한눈에 파악할 수 있

다. 그리고 여러 모듈이나 세션을 조합해 다른 강의를 준비할 때도 적절히 활용할 수 있다.

6) 강의 리허설 처음으로 담당하게 된 교육 또는 처음으로 강의하게 된 주제나 순서가 복잡한 세미나인 경우 사전에 당일 교육 프로그램 진행 상황을 구체적으로 상정해 강의 리허설을 실시하면 원만한 진행에 도움 된다.

① 강의 리허설의 효용

강의 리허설은 다른 사람의 도움을 받아 강의 전에 시간을 내어 실제와 같은 상황을 상정해 긴장감을 맛볼 수 있다. 리허설 실시는 간단하지 않지만 다음과 같은 효과를 기대할 수 있으므로 경험이 많지 않은 사내 강사의 경우 적극적으로 실시하도록 하여야 한다.

· 유사 경험을 통해 실감을 얻을 수 있다.
· 레슨 플랜에 대해 최종 점검을 할 수 있다.
· 강사 개개인의 특징을 살릴 수 있는 방법을 탐색할 수 있다.
· 강의의 단점을 찾아내 이를 보완할 수 있다.
· 강의법의 효과적인 활용을 배울 수 있다
· 레슨 플랜의 효과적인 전개 방법을 배울 수 있다

② 리허설의 순서

실제 강의가 아니므로 학습자를 대신해 동료 강사나 조직원들을 관찰자로 하여 강의 전개 방식, 질문의 대응, 판서나 차트 등의 활용에 대해 상호 평가를 실시하고 이를 효과적인 강의로 연계되도록 한다.

- 상황 설정

  설정 사항 – 제목, 시간, 대상, 인원수, 형식 등
- 리허설 준비

  준비 사항 – 레슨 플랜, 시트, 비품, 강의장 등
- 리허설의 실시

  관찰자는 특이사항을 기록하면서 관찰한다
- 관찰자의 평가를 중심으로 상호 평가
- 강사 본인 자기 평가
- 교육 당일 강의로 연계한다

7) 강의 전 체크사항 강의 전 준비사항은 매우 다양하다. 준비 시간의 대부분은 레슨 플랜의 작성이나 강의안의 보완 교재, 비품의 체크 등에 소비한다. 또 하나 중요한 강의 전 준비사항이 강사 자신의 준비라고 할 수 있다.

① 강사의 자기 관리

아무리 완벽한 교육 프로그램이라고 하더라도, 또한 충분히 준비한 교육 내용이라도 실제 강의에서 어떻게 실시하고 운영하며 강사의 상황이 어떠냐에 따라 그 효과는 달라진다. 교육 상황에서 다수의 학습자를 리드해 나가려면 정신적 육체적으로 강인함이 요구된다. 강사는 모든 강의에서 최상의 컨디션으로 임할 수 있도록 평소에 자기 관리가 필요하다.

② 체력 관리

강의는 일종의 중노동에 속하는 일이라고 할 수 있다. 장시간 서 있어야 하며 계속해서 말을 해야 한다. 매우 강한 체력을 요구한다. 따라서 강의 전 강사는 강인한 체력을 만들어 놓아야만 좋은 컨디션을 강의 끝까지 유지할 수 있다.

교육 당일까지 강의 준비에 쫓겨 피곤한 표정으로 강단에 서는 것은 곤란하다. 감기에 걸려 좋은 소리를 낼 수 없게 되는 것도 곤란하다. 강의 일정이 잡히면 이때까지 최상의 컨디션을 유지할 수 있도록 자신을 관리하여야 한다.

강사의 컨디션이 나쁘면 강의에 지장을 주고 정신적으로도 부정적인 생각을 하게 만든다. 결과적으로 교육 효과를 높일 수 없게 된다. 반대로 강사가 정신적으로나 신체적으로 건강하면 자신감, 열의가 충만하여 학습자의 참여의식을 높이고 학습자와도 좋은 관계를 맺게 하여 결과적으로 높은 교육 효과를 얻을 수 있다.

③ 정신 관리

강사는 많은 학습자를 설득해 학습에 참여하게 하는 힘이 필요하고 이를 위해 충분한 체력과 정신력을 갖추고 있어야 한다. 교육 당일 열의와 집중력을 극대화할 수 있도록 자기 관리에 유념하여야 한다. 그리고 강의 당일 어떠한 걱정, 근심이 있어 강의에 집중하지 못하게 되면 학습자와의 커뮤니케이션에 지장을 주게 된다. 이로 인해 전체적인 강의 진행에 활기를 잃을 수도 있다.

④ 기타 강의 전 체크 사항

교육장까지의 교통 수단 등의 확인

아무리 늦어도 강의 시작 30분 전까지는 강의장에 도착할 수 있도록 하여야 한다. 그러기 위해서는 사전에 교육 장소까지의 교통 수단이나 찾아가는 길을 확인하여야 한다. 특히 교육 장소가 먼 거리에 위치하거나 처음 방문하는 경우 충분한 시간적 여유를 두고 출발하여야 한다.

복장과 몸가짐의 체크

강사는 학습자로부터 호감을 얻어야 하는데 호감을 얻기 위해서는 원활한 커뮤니케이션 못지 않게 학습자 앞에서의 복장과 몸가짐에 유의하여야 한다.

도입 이야기의 준비

강의 시작 부분을 어떤 식으로 이야기할 것인지는 레슨 플랜 작성 단계에서 준비하지만 준비한 도입 이야기가 학습자와 강의 분위기에 맞지 않을 수가 있다. 분위기에 맞지 않는 이야기는 학습자로부터 시큰둥한 반응을 받게 되고 학습 분위기도 썰렁해질 수 있다. 프로 강사의 경우 강의 당일 교육장으로 이동하면서도 다양한 도입 이야깃거리를 생각해 놓고 상황에 맞춰 강의를 시작한다.

교육장에 도착해 확인할 사항

교육 당일 강의장에 도착하면 우선 다음의 사항을 점검해야 한다.

· 교재, 자료, 비품 등의 확인
· 마이크, 빔프로젝터, 스크린, 노트북 또는 PC 등의 강의 기기
· 강의장 레이아웃
· 강의장 설비(화장실, 휴게장소, 출입구, 흡연장소, 음료 자판기 등)

강의의 성공 원칙

강의는 누구나 할 수 있지만 잘하기는 쉽지 않다. 특히 강의 전문가가 아닌 사내 강사라면 강의 경험이 적어 고충을 느낄 수도 있다. 그렇다면 왜 강의가 어렵다고 느끼는 것일까? 가장 큰 원인은 강의 대부분을 말을 통해 리드해 나가야 하기 때문이다. 강사는 학습자가 학습해야 할 어려운 내용을 쉽게 이해시켜야 한다. 따라서 어떻게 설명하여야 학습자에게 쉽게 이해시킬 수 있는지 그 스킬을 배우는데 시간과 경험이 필요하다. 또한 강의는 형태가 남지 않는다. 강의는 말로 진행하기 때문에 시간이 지나면 내가 한 말은 학습자의 뇌리에 잘 남지 않는다. 학습자들은 일부 인상적인 내용이나 논지를 제외하면 강사의 강의 내용이 무엇이었는지 대부분 잊는다. 따라서 강사는 학습자의 기억에 학습 내용이 오래 각인될 수 있는 교육 방법을 잘 알고 활용할 수 있어야 한다.

강사가 강의 시 능숙한 부분도 있지만 말투 등 일부 미숙한 부분도 있다. 일부 미숙한 점은 어느 정도 연습을 통해 보완할 수 있지만 강의 내용의 구성과 전개 방법은 제대로 그 원리를 배워야 체득할 수 있는 기술이다.

교육담당자가 사내 강사가 되어 강의할 때 갖게 되는 꿈은 대부분 명강사가 되어 많은 학습자로부터 훌륭하고 의미 있는 강의였다는 피드백을 받는 것이다. 성공적인 강의란 강의를 통해 학습자들이 학습 목표를 달성하도록 만드는 것이다. 따라서 초보 강사는 강의의 효과를 높여 학습 목표를 달성하도록 하는 다양한 기법에 숙달해야 한다. 강의의 단조로움과 무료함을 어떻게 전환시킬 것인가? 학습자를 감동시킬 수 있는 이야기는 어떻게 얻고 어떻게 전개해야 하는 것인가? 등의 강의 기법을 자신의 것으로 만들어야 한다. 성공적인 강의를 위한 원칙과 원리, 그리고 강의 기법들은 수많은 명강사들을 통해 다양한 노하우가 공개되었다. 따라서 사내 강사는 자신의 강의 특성에 맞도록 이러한 원리를 자신의 강의에 적용하고 발전시키는 노력을 게을리 하지 말아야 한다.

1) 강의 전개의 4가지 원칙 ① 학습자 중심의 원칙

'가르친다'라는 표현 안에는 암묵적으로 강사 중심의 자세가 내포되어 있다. 학습자들이 '아무것도 모르고, 아무것도 할 수 없으니까 내가 가르쳐 준다'라는 태도가 들어가 있는 것이다. 어떠한 면에서는 뭔가를 가르쳐준다는 것은 사랑의 표현일 수도 있으므로 이를 좋은 것으로 볼 수도 있다. 그렇지만 강사 중심적 사고는 강의할 때 강사가 절대적 우위자로서의 태도를 견지하고 권위주의적 분위기를 만듦으로써 학습자에게 고통과 좌절감을 가져다줄 수 있는 부정적인 면이 있을 수 있다는 점을 이해하여야 한다.

학습자 중심이란 배우는 쪽 입장에서 강의를 진행하는 것을 말한다. 따라서 강사는 학습자 한 사람 한 사람의 입장을 이해해야 한다. 우선 학습자가 어떠한 이유로 또는 무엇을 목적으로 학습에 참여하였는지를 이해해야 한다. 그리고 학습자의 사고나 경험에 바탕을 두어 강의를 전개해야 하고 학습자의 흥미를 끌어내 적극적으로 학습에 참여하도록 동기부여해야 한다. 우선 학습자 개개인의 차이를 파악하는 것이 중요한데 학습자들의 생각이나 희망, 기대사항, 경험과 연관된 강의를 전개하여야 한다. 무엇보다도 학습자들이 스스로 학습의 필요성을 느끼게 만드는 것이 중요하다. 이를 위해서는 학습자가 관심과 흥미를 느낄 수 있도록 강의 내용을 학습자 자신의 것이 될 수 있도록 구성하여야 한다.

학습자 중심적인 강의를 하기 위해서는 우선 강의 대상인 학습자의 특성을 잘 파악하는 것이 중요하다. 강사 중심인 경우에는 강사 자신의 컨디션이나 자신의 상황을 최우선시한다. 하지만 학습 목표가 학습자들이 조직에 필요한 기술과 지식을 배워 성과를 높이는 것을 목적으로 하므로 강사로서는 학습자의 입장과 대상을 잘 관찰하여 이를 강의에 반영하는 것이 올바르다.

어떠한 강의에 임하든지 강사는 최우선으로 학습자들이 어떠한 사람들로 구성되었는지를 파악하는 것이 중요하다. 현재 학습자의 상태와 분위기, 기분들은 어떠한지, 그리고 이들의 직무는 무엇인지, 이들의 연령층은 주로 어디에 해당하는지 등의 요소를 자세히 파악하는 것이 좋다. 이들 요소의 차이에 의해 학습 분위기는 상당한 차이를 보일 수 있다. 그렇다면 구체적으로 강사는 강의 전 학습자의 무엇을 파악하는 것이 좋은가?

· 계절, 시기, 시간
· 이전 학습, 지난 주의 학습 태도
· 직장에서의 태도
· 쉬는 시간 학습자들의 주요 대화 주제, 최근의 TV프로그램, 상품

· 최근 관심사, 주요 고민 내용, 직장 내 주요 문제나 이슈, 정말 즐거운 일

· 장래 하고 싶은 일, 취미 활동이나 열중하고 있는 일

· 지금까지 무엇을 어디까지 학습 했는지, 어디까지 알고 있는지 등

· 학습 내용에 대해서 얼마나 알고 있는가?

· 테마에 대해 얼마나 관심을 가지고 있는가?

· 테마와 관련해서 어떠한 내용이나 이야기로 시작해야 관심을 끌까?

· 테마와 관련하여 학습 준비도는 어느 정도인가?

학습자 중심의 강의를 진행하기 위해서는 위와 같은 주제에 대해 관심을 가지고 사전에 파악하는 일이 필요하다.

② '알고 있는 지식에서 모르는 지식으로'의 원칙

강사가 강의 시작하면서 흔히 범하는 오류는 학습자가 어디까지 얼마나 이해하고 있는지 확인하지 않고 곧바로 가르치는 것이다. 학습자가 얼마나 알고 있는지를 파악하지 않고 곧바로 강의하면 학습자의 경우 강의 내용을 전혀 알아듣지 못하고 강의 시간 내내 혼돈을 겪을 수도 있고 학습을 포기할 수도 있다.

우선 학습자의 수준을 확인하여야 한다. 어디까지 알고 있는지를 파악한 후 이를 바탕으로 강의 내용과 강의 수준을 결정해야 한다. 강의 시간의 흐름에 따라 점차 수준을 높여가야 한다. 강의 초기에 학습자의 능력, 경험, 배경 등을 파악하고 학습 단계별로 학습 내용에 대한 확인을 통해 알고 있는 지식부터 모르는 지식으로 단계적으로 강의를 진행해 나가야 한다.

③ '전체-부분-전체'의 원칙

좋은 강의는 교육 과정과 내용 전체에 대한 목표나 의의, 혹은 대략의 큰 줄거리나 맥락을 학습자들이 주지하도록 한다. 강의 초에 전체 학습에 대해 설명함으로써 학습자들이 전체 교육에 대한 밑그림을 머릿속에 그릴 수 있게 한다. 그리고 전체 학습 목표와 현재 학습하려는 내용과의 연계성을 설명한다. 그리고 각각의 세부 주제에 관한 설명을 자세히 진행한다. 마지막에 다시 교육 전체의 내용과 목표에 대해 재강조한다. 이렇게 '전체-부분-전체'로의 강의 진행은 학습자들에게 많은 학습 내용의 전체적인 연계성을 높이고 학습 목표를 명확히 인지시킴으로써 목표를 달성하도록 해준다. 또한 많은 학습자가 강의에 대해 '뭔가 많은 것을 배운 것 같기는 한데 뭘 배웠는지 모르겠어'라는 생각을 하는 경우가 있는데 학습 목표와 학습 내용의 연계성을 높임으로써 이러한 생각을 없앨 수 있다.

④ '실천과 연계' 원칙

많은 학습자가 강의에 참여하는 가장 큰 목적은 실제 업무에 교육을 통해 배운 지식과 기술을 활용하여 성과를 높이고자 함이다. 하지만 아무리 좋은 내용일지라도 실제 업무 현장에 연계되지 못하는 지식과 기술은 아무런 도움이 되지 못한다. 강사가 추상적인 지식으로 강의 대부분을 진행하였다면 학습자들은 이러한 추상적인 이론을 어떻게 현장에 적용해야 하는가 하는 곤란을 겪게 된다. 따라서 강사는 강의 내용을 가능하면 현장의 사례와 실제 업무 등과 관련지어 진행할 필요가 있다. 학습자들이 현장에서 자주 발생하는 문제를 학습 과제로 선정해 이를 해결하는 것을 배우고 스스로 해결안을 찾게 만드는 것이 효과적이다. 학습자 입장에서 보면 강의 내용이 현장에 곧바로 적용할 수 있을 만큼 구체적이고 적용이 용이하다고 느낄 때 이를 업무에 복귀하여 적용할 가능성이 크다.

유능한 강사가 되기 위해서는 이와 같은 네 가지 강의 원칙을 숙지하고 실제 강의 현장에서 능숙하게 활용할 수 있어야 한다.

2) 좋은 강의 조건 교육 방법론적으로 볼 때 강의법은 교육 현장에서 가장 빈번하게 활용하는 교육 방법이다. 지식 중심의 교육은 전문 강사의 강의 형식의 교육 방식이 일반적이다. 하지만 최선의 교육이 되기 위해서는 강사 또한 상당한 연구와 노력이 필요하지만 적당한 선에서 만족한다면 큰 노력을 하지 않아도 강의는 이루어질 수 있다. 교육 방법 중 강의법은 장단점 모두를 이해하여야 좋은 강의를 위해 어떠한 부분을 신경 써야 하는지를 이해할 수 있다.

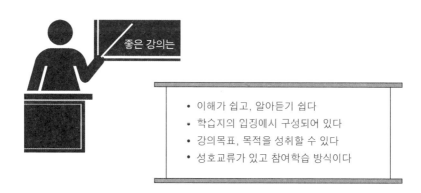

좋은 강의는

- 이해가 쉽고, 알아듣기 쉽다
- 학습지의 입징에시 구성되어 있다
- 강의목표, 목적을 성취할 수 있다
- 성호교류가 있고 참여학습 방식이다

① 강의법의 장점과 단점

강의법의 장점을 열거하면 다음과 같다.

· 강사 한 사람이 많은 학습자를 상대로 동시에 전문 지식과 정보를 전달할
 수 있다
· 필요한 지식을 한정된 시간에 효율적으로 전달할 수 있다
· 학습자의 이해도에 응해 시간이나 내용을 자유로 조절할 수 있다
· 강사의 열의, 의욕, 기법에 따라 학습자의 관심이나 참여율을 높일 수 있다
· 저렴한 비용으로 반복해서 동일한 강의를 실시할 수 있다

강의법의 최대 장점은 경제성과 효율성이 뛰어나다는 점이다. 둘째
로는 강사의 영향력이 크기 때문에 강사로 인해 교육 효과가 높게 나
타날 수 있다는 점이다. 셋째로는 강사가 목적과 범위, 전개법, 시간 배
분 등을 조절할 수 있다는 점이다. 강의법만큼 강사의 역량에 의존하
는 교육 방법은 없다.

그렇다면 강의법의 단점은 무엇인가? 학습자 개인별로 지도가 필
요한 학습의 경우 강의법은 전체 학습이란 점에서 부적절하다. 또한
학습자 입장에서 보면 강사가 일방적으로 학습을 진행하는 경우가 많
으므로 불리한 면이 많다.

· '강사의 권위에 바탕한 강의'라는 구조가 기본적으로 깔려 있으므로, 독선
 적이기 쉽다
· 학습자의 자기표현 기회가 적고, 수동적 입장에 놓인다

- 학습자의 태도 변화나 기능 학습에는 적합하지 않다
- 학습자 개개인의 관심이나 능력에 대응하기 어렵고, 전체에 대한 얘기가 주를 이룬다
- 강사 지도법의 잘잘못이 성과에 직접적으로 반영된다
- 학습 내용이 머릿속으로는 이해되었어도 행동으로 이어지기 어렵다

강의법은 강사에게는 유리하여도 학습자에게는 불리한 교육 방법이다. 따라서 좋은 강의가 되려면 강사는 강의법의 단점을 잘 파악하고 이를 극복할 수 있도록 강의를 진행해야 하는데, 최대한 단점을 극복하고 장점은 극대화하는 전략을 취하여야 한다.

이러한 전략을 바탕으로 강의법의 단점을 극복할 수 있는 방안을 생각해 볼 때 최선의 방법은 학습자들에게 능동적으로 학습에 참여하게 만드는 것이다. 학습자에게 소외감을 주지 않고 팀원들이나 옆 사람과 대화나 토론, 작업을 함께 하도록 만든다. 또한 강의 중 상호작용이 가능한 다양한 기법, 이벤트, 테크닉을 활용하도록 한다. 강사는 최선의 강의가 될 수 있도록 학습자 입장에서 강의를 기획하고 다양한 기법을 활용하여 학습자들로 하여금 참여 의지를 갖게 하는 것이 중요하다.

② 좋은 강이란?

좋은 강의란 어떤 것인지 강사는 명확한 정의와 이미지를 가지고 있어야 한다. 이러한 이미지를 통해 강의 준비를 철저히 할 수 있다. 좋은 강의의 기본 조건이라고 하면 '이해하기 쉽고 알기 쉬워야 한다'

는 점이다. 또한 강의 내용이 학습자 중심으로 구성되어야 하며 강의 목적과 목표를 달성할 수 있어야 한다. 강의 시 학습자의 참여가 가능하도록 상호 교류 분위기를 만드는 것도 중요하다.

좋은 강의의 조건으로 다음과 같은 것을 생각해 볼 수 있다.

· 강의 전체 그림(총론)을 설명한 후에 세부 내용(각론)을 설명
· 다양한 교보재를 활용하여 학습
· 매너리즘이나 단조로움 없이 다이내믹하게 전개
· 말로만 하는 강의가 아닌 다양한 이벤트가 포함됨
· 강의 목적을 명확히 하고 평가를 통해 달성 여부 확인
· 목적에 적합한 강의 내용 구성
· 논리적이고 체계적인 구성 → 명료한 해설과 설명
· 시간 준수

강의를 통해 전하고자 하는 주제가 무엇인가에 따라 학습자에게 강의의 전체 그림을 설명하고 이를 머릿속에 그릴 수 있도록 한 후에 세부 학습 내용을 설명하는 것이 좋다. 이러한 전체 내용에 대한 설명은 길게 할 필요는 없다. 각론에 대한 세부 설명을 하기 전에 강의의 총론을 미리 말하는 것은 학습자에게 각론에 대한 설명이 전체에서 어느 위치에 해당하는지를 알게 하려는 의도다. 이를 모르고 강의를 듣게 되면 현재 내용의 전체적 해석이 모호한 가운데 시간을 낭비할 수도 있다.

또 강의 주제에 맞는 다양한 교보재를 활용하여 학습을 진행하는

것이 좋은데 교재만 가지고 강의하는 경우가 더러 있다. 하지만 이보다는 실물이나 사진, 영상 등을 활용하는 것이 훨씬 유익하다. 만화나 유튜브 영상도 활용할 수 있다. 교보재 활용은 학습 분위기를 단조롭지 않고 다이내믹하게 만들어준다. 이러한 분위기를 만들기 위해서는 말로만 하는 강의가 아닌 다양한 이벤트를 포함한 참여식 강의를 기획하는 것이 좋다. 질의응답을 활용하거나, 퀴즈를 풀게 하거나, 팀 토의를 시키는 것도 참여식 교육의 한 방법이다. 강의에 다양한 기법을 적절하게 활용한다면 강의 전반의 분위기와 흐름을 역동적으로 바꾸는데 매우 효과적이다. 굳이 기발한 아이디어만을 고집할 필요는 없다. 적절한 강의 기법을 생각하고 이를 적시에 활용하는 것이 가장 효과적인 강의다.

또한 강의 목적을 명확히 하고 평가를 통해 달성 여부를 확인하여야 한다. 목적 없는 강의만큼 쓸모 없는 낭비의 교육은 없다. 강의 목적을 명확히 하여야 학습자의 학습 성취도 평가를 정확히 할 수 있고 교육의 효과성을 확인할 수 있다.

이를 위해서는 강의 목표에 적합한 강의 내용으로 전체 학습 내용을 구성하여야 한다. 즉 군더더기 없는 내용과 깊이 있는 해설과 설명이 강의 목표를 달성을 이끌어준다. 필요한 내용이라고 할지라도 내용이 논리적이고 체계적으로 구성되어 있을 때 학습자에게 명료한 해설과 설명이 가능하다. 그리고 학습자 또한 강의를 명료하게 이해할 수 있게 된다.

강의 시간은 강사를 위한 시간이기도 하지만 학습자의 시간이기도 하다. 강사는 강의 시간을 최대한 지키려 노력해야 한다. 물론 강의를 진행하다 보면 시간에 쫓기는 경우가 많다. 시간은 얼마 남지 않았는데 아직 다 설명하지 못한 학습 내용이 많이 남아 있다면 강사는 현명한 판단을 내려야 한다. 대체로 남은 내용을 요약해서 설명하더라도 시간 내에 강의를 끝마치는 것이 적절할 때가 많다.

③ 좋은 강의를 위한 8포인트

위에서 말한 좋은 강의의 조건을 바탕으로 좋은 강의를 위한 구체적인 8가지 포인트를 생각해 볼 수 있다. 이들 8가지 포인트를 고려한 강의 기획과 구성은 강의의 완성도를 높여준다.

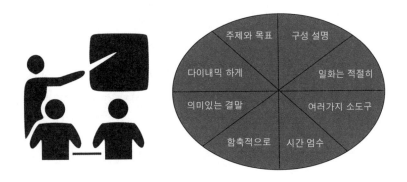

강의의 8포인트

첫째, 강의 주제와 목표를 명확하게 제시한다. 강의 주제가 무엇인지, 어디까지 학습할 것인지를 명확하게 제시해 주어야 한다.

둘째, 강의 전체 구성을 말해주고 본론으로 들어간다. 학습자에게 학습 내용의 전체 줄거리를 미리 얘기해 주면 학습에 흥미를 갖게 만들 수 있다.

셋째, 강의 전개를 다이내믹하고 다채롭게 실시한다. 학습자들은 강의 초반에 관심을 집중하지만 시간이 흐를수록 점점 집중도가 떨어진다. 따라서 계속해서 집중하도록 하기 위해서는 다이내믹하고 다채로운 변화를 시도하여야 한다. 강의뿐만 아니라 실습, 연습, 사례 발표나 연구, 역할 연극, 팀 활동 등 다양한 활동을 강의 중에 포함할 필요가 있다.

넷째, 주제에 맞는 소도구나 교보재를 활용한다. 강의 내용, 진행에 맞추어 최적의 소도구나 교보재를 준비한다. 소도구는 실물일 경우에 교육 효과가 높다. 또한 기사나 영상, 자체 제작 실험 기구 등 가능한 한 다양한 소도구나 교보재를 준비한다면 학습자들로부터 감동과 함께 관심을 끌어낼 수 있다.

다섯째, 강의 내용은 주제에 맞게 함축적이어야 한다. 강의 내용이 중구난방으로 산만하게 제시되면 학습자들은 포인트를 잃을 수도 있다. 주제에 맞는 내용 중심으로 압축하여야 한다. 그래야만 강의 내용이 명료해지고 학습 이해를 도울 수가 있다.

여섯째, 적절한 일화는 분위기를 전환한다. 강의 내용이 전반적으로 딱딱한 경우 적절한 농담이나 일화, 여담으로 분위기를 전환할 수 있다. 그러나 강의에 대한 흥미와 관심의 집중에 역효과가 있을 수 있으므로 최소한으로 하는 것이 좋다. 강사가 유의해야 할 점은 이렇게 농담이나 여담을 하다 보면 학습자의 관심이 갑자기 높아짐으로써 일종의 안도감을 가질 수가 있는데 자칫 지나치게 이러한 부분에 시간을 많이 할애하다 보면 진짜 학습 내용을 설명할 시간이 부족해질 수도 있다.

일곱째, 강의 종료 시간이 다가오면 의미 있는 마무리와 목표에 따른 평가를 실시한다. 다음 강의 시간에 대한 기대를 갖게 만드는 것도 좋은 방법이다. 그리고 적절한 평가를 행해야 한다. 간단한 질문을 통해 학습자의 이해도가 어느 정도 되는지와 학습 목표는 얼마나 달성했는지를 파악해 보는 것이 좋다. 간단한 테스트나 설문 조사도 도움이 된다.

여덟째, 시간을 엄수해야 한다. 시간 엄수는 강사에 대한 신뢰감으로 연결된다.

지금까지 말한 좋은 강의를 위한 8포인트를 고려한 강의 전개를 생각해 보자. 강의 시작에서부터 이러한 포인트를 생각하여 진행하면 도움 된다. 강의 시작과 함께 강의 주제와 목표를 명확하게 제시하고, 강의 개요와 주요 단락을 설명하고 본론으로 들어가는 것이 좋다. 본론에 대한 강의 전개는 다이내믹하고 다채롭게 진행하고 내용 이해를 돕는 다양한 도구를 활용한다. 강의 내용은 함축적으로 하되 전개는 다양하게 한다. 가십거리나 일화는 과하지 않게 적절히 쓰고 결말을 의미 있게 마무리한다. 그리고 목표를 달성하였는지를 평가한 후 시간 내에 강의를 마친다.

④ 좋은 강의를 위한 표현 방법

대체로 훌륭한 강사는 학습자에게 편안한 좋은 말투를 사용한다. 듣기 편하고, 명료하며, 뜻을 명확히 전달한다. 상황에 따라 적절히 말투를 변화시키기도 한다. 때에 따라서는 감정의 변화를 말투로 표현하거나 말의 속도를 빠르게 하기도 한다. 이를 통해 전하고자 하는 내용의 의도를 적절히 표현한다.

강사가 이야기를 전개하는 과정에서 적절한 손짓이나 몸짓이 필요하다. 너무 과한 제스처는 오히려 학습자에게 부담을 줄 수 있다. 내용에 따라 적절한 움직임을 취하여야 하는데 필요하다면 과격한 손짓을 하거나 반대로 전혀 움직이지 않고 가만히 있을 수도 있다. 이러한 동작은 학습자의 관심을 끌 수 있고 내용의 이해를 도울 수가 있다.

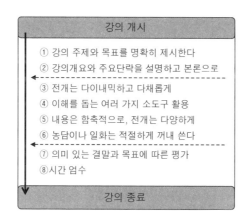

강의의 8포인트에 기반한 전개 예

⑤ 좋은 강의를 위한 마음가짐

좋은 강의를 위한 마음가짐으로 가장 중요한 것은 성실함이다. 강의뿐만 아니라 일상생활에서도 중요한 덕목이지만 특히 강의 시 학습자에게 성심성의껏 진심으로 대하는 것이 중요하다. 강사의 성실한 태도는 신뢰감으로 이어진다. 학습자의 질문에 대해 바로 답을 못하면 '내일까지 알아본 후 알려드리겠습니다'라고 답하기도 하는데 실제로 약속을 지키고 적절하게 대응하는 것이 매우 중요하다.

강의에 임하는 자세는 밝고 긍정적으로 일관해야 한다. 표정이 어둡거나 등을 돌리는 자세는 강의가 아무리 좋은 내용이라도 나쁜 인상을 줄 수가 있다. 강의실에 들어오기 전에 스스로 한번 밝은 모습으로 강의하는 자신의 모습을 떠올려 잠재의식에 암시를 주는 것도 좋은 방법이다. 호감도가 높은 강사는 서비스 마인드가 강하며 고객 중심의 사고를 한다. 이와 동시에 성과 달성에 충실함이 드러난다. 학습자들은 시간을 보내기 위해 모여있는 것이 아니다 학습을 통해 성과를 얻고자 함이다. 따라서 강사는 자신의 강의를 통해 성과를 확실히 보증할 수 있도록 진행해야 한다.

강의를 통해 학습자의 역량과 스킬이 향상될 수 있도록 진행하여야 한다. 무엇보다도 충분한 준비를 통해 충실한 강의가 될 수 있도록 노

력한다. 동일한 강의 내용이라고 하더라도 강사에 따라서 진행 방식은 천차만별이다. 따라서 좋은 강의를 위한 창의적 노력이 필요하다. 매 강의 시간이 기다려지게끔 즐거운 강의 구성이 되어야 하고, 학습자에 앞서 강사가 먼저 강의 내용과 방식에 재미를 느껴야 한다. 강사가 강의에 재미를 느끼지 못하면 즐거운 강의를 기대할 수 없고 이는 곧바로 학습자에게 전이된다. 준비를 철저히 할수록 매력적인 내용과 구성이 가능하다. 바로 이러한 자세가 좋은 강의를 만드는 것이다.

3) 성공적인 강의란 무엇인가? 성공적인 강의는 여러 요소에 의해 정의 내릴 수 있는데 그 요소는 다음과 같다.

첫째, 강의 내용이 학습자에게 받아들여지는 것이다. 강의 내용은 그 수준이나 전문성이 학습자의 능력과 학습 준비도에 맞지 않으면 안 된다. 아무리 좋은 내용이라도 학습자의 마음가짐, 보유 지식수준 등에 맞지 않으면 학습이 곤란하다. 따라서 강의 내용과 수준은 학습자의 특성, 근무 환경, 생각, 흥미, 사고방식, 가치관, 학습 이력 등과 부합하도록 하여야 한다.

둘째, 교육 기획 단계에서 설정된 학습 목표를 달성하는 것이다. 학습 목표를 학습자 전원이 달성할 수 있도록 하여야 한다. 학습 목표와 부합되는 학습 내용의 구성을 통해 학습 효과를 극대화해야 하며 학습자의 학습 동기를 고양해야 하다. 또한 학습 목표를 구체적이고 명화하게 제시하여 학습자들로 하여금 교육을 통해 달성하고자 하는 것이 무엇인지를 확실히 인지시켜야 한다.

셋째, 강의 전개가 학습 추구점과 부합하여 효과적인 경우다. 기본적으로 학습 추구점이 무엇인지를 파악하여 이에 적절히 대응하여야한다. 학습 추구점은 사고 과정의 학습, 지식의 이해, 스킬 단련, 인과관계 상호관계성 구축, 논리성 개발과 논리적 학습 등 매우 다양하다. 이 중 대표적인 학습 추구점들에 대한 대응 방안을 강의 전에 강구한다면 강의 성공은 더욱 확실해진다.

학습 추구점별 강의 시 대응책

학습 추구점	강의 시 대응 예
사고 과정의 학습	사고 과정의 핵심을 알려줌 사고에 필요한 방법을 알려줌 사고의 전제조건을 정리 사고 결과의 좋고 나쁨을 판정할 기준을 알려줌 사고 과정의 플로우 차트를 알려줌
지식의 이해	지식 항목을 명료하게 알려줌 지식을 기억하기 좋게 알려줌 지식을 활용한 사례를 알려줌 지식을 적용시킴 지식을 도해시킴 다른 지식과 관련지음
스킬 단련	스킬을 알려줌 / 스킬의 감과 요령을 알려줌 스킬을 연습시킴 / 스킬을 응용하여 공부시킴 스킬을 기술하게 함
인과관계, 상호관계성 구축	관계의 종류, 정도를 알려줌 관계 파악의 방법, 실마리를 알려줌 관계도를 작성시킴 관계도로부터 의미점을 찾게 함
논리성 개발과 논리적 사고법 학습	이론적 사고의 진행 방식을 알려줌 효과를 알려줌 논리성이란 무엇인지 사고하게 함 논리사고의 패턴을 알려줌

학습 추구점이 무엇을 대상으로 하는가를 파악하여 이에 대응하는 것도 성공적인 강의를 위해 필요하다. 그 대상이 '언어적 교재나 문자 정보', '기사나 논문', '수리 기호나 현상의 수리 표현', '현상 설명이나 현상의 해석, 정리의 증명', '공법, 가공 수단의 설명', '원리나 이론의 적용과 설명' 등 다양할 수 있기에 추구 대상의 파악은 강의 진행 방법을 결정하는데 도움 된다.

넷째, 최소 노력으로 최대 효과를 거두는 것이다. 이것은 준비와 효과의 관계를 말하는 것으로 아무리 좋은 강의라고 하더라도 준비 시간이 너무 많이 걸린다면 효과적이라고 할 수 없다. 할 수 있는 한 준비는 효율적으로 하여 시간을 아낄 필요가 있다.

다섯째, 학습자의 만족도와 성취도가 높아야 한다. 학습자들은 교육 후 확실한 성과를 기대한다. 즉 스스로 교육을 통해 자신이 목표한 것에 어느 정도 도달하였는지를 확인하고 싶어 한다. 따라서 강사는 학습자의 교육 전 기대사항이 교육을 통해 이루어지고 있음을 느끼게 만들어야 한다. 이러한 성과를 실감한 학습자는 현업에 복귀하여 높은 학습 전이를 보인다.

이 밖에도 성공적인 강의가 되기 위해서는 이 강의 아니면 배울 수 없다는 차별화된 콘텐츠를 갖추어야 한다. 학습자들은 강의를 통해 자신의 능력을 향상시키는 외에도 다른 학습자와 새롭게 친분을 맺고자 한다. 따라서 강사와의 교류도 중요하지만 학습자 상호 간의 교류도 매우 중요하다. 이러한 학습자의 욕구를 충족시키면서 학습자가 다음과 같은 7가지 실감을 갖게 하면 강의 만족도가 높아진다.

· 이해한다(이해하고 있다는 실감)

· 할 수 있다(해내고 있다는 실감)

· 안다(알게 됐다는 실감)

· 납득할 수 있다(납득하고 있다는 실감)

· 즐겁다(즐거움을 느끼는 실감)

· 풀 수 있다(푸는 실감)

· 시간의 유의미함을 느끼는 실감

성공적인 강의가 되기 위해서는 최우선으로 학습자들이 이해하고 있다는 실감, 해내고 있다는 실감, 알고 있다는 실감을 느낄 수 있도록 하여야 한다. 납득하고 있다는 실감, 문제를 푸는 실감을 느낄 수 있다면 더 학습에 충실할 수 있다. 즐거움을 느끼는 실감과 시간의 유의미함을 느끼는 실감은 다른 실감들을 보완하여 보다 좋은 인상으로 남게 한다.

성공적인 강의의 가장 중요한 요소는 학습자를 단지 듣게만 하는 것이 아닌 학습의 주인공으로서 적극적인 참여를 유도해야 한다는 점이다. 다이내믹한 토의, 연습, 역할 연기 등의 체험과 참여 학습 방법을 활용하여야 한다. 강사의 충실한 강의도 중요하지만 이것만 가지고서는 부족하다. 학습자 중심의 강의 전개 학습자 수준에 맞추어진 강의 내용이 전제 되지 않으면 성공적인 강의는 이루어질 수가 없다.

4) 강의법의 8가지 성공 원칙 누구라도 처음 강의하면 어떻게 해야할지 다소 당황하곤 한다. 다양한 강의 경험이 있는 유능한 강사라면 주제와 대상에 따라 적절하게 대응할 수 있는 경험과 능력을 갖추고 있지만 강의 경험이 많지 않은 초보 강사는 매 강의를 통해 성과를 도출하는데 많은 부담을 느끼게 된다. 그렇다면 다음과 같은 8가지 성공강의 원칙을 숙지하면서 강의의 성숙도를 한 층 높여 성공적인 강의를 이끌 수 있게 해보자.

성공 원칙 1: 강의 전개 원칙을 명확히 한다.

강의법은 강사 이야기를 통해 교육 지도를 하는 구체적인 교육 기법으로 언어가 갖는 불명확성을 극복해야 한다. 따라서 강의 전개 원칙을 명확히 하여 설명해 나가야 한다. 불명료하고 애매한 것은 강의법에서 최대한 배격하여야 한다. 예를 들면, 한 가지 논지를 제시해야하는 상황에서는 반복해서 그 논지를 간결하게 제시하면 학습자들은 논지를 쉽게 파악한다. 복수의 논지를 말해야 할 경우는 [논지 A] → [논지 B] → [논지 C]와 같이 이야기를 명확하게 나눠 설명한다. 논지를 바꿔야 하는 경우에 통계나 확인 내용을 삽입하게 되면 논지가 더 명확해진다. 가능한 한 복잡하지 않도록 배려하여야 한다.

성공 원칙 2: 논리가 명쾌하고 논리를 쉽게 파악할 수 있게 한다.

복수의 논지를 전달하려면 그 상호 관계나 관련성을 명확히 해야한다. 그 논리의 이치를 명확히 설명하는 것이 중요하며 학습자 관점에서 그 논리를 이해할 수 없다면 강의 내용으로서 적합하지 않다. 강의 전개가 단순하면 흥미를 잃을 수도 있으므로 강의 내용은 적절하게 복잡함을 띠어야 한다. 따라서 단순함과 재미는 반비례한다고 할 수 있으므로 이들이 적절히 조화를 이룰 수 있도록 강의를 구성하는 것이 중요하다. 이와 마찬가지로 복잡함과 이해의 용이성과는 상호 반비례한다. 따라서 복잡한 내용이라면 이해가 쉽게 논리를 잘 전개하여야 한다. 플로차트(flow chart)와 같은 도해도 이해에 도움 된다. 복잡한 논리도 간결한 말로 설명할 수 있다면 이해하는데 도움이 될 것이다.

성공 원칙 3: 기승전결로 강의를 전개한다.

강의 내용에 대한 강약을 조절하는 것이 매우 중요하다. 강약 없이 처음부터 끝까지 단조롭게 진행한다면 아무리 관심 있는 강의 주제라 할지라도 학습자는 이내 무료함을 느낄 것이다. 강의는 처음부터 끝날 때까지 단계별로 적절한 변화를 주어 진행하는 것이 바람직하다. '기승전결(起承轉結)' 원리를 따르면 좋은데 기(起) 단계에 해당하는 강의 도입 부분에서는 강의 전반에 대한 대강의 설명으로 시작하여 승(承) 단계에서는 이를 이어 내용을 발전시키며 전(轉) 단계에서는 전 단계와는 다른 새로운 내용으로 전환하여 내용을 발전시키고, 결(結) 단계에서 결론으로 전체 내용을 정리하는 것이다. 강의 전체 구성과 전개를 기획할 때 이러한 기승전결 원칙을 고려해 어떤 내용으로 강의할 것인지를 결정하는 것이 좋다.

성공 원칙 4: 개요-상세-총괄 또는 전체-부분-결말의 순으로 전개한다.

강의의 전개는 '개요-상세-총괄' 또는 '전체-부분-결말'의 순으로 구성하는 것이 좋다. 시작하자마자 갑자기 내용이 끝나면 학습자는 무엇을 배웠는지 도무지 알 수가 없다. 많은 강사가 강의 시작과 함께 본론으로 들어가 마지막까지 본론만을 얘기하다 갑자기 종료 시간이 되어 강의를 끝내 버리고 인사 후 떠나는 경우가 허다하다. 만약 강의가 끝났다는 인사라도 없다면 강의의 종결 부분을 눈치채지 못하는 경우도 많다. 이러한 강의 전개는 강의 내용이 좋다고 하더라도 학습자들에게 좋은 이미지를 주지 못한다.

강의 시작에는 우선 오늘 강의 목적이 무엇인지를 짧게나마 설명해 주어야 한다. 이를 통해 학습자는 강의 내용 전체가 어떠할 것인지를 머릿속에 그려볼 수 있다. 다음으로 각론에 들어가 세세히 설명하고 마지막으로 총정리 하는 것이 학습자의 이해를 돕는다. 결말 부분에서는 강의 내용의 요점과 함께 향후 추가로 논의할 수 있는 주제의 발전성과 확장성까지 언급하는 것이 좋다. 강의 중 휴식 시간은 학습 의욕을 떨어뜨리지 않는 범위에서 과하지 않고 적절한 시간이 될 수 있도록 타이밍에 맞춰 제공한다.

성공 원칙 5: 강의에 임해서는 밝고, 즐겁고, 긍정적이며 열의와 인간미를 갖고 진행한다.

좋은 강의는 학습자에게 좋은 인상을 준다. 학습자들은 좋은 강의에서 밝고 적극적이고 즐거운 분위기를 느낀다. 아무리 힘든 상황이고 어두운 상황일지라도 강의 상황에서는 결코 부정적이거나 어두운 얘기는 하지 말아야 한다. 강사는 모든 면에서 적극적으로 어떻게 하면 좋아질 것인가를 생각하려 노력해야 한다. 무엇보다 중요한 부분은 강의의 결말인데 어둡고 무거운 표현으로 강의를 끝내면 이전 강의 내용이 아무리 밝았다고 하더라도 어두운 인상으로 끝나게 된다. 결말은 전체 강의의 인상을 결정지을 수 있으므로 특히 주의하여야 한다. 또한 강의 전반적으로 강사의 열의가 느껴지도록 해야 한다. 강사의 열의는 충실한 준비를 통해 표현된다. 강의의 준비도가 높으면 높을수록 학습자들은 강사에게 열의를 느끼고 감동하게 된다. 또한 강사의 인간미를 자연스럽게 보여주는 것 또한 전혀 마이너스가 되지 않고 플러스가 될 수 있는 부분이므로 인간적인 면모로서 강사의 모습을 적극적 보여주려 노력해야 한다.

성공 원칙 6: 강의는 주입식, 설득식 보다는 문제제기와 문제 해결 논법으로!

강의는 주입식, 설득식 학교 수업식으로 많이 이루어진다. 하지만 성공적인 강의의 주요 흐름을 보면 '문제제기, 힌트, 정리' 순으로 전개가 이루어지고 있음을 알 수 있다. 한정된 교육 시간을 통해 목표하는 성과를 달성하기 위해서는 학습자 스스로 문제를 제기하고 이에 대해 추론을 통해 문제를 해결하는 것이 효과적이기 때문에 강사는 사전에 이러한 구성을 꾀하여야 한다.

비록 설득의 학습 내용이라고 할지라도 학습자 스스로 해결안을 찾으려 노력하는 가운데 강사의 도움을 받게 하거나 아니면 강사가 퍼실리테이터로서 학습자의 해결안 도출을 촉진하는 역할을 수행하는 것이 효과적이다. 이때 문제의 설정이 매우 중요한데 이것은 강의 주제를 무엇으로 하는가와도 깊은 연관이 있다.

성공법칙 7: 강의에 적절히 이벤트를 삽입하게 되면 내용이 인상 깊게 되고 기억에 오래 남게 된다.

강의법의 주 기법은 학습 내용을 말로 하는 것이지만 몇 개의 이벤트를 삽입하는 것만으로도 내용의 이해를 돕고 강의의 단조로움을 없애 좋은 인상을 남길 수가 있다. 강사를 처음 시작하는 초보 강사의 입장에서는 '말을 계속해서 하는 일'이 정신적으로는 편할 수 있지만 계속해서 말만 하는 것만큼 고독한 일이 없다고 할 수 있다. 많은 학습자를 앞에 두고 혼자 말만 한다면 학습자와 벽을 만들어 스스로를 고립시켜 버리기 때문이다. 이렇게 혼자서 말만 하는 강사는 강의가 끝나면 강의 부담에서 벗어날 수가 있지만 강사 학습자 모두 강의에 대한 만족감은 얻지 못할 수가 있다.

이러한 단조로움을 깨는 일이 이벤트의 효과이다. 적절한 이벤트는 강사 학습자 모두의 머리와 마음에 신선함을 가져다준다. 하지만 명심하여야 할 점이 이벤트 수와 집중력은 반비례하므로 임기응변적 대응과 적절한 균형을 이루어 이벤트를 실시해야 좋은 인상을 강화하고 기억에 오래 남게 할 수 있다. 강사의 임기응변적 대응은 단조로움을 극복하는데 도움 된다. 예를 들어, 학습자들이 강의의 단조로움에 무료함을 느낀다면 그룹 워크로 '각사의 현황을 토론하고 3가지로 요약하시오'와 같은 토론으로 발표시킨다면 다시 활기를 찾을 수가 있게 된다. 따라서 강사는 상황에 따라 활용할 수 있는 다양한 이벤트를 알고 있어야 한다.

성공 원칙 8: 자연스러운 질의응답으로 깔끔히 마무리 짓는다.

강의 종료 시 핵심이 되는 개념을 다시 설명한 뒤에는 질의응답 시간을 갖는 것이 효과적이다. 이때 강사는 분명하게 답을 할 수 있는 질문, 좀 생각하지 않으면 안 되는 질문, 잘 생각야만 하는 질문을 예상하고 준비를 해 놓아야 한다. 이러한 질문을 통해 학습자의 이해도를 가늠해 볼 수가 있게 될 뿐만 아니라 학습 내용의 현장 적용과 사고 영역의 확대 등을 고려한 질의응답을 진행한다면 강의에 좋은 결과를 가져올 것이다. 강사들이 가장 흔히 말하는 질문이 '질문 있으십니까?'이다. 사실 이 질문에 효과적인 질문이 나오게 하기 위해서는 학습자들이 강의에 대한 충분한 이해가 전제되어야 한다. 그렇지 않고 학습자들의 이해도나 관심도가 떨어져 있으면 질문보다는 빨리 끝나기를 바랄 수도 있다. 따라서 좋은 질문을 받게 되는 강의는 자신의 강의가 훌륭했다는 것을 반증할 수 있으므로 강의 종료 시 적절한 질의응답을 유도하고 이를 통해 깔끔히 강의를 마무리한다면 학습자에게 깊은 인상을 남길 수 있다.

5) 강사의 유의점　처음 강의를 시작하는 교육담당자라든가 아니면 전업 강사로 시작하는 사람들에게 유념하여야 할 점을 정리하면 다음과 같다.

첫째, <u>열의를 갖고 강의해야 한다.</u> 권위자로서 행동하는 것이 아니라 교육자로서 행동해야 한다. 강사는 학습자들로부터 권위를 인정받으려는 노력에 앞서 신뢰감을 얻으려고 노력해야 한다. 그렇지 않으면 학습자가 거리감을 갖게 할 수 있다. 권위 의식이 강한 강사는 이러한 점을 간과하기 쉽다. 권위적인 강사는 잠재의식 속에 '나 같은 권위자를 불러놓고 왜 들으려 하지 않는가?', '나로부터 강의를 듣는 당신들은 행복한 거야'라는 권위 의식이 깔려있다. 이와 같은 권위 의식 속에서 교육적 관계는 성립하기가 매우 어렵다. 학습자 관점에서 생각하고 교육을 생각한다면 당연히 학습자가 강사를 알아주기를 기대하지 말고 먼저 열의를 보이는 태도가 더 중요하다.

둘째, 확실한 준비가 필요하다. 담당 강의 내용에 대한 숙지만으로 강의를 하는 것은 매우 위험하다. 확실히 숙지해야 할 뿐만 아니라 강사 자신이 강의해야 할 내용에 대하여 확신이 있어야 한다. 강사가 먼저 강의 내용에 확신이 있어야만 학습자에게 강의 내용을 확실히 설명할 수가 있고 학습자들은 강의 내용을 알게 되는 것이다. 따라서 강사의 강의 내용에 대한 준비는 강의에 대한 자신감으로 이어지고 이를 통해 학습자의 신뢰를 얻을 수가 있는 것이다. 좋은 강의는 학습자와 함께 만드는 것이다. 학습자의 충분한 이해가 없다면 좋은 강의가 될 수 없다.

셋째, 강의 본론에 충실해야 한다. 강의를 막상 시작해보면 기대했던 반응을 얻지 못하는 경우가 있다. 이를 만회하기 위하여 강의 주제와는 상관 없는 일상 이야기로 시간을 채우거나 주의를 끌기 위해 질문을 자주 하거나 그다지 중요하지 않은 과제에 대한 토의로 시간을 빼앗기는 일이 자주 발생한다. 이 때문에 오히려 강의 품질이 더 떨어지게 되고 수습이 어려운 상황에 부닥칠 수가 있다. 어려운 일이 될 수도 있지만 학습자 상황을 냉정하게 받아들이고 강의 주제를 벗어나지 않도록 하여야 한다. 또한 학습자를 배려해가면서 끝까지 강의 주제에서 벗어나지 않는 것이 중요하다. 강의를 하는 목적은 사전 설정된 학습 목표를 달성하기 위함이란 것을 명심하고 초지일관해야 좋은 결과를 얻을 수가 있다.

넷째, 시간을 지킨다. 시간은 신뢰의 척도가 된다. 강의를 너무 오래 끌면 신뢰를 잃을 수 있고 너무 짧게 끝내면 대충 한다고 비난받을 수도 있다. 현재 맡은 강의는 일생에 단 한 번밖에 없는 귀한 시간이다는 생각으로 최선을 다해야 한다. 만약 시간이 부족하다면 남아있는 시간에 최선을 다해야 하며 이러한 일이 없도록 강의 시작 종료 시점을 고려해 강의 계획을 철저히 계획하여야 한다. 시간을 지키기 위한 좋은 습관은 강의 중간중간 강의 종료 시까지 어디까지 끝낼 수 있는지를 상시로 생각해 보는 것이다. 만약 준비한 강의 내용을 강의 종료 시까지 끝낼 수 없을 때에는 빠른 판단으로 어느 지점에서 강의를 마칠 것인지 결정해야 한다.

6) 강의 구성과 진행 방법 강의를 성공적으로 진행하기 위해서 강사는 나름대로 주어진 시간 안에 일정한 흐름을 가지고 짜임새 있게 진행해야 한다. 우선 해야 할 일은 강의 주제를 정하는 것이다. 강의 주제가 정해지면 강의 목적, 목표를 명확해야 한다. 예를 들면, 강의를 통해 학습자는 '강의 장단점을 설명할 수가 있고', '좋은 강의에 대해 구체적인 예를 들어 설명할 수 있다'와 같이 행동기술적인 목표를 설정하는 것이 좋다. 이러한 목적이나 목표는 달성 가능해야 한다. 학습자들이 달성하는데 무리가 없도록 적절한 수준을 설정해야 한다. 너무 목표를 높게 설정해 달성할 수가 없다면 아무리 좋은 목표라도 의미가

없는 것과 마찬가지다.

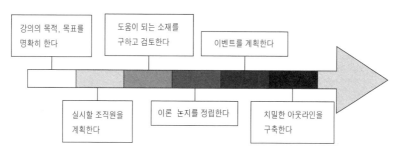

강의의 구성

　다음으로는 교육이나 강의를 한정된 시간에 성공적으로 실시하기 위해서는 교육 진행자나 강의 보조자가 얼마나 있어야 하는지를 계산해 보아야 한다. 그리고 대략의 과정 아웃라인을 만들어야 한다. 강의 시간이 90분이라면 '강의 시작 10분은 ~을 하고, 다음 60분은 ~을 하고…'와 같이 대강의 내용을 우선 생각해 본다.

　다음으로는 교재 구성에 필요한 다양한 주제 관련 소재들을 모아야 한다. 강의 목적과 강의 시간이 결정되면 이에 맞게 소재를 모으고 구성할 수가 있다. 주제와 관련한 소재나 기사, 논문 자료, 관계 법규, 도면, 사진 등 다양한 자료를 탐색한다. 이러한 자료의 수집은 상당한 시간을 요하므로 평소 자신의 강의 주제와 부합한 자료를 모으는 습관을 가져야만 실제 강의 교재 준비 시간을 줄일 수 있다. 지금은 인터넷의 도움으로 정보나 자료의 취합이 그 어느 때보다 수월해졌다. 따라서 평소 인터넷 상의 다양한 정보 제공 사이트를 찾아 북마크하여 필요한 자료를 적시에 활용하기를 바란다. 또한 각종 리포트 제공 사이트도 일정 요금만 내면 비교적 저렴한 가격으로 양질의 정보를 확보할 수 있다. 이렇게 취합한 정보와 자료는 그냥 활용할 것인지 아니면 가공하여 강의에 적합하게 재조직할 것인지를 생각하여 분류하거나 적합하게 구분해 두도록 한다. 대부분의 정보나 자료들은 1차, 2차, 3차 가공 과정을 거쳐 원하는 형태가 되는 경우가 많다. 예를 들면, 표로 되어 있는 통계 수치를 막대 그래프로 비주얼하게 재가공하는 것이 강의 시 학습 효과를 높여준다.

그리고 강의 내용의 이론과 논리를 정립하는 작업을 해야 한다. 강의 전개를 상상하면서 내용 전개 논리와 구성을 결정한다. 논리는 가능하면 학습자들이 쉽게 이해할 수 있도록 간단명료해야 한다. 이 단계는 간단히 말해 전체 강의 골격을 만드는 작업이라고 이해하면 쉽다. 강의 내용을 3~4개 정도의 논점으로 정리하고 이를 중심으로 내용을 확산하는 것이 좋다. 강의를 준비하면서 아이디어가 떠오를 때마다 논지를 메모에 적어두면 향후 전체적인 논리를 구성하고 실제 강의를 전개하는데 이러한 아이디어들이 도움 된다.

이렇게 골격이 만들어지면 다음으로는 골격에 살을 붙이는 작업을 진행해야 한다. 즉 각종 사례나 이벤트를 삽입하는 것이다. 보통 이벤트라고 하면 '강의 중에 삽입하는 전개 스타일의 구성 요소'라고 할 수 있다. 어떻게 강의 내용을 전개하느냐에 따라 다양한 이벤트를 적용할 수 있다. 말로 설명하는 것 이외의 모든 활동이 이벤트가 될 수 있다. 판서도 일종의 이벤트라고 할 수 있다. 영상 시청, 실험, 실습, 테스트 등 모두가 이벤트에 속한다. 이러한 이벤트는 너무 많아도 너무 적어도 교육 효과는 떨어진다. 아래 표에서 보여주듯 이벤트 분야는 보는형, 듣는 형, 말하는 형, 체험 형, 쓰는 형으로 나눌 수 있다.

분야	보는 형	듣는 형, 말하는 형	체험 형	쓰는 형
	시각	청각	후각, 미각, 촉각, 활동	활동
이벤트 형	판서 PPT 프레젠테이션 영상(동영상, 사진) 삽화, 이미지 실제 연기	사례, 일화 질의응답 음성기록 인터뷰 읽게 함 발표시킴	실험, 실습 연습, 토론 작업 역할 연기 (롤 플레이) 소그룹 활동 야외 활동, 조사	관찰기록, 요점정리 토의내용 기록, 소논문 작성 간단 테스트 평가채점 질문카드 만들기

'보는 형' 이벤트는 강사 주도 이벤트이다. '듣는 형', '말하는 형' 이벤트는 강사가 중심이 되어 학습자를 유도하는 형이다. '체험 형' 이벤트는 치밀한 준비를 필요로 한다. 실시 시간을 정확히 맞추기가 어렵고 변화가 심해 시간 관리가 느슨해지기 십상이다. 실험이나 실습 등은 잘 안 될 때의 대응책을 염두에 두어야 한다. 이에 비해 '쓰는 형' 이벤트는 강사의 지시를 따를 준비를 학습자가 잘하고 있는 상황이라면 비교적 시간 관리가 쉽다. 강의에서는 이러한 이벤트를 다양하게 활용하여 강의 전개를 다이내믹하게 해야 높은 교육 효과를 얻을 수 있다. 마지막으로 강의 시간 계획에 따라 세밀한 아웃라인을 만들고 이에 따라 지도안을 작성한다.

강의 전개 시 이벤트 삽입은 다음과 같은 프로세스를 따르면 무난하다. 강의의 도입 부분에서는 강의 주제와 연관한 사진이나 이미지를 보여주고 적절한 질문을 통해 관심을 불러일으킨다. 그리고 본론과 강의 주제를 제시한다. 이때 프레젠테이션은 파워포인트 또는 판서 등을 활용하여 말뿐만 아니라 적절한 내용 제시가 되도록 하여야 한다. 내용에 대한 적용은 적절한 사례나 실습을 통한 검증 활동이 적절한 이벤트이다. 마지막으로 약식 테스트나 퀴즈를 통하여 학습 내용에 대한 정리와 학습 목표 성취도를 확인하는 것이 좋다.

이벤트 삽입과정과 아웃라인

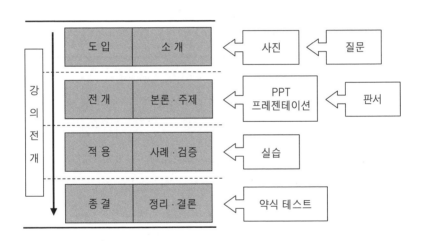

강의 전개 기본 스킬

1) 강사의 기본 동작 강사의 강의에 대한 자세나 마음가짐은 동작을 통해 나타난다. 마치 연극에서 관객이 무대 위의 배우 연기를 주의 깊게 보듯이 학습자 또한 강사의 아무렇지도 않은 조그마한 동작까지도 세심하게 관찰하고 있다는 것을 유념해야 한다. 따라서 다수의 학습자 앞에 서서 전체 강의를 리드하는 것은 한 사람의 학습자를 대상으로 하는 개인 교습과는 전혀 다른 동작을 요구한다.

● 학습자의 호감과 공감을 얻는 태도와 자세

강사는 다음과 같은 기본 동작을 몸에 익히면 학습자에게 적당한 긴장감을 갖게 하고 학습 내용에 집중하게 할 수 있다.

· 힘있는 자세를 취한다.
· 복장은 단정하게 하고 화려한 복장은 피한다.
· 자신있는 태도를 유지한다. 실패를 두려워하지 않는다.
· 친밀한 태도, 자연스럽고 무리하지 않는 태도를 유지한다.
· 열의 있는 태도, 제스처, 특히 손짓을 효과적으로 사용하면 좋다.
· 명랑함은 특히 중요하다. 학습자를 필요이상으로 긴장시키지 말아야 한다.
· 학습자를 똑바로 본다. 특정한 사람이 아니라 전원을 동일하게 보는 것이 기본이다.

강사의 강의 자세에 있어 기본은 서서 강의하는 것이다. 다만 강의장이 작고 맨 앞줄의 학습자에게 위압감을 줄 염려가 있는 경우나 소그룹 교육, 미팅 형식인 경우에는 앉아서 하는 것도 무난하다. 서서 강의하게 되면 학습자 전원을 바라볼 수 있고 서 있는 자세에서 발성하기가 더 원활하다. 또한 서 있는 자세에서 판서나 자료의 배포 등이 용이하고 여러 몸동작이나 손짓을 하기 쉬운 장점이 있다. 강사가 강의할 때 서는 위치는 가능한 한 강단 앞에 서는 것이 좋다. 학습자가 앞에서 발표를 한다던가 발표자의 질문에 답을 해야 하는 경우 강의실 뒤쪽에 위치하게 되면 전체를 파악하고 답 하기가 용이하다.

서서 강의하는 경우 유의하여야 할 점은 항상 강사의 시선과 몸이 학습자를 향하고 있어야 한다는 점이다. 화이트보드에 글을 쓰거나 스크린을 가리켜 설명하는 경우 무심코 학습자에게 등을 돌릴 수 있는데 이때에도 몸을 반 정도 학습자에게 돌려 학습자로부터의 시선을 빼앗기지 않도록 해야 한다. 강사는 시선을 상시 학습자에 둠으로써 학습자와의 아이컨택이 원활화해지고 학습자의 반응이나 변화를 쉽게 파악할 수 있게 된다.

강사의 움직임에는 신축성과 강약이 있어야 한다. 강의 시간은 항상 제한되어 있으므로 강사는 활발히 그리고 시원스럽게 진행을 주도해야 한다. 예를 들면, '지금부터 시범을 보여드리겠습니다'라고 하고 다음 상황으로 진행한다거나 질문이 생각보다 많으면 강의 이후에 질문 시간을 따로 갖겠다고 예고하면서 질문을 적절한 선에서 끊을 필요가 있다. 또한 잡담이나 지시를 기다리는 시간이 길지 않도록 주의해야 한다.

이처럼 강사가 강약 또는 당기거나 늦추는 임기응변적인 대응은 학습자를 지루하지 않게 만든다. 또한 교육에 템포나 변화를 줄 수 있고 시간을 효율적으로 사용할 수 있게 해준다.

유의해야 할 강의 시 움직임이 있는데 의미 없는 움직임은 오히려 역효과가 난다는 점이다. 일반적으로 강사가 전혀 움직이지 않고 한자리에만 서 있으면 학습자들은 금방 무료함을 느낄 수 있다. 따라서 강사는 때때로 강의 중에 학습자 사이를 전후좌우로 왔다 갔다 할 필요가 있다. 강사의 움직임에 따라 학습자의 시선도 따라 움직이기 때문에 학습자의 주의를 끄는 효과가 있다. 그러나 학습자와 커뮤니케이션을 한다거나 자료를 배포한다거나 하는 특별한 목적 없이 계속해서 우왕좌왕 움직이는 것은 한번 고려해 볼 사항이다. 학습자는 강사가 자기에게 접근하면 뭔가 질문하지 않을까 하는 긴장을 하게 된다. 따라서 강사의 지나친 움직임은 자칫 학습자를 너무 긴장시키고 신경 쓰이게 만들어 학습 내용에 집중하지 못 하게 하는 부작용이 일어날 수도 있으므로 주의하여야 한다.

2) 학습 분위기 조성하기 교육 장소에서 학습 분위기를 만드는 것도 강사의 역할이다. 교육 목적이나 학습 대상자에 맞게 학습 장소에 어울리는 분위기를 유지하는 것은 학습 효과를 올리는 포인트이다.

학습자가 교육 장소에 모이게 되면 가만히 놔둬도 교육장 분위기가 자연스럽게 형성된다. 학습자 구성, 교육 내용, 강의장 설비, 계절이나 시간, 날씨, 학습자의 컨디션, 심리 상태 등의 여러 요소에 의해 교육장 분위기는 달라진다. '교육 목적은 무엇인가?' '학습자와 어떠한 구성원들인가?' 등에 따라 적합한 분위기는 다르겠지만 강사는 긴장감을 유지한 채 진행하는 방식이 좋은지 아니면 편안한 분위기로 진행하는 것이 좋은지를 결정하여 강의를 리드하는 것이 중요하다.

● <u>학습 분위기를 만드는 방법(예)</u>

어느 정도의 긴장감을 갖게 하려면
- 교육 도입 부분에 경영진의 강의 시간을 배치해 의식하게 한다.
- 아이스브레이크는 최초 강의가 끝날 때까지 하지 않는다.
- 과제 수행 시 정해진 시간을 엄수하게 한다.
- 인사를 힘있게 시킨다.
- 교육 운영 관련 전 학습자에게 역할을 배분한다.
- 발표 기회를 각자 부여한다.
- 교육 시간 시작 시 룰을 정한다.
- 상사 또는 선배 앞에서 발표하게 한다.

편안한 분위기를 만들려면
- 학습 도입 부분 강사 소개를 유머스럽게 진행한다.
- 간단한 실습이나 교육 게임을 실행한다.
- 학습자에게 자기 소개를 하도록 한다.
- 간단한 체조로 신체를 움직이게 한다.
- 상황에 따라 휴식하게 한다.
- 학습자 전체와 대화를 주고 받는다.

적극적인 학습 분위기를 만들려면

· 교육 중에 안 좋아 보이는 점을 솔직하게 지적한다.

· 교육 중에 좋은 점은 적극적인 칭찬한다.

· 적당히 질문을 던진다.

· 그룹 활동에서 전원이 발언하는 것을 룰로 한다.

· 학습자의 질문 내용을 전체 학습자에게 공개하고 정보를 공유하게 한다.

· 학습자 전원이 한번 정도는 앞에서 발표하게 한다.

3) 학습자의 관심을 끄는 말투 강사는 어떠한 말투나 모양으로 학습자에게 학습 내용을 전하는 것일까? 학습 내용 못지않게 강사의 말투는 교육 효과를 크게 좌우한다. 학습자가 올바로 이해할 수 있게 효과적인 말투를 연구하고 실천에 옮겨야 한다. 강사의 효과적인 이야기 방식은 다음과 같이 정리할 수 있다.

① 이미지 그려보기

강사는 이야기를 하기 전에 전하고자 하는 강의 내용을 머릿속에 미리 그려 본다. 스스로 이미지를 만들 수 없는 것은 상대방도 이미지를 만들 수 없다. 즉 학습자 입장에서 이해가 어렵게 되는 것이다.

② 이야기의 시작

학습자를 이해시키려면 우선 학습자가 들을 자세가 되도록 해야 한다. 긴장하고 있는 학습자인 경우는 긴장을 풀어주어야 하며 교육 주제와 관련하여 학습자들이 흥미와 관심을 보일 수 있도록 적절한 화제를 준비해 두어야 한다. 화제는 모두가 관심있는 내용으로 하면 좋다.

③ 목소리의 크기

목소리는 너무 크지 않게 그리고 너무 작지 않게 유의하여야 한다. 강사의 목소리가 너무 작으면 어느 순간 학습자들은 더 이상 귀 기울여 들으려 하지 않는다. 따라서 강사는 강의장 크기에 맞추어 적절한 목소리 크기 또는 마이크 성량을 조정하여야 한다.

④ 어조와 어미

강사는 매사 분명한 어조로 이야기를 하여야 한다. 적절한 억양과 높낮이가 있도록 해야 한다. 또한 어미를 명확하게 하여 말하려는 의도가 잘 전달되도록 하여야 한다.

⑤ 속도와 잠시 침묵

이야기 할 때 말의 속도와 말 사이 잠시 침묵하는 순간도 잘 조정하는 것이 중요하다. 말의 속도는 대체적으로 천천히 하는 것이 학습자가 이해하기 편하다. 말하는 사이 잠깐 동안의 침묵은 학습자의 의식을 집중시키는 효과가 있다. 학습자는 강사가 갑자기 왜 말을 멈추고 있는지 궁금해 하기 때문이다. 이와 같은 잠시 침묵 상황도 적절히 활용하면 교육의 효과를 높일 수 있다.

⑥ 이야기 태도나 버릇

학습자의 신경을 거스르는 강사의 말투나 태도 또는 버릇이 있다면 반드시 고쳐야 한다. 간혹 강사가 긴장하여 무심코 하는 자신의 버릇 등은 잘 알아채지 못하고 넘어가는 경우가 많다. 자신의 강의를 녹음하거나 녹화하여 관찰해 보면 이러한 나쁜 버릇이나 태도를 고칠 수 있다.

⑦ 중요한 포인트의 강조

강사는 강의 내용의 포인트를 분명히 하여 여러 번 반복하여 이야기 해 주어야 한다. 그래야만 학습자의 기억에 학습 포인트가 명확히 각인될 수 있다.

⑧ 평이한 말과 용어

학습자가 잘 모르는 전문 용어나 어려운 영문 약자 등은 가급적 쉽게 풀어 설명하거나 약자를 원어로 풀어 설명해 주어야 한다. 그렇지만 전문 연수 교육일 경우 모두 알고 있다는 전제하에 전문 용어를 사용하기도 한다. 전문 용어나 약어 사용이 필요한 경우 우선 어떠한 내용인지 의미를 판서한 후 설명하고 사용하는 것이 바람직하다.

⑨ 헷갈리는 표현

동음 이의어나 오해를 살 수 있는 애매한 표현, 간결하지 못한 장황한 수식어구는 피하는 것이 좋다.

⑩ 이해하고 있는지를 확인하며 진행

일방적인 말로 강의를 끝내지 말고 중간중간 질문하여 학습자들이 이해하고 있는지를 확인하는 것이 좋다. 또한 학습자가 많다고 하더라도 한 명 한 명 눈을 봐가면서(아이컨택) 이야기하는 것이 중요하다. 이때 특정 학습자를 지나치게 오랫동안 쳐다보지 말고 가끔씩 시선을 옮겨 가면서 전체 학습자를 쳐다보는 것이 좋다. 학습자를 바라보는 가운데 이들의 이해도와 관심도를 분석하면서 말하는 방법을 조정해 나가는 것이 좋다.

효과적인 말투의 포인트

- 명랑하고 정확하며 긍정적으로 이야기 하는 것이 원칙이다.
- 학습자를 주인공이라 생각하고 이야기할 것. 따라서 학습자가 혐오감, 의혹, 위압감을 느끼게 하는 말하기나 일방적인 말하기 방법은 매우 좋지 않다.
- 말투에 변화를 준다. 즉, 인토네이션(억양)을 살려서 이야기한다. 가령,
  ① 강조점은 강조하는 어조로 말한다.
  ② 강조점은 의식적으로 빠르게 또는 반대로 느리게 이야기한다.
  ③ 강조점은 반복하여 이야기한다.
- 말끝을 흐리지 않는다.
- 확실히 단정짓는다.
- 저~~, 또는 에~~~ 등을 연발하지 않는다.
- 자신에게 익숙하지 않은 말(단어)는 사용하지 않는다.
- 자기가 잘 아는 말로 가능한 한 쉽게 이야기한다.
- 일반적으로 사용하지 않는 외래어는 피한다.
- 이중부정과 같은 표현은 삼가한다.
- 말하는 속두는 뉴스 아나운서 보다 조금 느린 정도가 좋다
- 중간중간에 끝을 맺어 학습자들에게 생각을 정리할 시간을 주고 다음으로 넘어간다.
- 밝은 어조로, 가능하면 자연스러운 유머를 섞어서 이야기한다.
- 학습자의 반응이 어떠한지 느끼려 하고 학습자와 자신의 페이스를 일치시켜 이야기한다.

4) 효과적인 학습 전개　효과적인 강의를 실시하기 위해서는 학습 효과를 높일 수 있는 다양한 교육 방법을 전개하는 것이 중요하다. 따라서 강사는 학습 효과를 높일 수 있는 교육 방법이 무엇인지에 대한 원론적인 이해뿐만 아니라 기법도 충분히 숙지하고 있어야 한다.

① 학습 효과를 높이는 강의 방법

(강의 방법 1) 성공 체험을 쌓게 한다.

성공 체험을 많이 경험한 학습자는 다음 학습 과제에 도전과 학습 의욕이 고취되어 한번 해보자, 할 수 있다!는 자세를 취하게 된다.

(강의 방법 2) 피드백을 제공한다.

학습자가 잘 하였을 경우 → 이를 인정하고 평가한다.

학습자가 잘 못 하였을 경우 → 왜 그러하였는지를 생각해보고 충고하고 격려한다.

(강의 방법 3) 오감을 활용한다.

오감에 대한 자극을 동시에 줌으로써 학습 효과를 높일 수가 있다. 효과적으로 오감에 호소함으로써 단지 말하는 것을 넘어 말을 들으면서 쓰게 하는 등 2개 이상의 감각을 활용하면 학습 효과가 높아진다.

(강의 방법 4) 집중력의 한계를 인식한다.

장시간의 강의는 집중력의 하락을 가져온다.

휴식, 체험 학습, 질문, 시청각 교재, 유머 등을 잘 활용한다.

(강의 방법 5) 구체적으로 설명한다.
설명은 가능한 한 구체적으로 하는 것이 기억에 오래 남는다.

② 효과적인 학습 절차
효과적인 학습 프로세스는 가네(R. M. Gagne)의 6단계 학습 프로세스를 설명한다. 강사는 교육을 통해서 학습자가 변화해 가는 과정인 학습 프로세스에 대해 이해함으로써 각 단계별 적절한 강의 구도나 지원을 생각해 볼 수 있다.

(1단계) 동기부여: 교육 전반을 통해 학습하고자 하는 학습자의 의욕을 고취시키는 단계
→ 본 교육을 통해 학습자 자신에 어떠한 역량이 함양되고 현업에 돌아갔을 때 직무 수행에 어떠한 도움이 되는지 등의 장점을 구체적으로 이미지화해 학습자의 기대감을 높인다.

(2단계) 주의: 동기부여된 학습자를 학습 중심으로 끌어들이는 단계
→ 일단 동기부여가 된 학습자를 '이번 시간에는 이러이러한 학습을 해보도록 합시다'와 같이 학습자를 재촉한다.

(3단계) 습득: 강의 내용을 학습자가 습득하는 단계
→ 반복과 강한 자극이 있는 학습 내용이 기억에 오래 남는다. 이를

위해 이러저러한 교육 기법을 통해 기억에 오래 남을 수 있도록 노력한다.

(4단계) 재현: 학습한 내용을 필요한 때 재현하는 것과 관련한 것으로 학습 효과를 확인하는 단계
→ 지식의 습득하고 나서 재현하는데 소요되는 시간이 짧을수록 기억보존율이 높다. 교육 중, 실습 후의 발표나 교육이 종료된 후 수 개월 후에 실시하는 팔로 업 교육 등이 효과적이다.

(5단계) 이전: 교육을 통해 학습한 내용을 실제 현장에서 사용하는 단계
→ 실제 현장에서 사용하기 위해서는 각자의 행동 계획을 작성하는 등 학습자가 현장에 복귀하여 무엇을 먼저 할 것인지를 구체적으로 기술하고 기획하는 것이 필요하다.

(6단계) 강화: 동기부여 단계에서 기대 사항이 달성되었는지를 확인하고 학습한 내용을 확실히 주지시키는 단계
→ 교육 종료 시 학습자에 질문, 피드백, 실연시켜 보는 것 등의 방법을 통해 학습 강화를 꾀한다.

③ 강의 시 설득력 높이기
강사는 어느 부분에서 학습자를 설득하여 움직이게 하여야 한다. 이를 위해서는 다음의 세 가지 포인트를 유념하여야 한다.

● 신뢰 관계

같은 이야기라도 신뢰하는 사람의 이야기는 대체로 사람들이 귀를 기울이지만 신뢰하지 않는 사람의 이야기는 잘 듣지 않으려고 한다. 따라서 강의에 임하면 강사는 우선 학습자들과 신뢰관계를 형성하기 위해 노력해야 한다.

● 내용 신뢰성

우선 내용 자체가 신뢰성이 있어야 한다. 그리고 강사는 학습 내용을 충분히 설명할 수 있도록 이해를 하고 있어야 한다.

● 열의, 성의

열의나 성의가 있으면 학습자들은 강사의 말에 기울인다. 그리고 강의 내용이 학습자에게 이익이 된다면 학습자들은 기꺼이 강사의 말에 기꺼이 신뢰를 보일 것이고 지시에 따라 움직일 것이다.

5) 판서의 방법　판서(板書, writing on the blackboard)를 통해 학습자의 주의를 집중시킬 수 있고 사고를 활성화하며 각자의 생각을 공유할 수 있다. 강사가 판서를 잘 활용하면 학습자의 청각뿐만 아니라 시각에도 호소하게 되어 학습 효과를 높이게 된다. 최근에는 화이트보드나 전자칠판으로 판서하는 경우가 대부분인데 이러한 판서 활용으로 얻는 효과는 다음과 같다.

- 쓰면서 설명할 수 있다
- 요점을 강조할 수 있다
- 학습자에게 생각할 여유를 준다
- 시각에 호소하므로 알기 쉽다
- 준비가 간편하다
- 필요한 때에 정보의 추가나 관련성에 대한 설명을 할 수 있다
- 학습자와의 커뮤니케이션 도구가 된다
- 쓴 내용을 몇 번이고 다시 볼 수 있다

① 판서 방법
- 크고 정확하게 빨리 쓴다.
- 몸으로 글씨를 가리지 않는다.
- 강조표시를 한다.(색, 밑줄, 네모, 기호 등으로)
- 마구 지우지 않는다.
- 학습자가 노트에 필기하는 것을 고려하여 쓴다.
- 쓰는 내용을 말하면서 쓴다.

· 뒤에 앉은 학습자가 읽을 수 있는지 확인한다.

② 판서하는 부분

· 전체에 빽빽하게 쓰지 않는다.

· 글씨는 큰 편이 낫다.(8~10cm)

· 지우지 않는 부분은 별도의 작은 칠판을 이용한다.

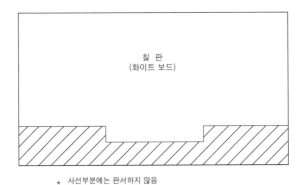

★ 사선부분에는 판서하지 않음

판서하는 부분

판서할 경우 화면을 3등분 하여 사용하면 효과적이다. 학습자가
볼 때 맨 왼쪽은 강의 주제나 항목(설명 후에도 지우지 않고 남겨두면 마지
막까지 전체 흐름을 파악할 수 있다)을 기재하고, 화면의 중앙에는 설명할
내용이나 중요한 사항을 기재한다. 그리고 화면의 오른쪽에는 이 내용
과 관련된 사항을 보조로 기재하면 효과적이다.

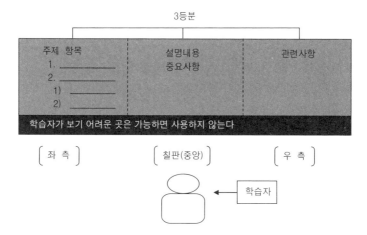

③ 판서 요령

· 테마(주제)를 크게 쓰고 지우지 않는다.

· 칠판 좌측의 주제부 분, 항목 부분은 남겨두고 오른쪽 부분은 적절히 지우면서 쓴다.

· 그림 등은 필요할 때 그리고 필요 없으면 지운다.

· 내용이 복잡해서 쓰는데 시간이 많이 걸리면 미리 차트로 만들어 별지를 배포한다.

· 칠판을 향해 이야기하지 않는다.

· 칠판지우개를 든 채로 이야기하지 않는다.

· 마커펜을 떨어뜨리지 말고 어지르지 않는다.

· 중요한 부분은 빨간색으로 밑줄을 그어 학습자에게 복창하게 히고 **노트**에 필기하게 한다.

· 강의가 끝날 때쯤 내용을 전반적으로 돌아보고 요점을 대강 반복 설명하고 마무리짓는다.

· 판서하는데 시간을 너무 많이 쓰지 말고 텍스트, 영상, 미이지 등을 준비하여 입체적으로 전개한다

· 글자의 정교함보다는 읽기 쉬움에 중점을 두어야 한다.

· 이것 저것 아무 내용이나 쓸 것이 아니라 포인트를 정리한다.

· 레슨 플랜 작성 시 미리 판서의 레이아웃을 생각해 둔다.

화이트보드의 유의점

화이트보드의 경우 바탕 화면이 흰색이기 때문에 파랑색 빨강색 모두 눈에 잘 띄는 장점이 있다. 분필처럼 가루가 묻지 않지만 손에 잉크자국이 남을 수가 있으므로 조심하여야 한다. 화이트보드 사용이 주의하여야 할 사항은 다음과 같다.

· 화이트보드 전용 펜(마커펜)의 소모가 비교적 빠르다. 따라서 예비 펜을 충분히 준비하여 두는 것이 좋고 강의 전에 각 펜의 글씨 쓰임이나 잉크 상태를 점검해 두는 것이 좋다.

· 화이트보드의 경우 판서 면이 작기 때문에 필요한 경우 두 개를 확보하여 교대로 사용하게 되면 급히 내용을 지우지 않아도 된다.

· 이동 가능한 화이트보드의 경우 사전에 학습자로부터 보기 쉬운 위치에 배치해 놓는 것이 좋다.

④ 판서 시 유의점

● 글씨 쓸 때의 몸의 자세

글을 칠판 또는 화이트보드에 쓸 때는 학습자에게 등을 돌리지 않고 자신의 어깨가 보이도록 비스듬히 자신의 몸의 옆쪽이 보이도록 선다.

● 쓴 내용을 설명할 때

강사는 글의 내용이 보이게 끔 위치를 취하여야 한다. 글이 가리게 되면 학습자에게 답답함을 가져다 주게 된다. 포인터나 손을 사용해 학습 내용을 지시하면서 설명하면 학습자의 주의를 끌어당기는데 효과적이다.

● 강조는 칼라 색을 사용하여

칠판에 판서를 한 경우 빨강이나 파랑 색의 분필은 색이 잘 눈에 띄지 않을 수 있다. 반대로 화이트보드의 경우는 잘 눈에 띈다. 따라서 어디에 판서하느냐에 따라 적절하게 강조색을 활용하는 것이 좋다.

● 지우는 타이밍을 잘 고려해야

학습자가 이해를 잘하고 있고 메모가 끝났다고 생각하면 가능한 한 빨리 지우도록 한다. 판서 공간의 문제로 빨리 지워야 할 경우 학습자에게 지워도 좋은지를 묻는 것이 좋다.

● 학습자의 의견을 받아쓸 때는

강사는 종종 학습자의 의견을 판서해 가면서 듣게 되면 학습자와의 커뮤니케이션에 도움 된다. 이때 학습자의 의견을 정확하게 파악하고 이해하여 기재하는 것이 중요하다. 강사가 학습자의 의견을 착각하거나 마음대로 해석하게 되면 학습자는 무시당한다거나 학습의욕을 잃게 되므로 어떤 말인지 잘 이해가 안될 경우는 반드시 학습자에게 내용을 확인해야 한다.

강의단계별 판서 활용의 예

학습 추구점	활용 예(판서내용)	유의점
① 도입 단계	· 교육명, 주제 · 내용 요점	· 강의도중 지우지 않는다
② 전개 단계	· 말할 내용의 키워드 · 내용의 도해 · 그룹 토의주제, 진행방법, 절차, 소요시간, 종료예정시각 · 중요점의 강조 · 어려운 단어, 전문용어 등의 의미와 문자 해설	· 교재 부호와 맞아야 한다 · 그림을 크게 그린다 · 지우는 횟수를 최소화 한다
③ 마무리 단계	· 교재 참조 페이지	· 추가판서는 줄이고, 말로 판서내용을 강조, 항목 상호연관성을 파악

강의 진행 방식

교육에서 가장 많이 활용하는 교육 기법이 강의이다. 따라서 강사는 강의 진행 방식과 절차를 숙지함으로써 효과적인 강의를 할 수 있다.

1) 강의 기본 단계 및 흐름 효과적인 강의의 기본은 능숙하게 이야기하는 것보다도 기본 단계에 따라 확실하게 진행하는 것이다. 또한 이러한 기본 단계를 바탕으로 레슨 플랜, 레슨 차트 등을 작성할 수가 있다. 강의 기본 단계는 도입, 본론, 결론으로 크게 나눠 볼 수가 있는데 각 단계의 특징은 다음과 같다.

단계1 〈도입〉
· 학습자의 주의를 끌고 흥미를 갖게 한다.
· 학습자의 긴장을 완화하고 학습할 수 있는 편안한 마음을 만든다.
· 학습 목적이나, 주제, 과정의 개요를 분명히 한다.

단계2 〈본론〉
· 학습자에게 전하고 싶은 내용의 방향을 이해시키고 전체 교육의 윤곽을 이해시킨다.
· 적극적으로 설명한다.
· 강조점을 명확하게 가리킨다.

단계3 〈결론〉

· 내용의 요점을 정리한다.

· 질문을 받는다.

· 학습자에 동기를 부여한다.

· 참고 문헌, 교재 등을 소개한다.

강의 단계별 포인트가 되는 내용은 다음과 같다.

도입시	본 단계에서는 학습자가 경청하게 해야 하는데 학습의 필요성을 느끼도록 하는 것이 중요하다. 그럴려면 생각지 못한 말을 꺼내거나 질문하거나 에피소드를 들려주며 시작한다. 또한 학습자의 시선을 끌 수 있는 내용이나 신변의 일 등을 끄집어내어 대화를 다르할 수 있도록 사전에 준비한다.
본론시	이해를 쉽게 전개하기 위해서는 다음의 사항을 명심한다. · 시간적 순서, 인과적 순서, 실시 순서 등에 따라 강의를 진행한다. · 지나치게 내용을 많이 다루지 않는다. · 구체적인 사례를 제시한다. · 서로 다른 교육 방법을 병용한다.
결론시	중요점, 강조점은 반복만 할 것이 아니라, 말을 바꿔보는 것도 효과적이다.

강의의 기본 단계는 다음과 같이 전개한다. 특히 강의 전후로 하여 3~5분 정도 여유를 가질 수 있는 시간을 마련하는 것이 좋다.

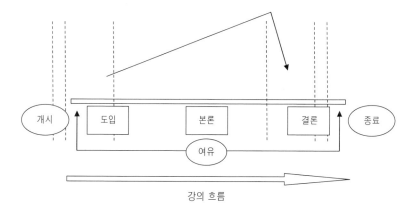

강의 전개와 여유 시간

강의 시 강의 내용 전개는 강의 흐름과 단계를 따르는 것이 전체적인 학습 효과를 배가시킨다. 이러한 단계나 흐름에 따라 강사는 내용에 관한 이야기를 다음과 같이 진행하면 학습 효과는 더 배가된다.

· 전하려는 이야기의 내용을 파악한다.

· 평이한 말로 이야기한다.

· 학습자의 반응을 살피면서 이야기한다.

· 견해를 바꾸어 이야기한다.

· 비교, 증명, 통계 등을 이용해 이야기힌다.

· 구체적으로 이야기한다.

· 순서와 단계를 밝히며 이야기한다.

· 요소요소에 매듭을 지어가면서 이야기한다.

2) 실습 진행 방식 강의가 강사 주도로 진행한다면 실습은 학습자 주도로 이루어진다. 학습자 스스로 생각하여 체험하고 배운 것을 실천하는 것으로서 강의와 실습이 잘 조화를 이루면 학습 목적을 효과적으로 달성할 수 있는 교육 방법이 된다.

실습을 활용함으로써 얻게 되는 장점은 교육의 흐름에 변화를 줄 수 있다는 점이다. 그리고 학습자가 체험을 통해 교육 내용을 체화할 수 있고 내용을 실제 실행해 봄으로써 실감을 느낄 수가 있다. 또한 강사 입장에서 학습 효과를 높이면서 교육 시간을 효율적으로 활용할 수가 있다.

① 실습의 형식

실습은 개인 실습과 그룹 실습 두 개의 형식이 있다. 각각의 효과를 살펴보면 다음과 같다.

개인 실습의 효과
· 개인적인 능력을 향상시킨다.
· 그룹 실습의 전제로서 개인의 생각을 정리할 수 있게 도와준다.

그룹 실습의 효과
· 그룹 작업에 의한 상승효과를 기대할 수 있다.
· 학습자 상호 발달에 도움 된다.
· 학습자의 문제의식이나 학습 의욕, 적극성을 끌어 낼 수 있다.

실습 진행 방식은 내용에 따라 다양할 수 있지만 기본적인 진행 방식은 다음과 같다.

· 준비 단계: 실습의 목적이나 순서를 명확하게 전달한다.

· 실시 단계: 학습자가 과제에 집중할 수 있도록 분위기를 조성한다.

· 평가 검토 단계: 실습의 결과를 되돌아보고 마무리한다.

② 성공적인 실습을 진행하기 위한 포인트

준비 단계의 포인트

• 실습의 목적과 효과를 알려주어야 할 때

· 학습자가 실습의 목적과 그 효과를 이해하고 있는지 없는지는 실습의 진행과 교육 효과를 좌우하는 중요한 요인이다. 이를 충분히 이해하고 있지 않으면 적극적인 참여를 끌어내기 힘들다. 강사는 실습 효과를 설명함에 있어 단순히 단어를 열거하는 수준이 아닌 진지한 태도로 설명해 주어야 한다.

• 실습 순서를 설명해야 할 때

· 순서를 설명하기 전에 일단 학습자의 주의를 끌어야 한다. 이때 "지금부터 순서를 설명할 테니 이쪽을 향해 주의를 집중하여 주시기 바랍니다"라고 주의를 주는 것이 좋다.

· 실습의 시작에서 마무리까지의 일렬의 순서나 절차를 설명한다.

  (긴 실습의 경우는 도중에 잠시 시간을 내어 이후 실습의 절차를 설명하기도 한다.)

· 판서, 파워포인트, 교재, 워크시트 등을 활용해 주 순서와 절차를 설명한다.

- 실습 실시 전

· 복잡한 순서나 절차는 반복하여 설명한다.

· 순서나 절차에 대해 학습자의 질문을 유도하고 적극적으로 답변한다.

· 실습 종료 시간을 판서해 두고 실습 종료 시까지 지우지 않는다.

실시 단계에서의 포인트

• 학습자 전원이 실습에 집중할 때까지

· 학습자들 사이를 배회하면서 실습이 순조롭게 진행되고 있는지를 확인한다.

 (개인작업인데 개인 실습 시간에 동료와 대화를 나누며 한다면 실습 방식을 이해하고 있

 지는 않은지 확인 필요)

· 상황에 따라 힌트나 조언을 제공한다.(일부 학습에게만 유리해지지 않도록 주의한

 다. 힌트나 조언이 학습자의 자주성을 해칠 수 있으므로 이를 제공할 때는 상황을 잘 판단

 하여야 함)

• 학습자가 실습 작업을 하고 있을 때

· 학습자의 실시 상황(대처 자세 등)을 관찰 기록하고 피드백 준비를 한다.(학습

 자의 언동을 자연스럽게 관찰하고 피드백 시 소재로 사용하면 좋음)

평가, 검토 단계에서의 포인트

• 발표 방법을 설명

· 발표 순서나 시간, 요령을 명확하게 지시한다.

· 발표를 청강하는 방법에 대해서 설명한다.

• 실습에 대한 코멘트와 마무리

· 발표 방법에 대해 좋았던 점 느낀 점 등을 가볍게 코멘트 한다.

· 우선 좋았던 점에 대해 칭찬을 하고 개선점을 솔직하게 지적한다.

· 학습자의 질문에 답변을 하고 이들의 질문에 존중한다.

· 코멘트 할 때는 학습 목적, 사실의 검증, 일반적인 원칙과 원리 등을 잘
  정리하여 언급한다.

· 이후의 전개 사항에 대해 언급한다.

3) 도입 강의 방법 교육이 시작되면 강사는 도입 부분에서 전체 교육과 강의에 대한 오리엔테이션을 실시한다. 이러한 도입 교육의 목적은 지금부터 이루어지는 교육의 학습 방향을 설명하고 학습자들에게 학습 동기를 부여하는 것이다. 실제로 교육에 참여한 학습자 중에는 문제의식과 학습의식을 지니고 있지 않고 수동적으로 참여한 경우가 있다. 따라서 어떻게 도입 강의와 과정 오리엔테이션을 실시하는가는 강의 효과를 좌우하는 매우 중요한 일이라고 할 수 있다.

교육 전에 학습자에게 제공할 수 있는 정보는 교육 목적과 프로그램의 소개라고 할 수 있다. 이를 통해 어느 정도 학습의 방향을 제시할 수 있지만 학습자에게 동기를 부여하기에는 다소 불충분할 수 있다. 학습자들이 교육의 의의를 제대로 이해하지 못하고 학습에 참여하면 교육 진행 시 수동적인 자세를 취할 수 있어 교육 효과가 높아지지 않을 수 있다. 따라서 강사는 강의 도입 부분에서 학습자에게 학습 방향을 명확하게 제시하고 동시에 학습 동기를 부여하해야만 이후 강의 효과를 극대화할 수 있다. 교육 과정 전체에서 도입 강의 부분은 매우 짧은 시간에 해당하지만 전체 교육에 대한 학습자의 의식과 태도를 결정지을 수 있는 매우 중요한 시간이라고 할 수 있다.

과정 오리엔테이션에서는 일반적으로 강사의 자기 소개, 학습자 상호 간 자기 소개, 도입 강의, 교육 프로그램의 목적과 개요에 대한 설명이 이루어진다. 일반적으로 강사 소개가 있기 전에 전반적인 교육 운영에 관한 설명이 교육 운영 담당자에 의해 이루어지는 것이 일반적이다.

도입 강의 시 유의하여야 할 포인트

항 목	목적 / 포인트	수단과 방법
강사의 자기 소개	· 학습자에게 친근감을 갖게 한다 · 예의 바른 인사와 자기 소개	· 사전에 자기 소개 내용을 준비해 온다
학습자 상호 자기 소개	· 학습자 동기의식 고취 및 학습 그룹으로서의 분위기 조성	· 짝을 지어 자기 소개 · 타인 소개 · 그룹 내에서 자기 소개
도입 강의	· 교육의 목적과 필요성 관련 학습자에게 문제제기 · 교육 참가 동기 부여	· 30분 정도 강의 · 판서 등을 활용하여 간결하게 이해하기 쉬운 문제를 제기 · 강의 내용을 사전에 충분히 검토해 본다
교육 프로그램 설명	· 구체적인 학습내용과 진행 방식을 이해시킴	· 학습 개요를 배포하고 요점과 진행 방식을 간결하게 설명한다

도입 강의에서 강사뿐만 아니라 학습자 상호 간의 자기 소개는 시간적인 제한이 있는 등의 불가피한 경우를 제외하고 반드시 실시하는 것이 학습 효과를 높이는데 도움 된다. 학습자에게 있어 자기 소개를 통해 자신의 존재를 전체 학습자와 강사에게 부각시킬 수가 있게 되는데 이를 생략하게 되면 교육에의 참여 의식이 저하되거나 강사에 대한 불만으로 이어져 강의 끝까지 긴장되고 딱딱한 분위기가 만들어질 수

있다.

학습자 소개는 학습자 상호 간에 친밀감을 높이고 분위기를 좋게 만드는데 시간이 없거나 너무 학습자가 많은 경우 자기 소개를 생략하지 않고 효과적으로 서로를 소개할 방안을 강구해 보는 것이 좋다. 학습자 소개에서는 우선 공적인 자신의 업무나 소속을 설명하고 사적인 부분을 뒤에 설명하는 것이 기본 순서이다.

자기 소개는 공(公)에서 사(私)로 진행이 기본

도입 강의에서는 학습 방향을 설명하고 학습자의 학습 동기를 부여하는 것뿐만 아니라 학습자 상호 간에 학습 기대에 대해 대화를 나누도록 하는 것도 한 방법이다.

학습 기대에 관해 학습자 간 대화 진행 방법

순 서	방 법
① 설문 기입	· 학습기대 조사 설문지를 배포하고, 개인별 응답하도록 함 · 설문은 교육내용에 관하여 학습자의 기대를 묻는 설문항목을 미리 준비한다. 설문은 3항목 정도, 자유기술 형식, 기입시간은 10분 정도가 좋다. · 설문항목 예 「금번 교육 프로그램 중에서 가장 관심이 높은 부분은 어디인가?」 「금번 교육 프로그램 중에서 자신의 업무에 중요하다고 생각하는 내용은 무엇이라고 생각하는가?」 「금번 교육내용과 관련해 어느 정도 기대감이 있었는가? 기대하는 사항, 수준 등을 구체적으로 기술해 주시기 바랍니다」
② 학습자 의견 교환	· 5, 6명 단위 그룹으로 나눠, 의견교환을 20분 정도 진행 · 설문항목마다 요점을 정리해 줌
③ 발표	· 그룹 대표자로 하여금 발표하도록 함. 이때, 강사는 언급을 자제함
④ 강사에 의한 코멘트	· 각 그룹의 공통된 기대와 프로그램의 관련성을 파악한다 · 학습자의 기대와 프로그램 내용이 맞지 않는 부분을 확인하고, 학습자에게 양해를 구하는 식으로 처리한다.

4) 능숙한 교육 운영 방법 교육 운영은 한정된 시간 내에 학습자에게 학습 내용을 전달하고 이를 통해 필요한 지식과 기능을 몸에 익힐 수 있도록 해주지 않으면 안 된다. 따라서 강사는 교육 내용을 원활히 전달하기 위한 방법과 시간 관리가 필요하다.

교육을 순조롭게 진행하기 위해서 강사는 한 걸음 앞서 '다음은 무엇을 설명하고 무엇을 준비하는 것이 좋을까?'라고 자신에게 항상 질문을 던져야 한다. 이를 구체적으로 실행하기 위해서 휴식 시간이나 학습자가 작업하고 있는 시간을 효과적으로 사용하는 습관을 들여야 한다. 다음 강의에 사용하는 자료나 교재 확인 등은 휴식 시간이나 학습자의 개인 작업 시간 등에 가능하다. 미리 필요 사항을 기록해 두면 시간을 효율적으로 사용할 수 있다.

① 시간 진행 요령

강의를 정해진 시간 내에 진행하는 것은 의외로 어려운 일일 수가 있다. 효과적인 교육 운영은 시간 관리를 얼마나 잘하고 있는가와 깊은 연관이 있다. 따라서 강사는 다음과 같은 시간 관리 요령을 숙지하여야 한다.

• 시간 엄수 철저

강사는 학습자에게 지시한 토의 등 작업 종료 시간이 다가오면 아직 끝나지 않은 학습자가 있다고 하더라도 일단 마무리 짓는 것이 필요하다. 시간 연장이 필요한 경우 시간을 수정하여 처음과는 다른 시간 제안을 하는 것이 좋다. 그렇게 하지 않으면 학습자들 마음속에 '시간 내에 끝내지 않아도 괜찮다'라는 생각을 하게 할 수가 있을 뿐만 아니라 결과적으로 시간 부족 현상을 초래할 수도 있다.

• 종료 시각의 예고

실습 등의 종료 시간이 다가오면 적절한 시간에 남은 시간을 알려주어 정해진 예정 시간 안에 마무리 할 수 있도록 학습자를 독려하여야 한다.

• 지시 방법

학습자의 실습이나 작업 시간을 지시하는 경우 '지금부터 20분간' 이라고 하는 것뿐만 아니라 '0시 00분까지'라고 시각을 구체적으로 지시하여야 한다. 학습자들이 실습에 열중하다 보면 언제 시작했는지를 모르는 경우가 많으므로 종료 시간을 칠판에 적어 놓는 것이 좋다.

• 페이스 조절

대체로 교육 전반부에서는 빠른 속도로 진행하고 후반부에서는 상태를 보아 가면서 여유를 가지고 마무리하는 것이 한 요령이다. 초임 강사의 경우 전반부를 너무 천천히 해 후반부에서 급하게 교육을 진행하느라 페이스를 잃는 경우가 발생하지 않도록 주의하여야 한다. 레슨 플랜의 경우 표준 시간을 상정하여 작성하지만 학습자의 이해도와 작업의 진척 상태에 따라 시간 조정이 필요하므로 간혹 정해진 표준 시간을 초과하는 경우가 있을 수 있다.

교육이 종료되는 시점에서 서둘러 강의 내용을 진행하면 학습자들이 혼란스러울 수가 있으므로 전체적인 강의 페이스를 조절할 수 있어야 한다.

이럴 땐 이렇게

사 례	대 응
학습자를 안심시킨다 침착하게 한다 긴장을 풀게 한다	① 강사가 침착하고 느린 페이스로 일상적인 이야기를 한다 ② 강사가 유머러스하게 자기 소개를 한다(자기 가족이나 취미 이야기 등) ③ 스트레칭을 한다 ④ 전원이 기지개를 펴고 하품을 하게한다 ⑤ 차를 마신다 ⑥ 화장실에 다녀오게 한다. 잠시 쉰다 ⑦ 2인 1조로 가벼운 체조를 하게한다 ⑧ '최근 나의 실수'라는 테마로 자기 소개를 시킨다
지겨워한다 존다 피곤해서 무기력하다	① 짧은 휴식을 취한다 ② 학습자 참여형 강의로 전환한다 ③ 그룹 작업을 시킨다 ④ 중단하고 잠 깨는 체조를 한다 ⑤ 창문을 활짝 열고 공기를 정화한다 ⑥ 다 끝낸 사람부터 휴식을 취하게 한다 ⑦ 종료 시간을 앞당긴다 ⑧ 눈에 띄는 사람을 지목하여 주의를 준다 ⑨ 종료 후 테스트가 있다고 한다 ⑩ 감동적인 이야기로 분위기를 쇄신한다
시간이 부족하다 남은 시간이 없다	① 작업의 단계별로 시간 목표를 설정하여 시간 관리를 엄밀히 한다 ② 식사, 휴식 시간을 조금씩 단축시킨다. 그룹 단위로 식사 후 시작 시간을 정하게 한다 ③ 과제에 대한 생각, 정리방법의 방향성을 제시하여 유도한다 ④ 미리 숙제를 내 해오게 한다 ⑤ 끝낸 순서, 그룹 단위로 휴식하는 것을 인정한다 ⑥ 야간 시간을 이용하여 숙제로 해오게 한다

기억을 오래 하게 하고 싶다	① 정보를 빨리 주고 스스로 자습할 시간을 준다
	② 테스트 합격 방식을 취한다
	③ 노트에 필기하게 한다
	④ 아침, 점심, 저녁 시간마다 전원이 복창하게 한다
	⑤ 소리를 내어 읽게 한다
	⑥ 작은 메모(카드 식)에 적어 항상 휴대하게 한다
몸에 숙지하게 하고 싶다 (기본동작)	① 2인1조로 될 때까지 하게한다
	② 실기 테스트를 한다(합격 방식)
	③ 영상으로 자습시킨다
	④ 기본동작 콘테스트를 실시한다

② 시간 관리 요령

• 교육 시간이 남을 것 같은 때

강의하다 보면 강의 내용은 다 설명하였는데 여전히 강의 시간이 남아 있는 경우가 있다. 이러할 때 10분을 기준으로 10분 이내로 시간이 남아있다면 교육 내용에 관한 질문을 유도하고 답변함으로써 학습자의 이해를 돕고 시간을 맞출 수가 있다. 시간이 너무 남아 있지 않은 상황에서 학습자들은 좀처럼 질문하려 하지 않는다. 자칫 질문하면 학습 시간을 초과하여 늦게 끝날 수 있다고 생각하기 때문이다. 10분 정도 남아있다면 적절한 질문을 주고받을 수 있고 강의를 마무리하는 데도 크게 무리가 되지 않는다.

그렇지만 남아 있는 시간이 10분 이상이라면 그룹 토의를 시키는 것이 적절하다. 시간이 많이 남아 있다면 학습자를 팀 또는 소그룹으로 나눠 그룹마다 강의 중 내용을 토의하게 하고 이를 정리하여 강의를 마무리하는 것이 좋다. 이때 적절한 토론 주제는 '강사의 강의 내용 중 공감했던 것에 대하여 토론하시오', '교육 이수 후 현업에 복귀하여 즉시 실천하고 싶은 내용은 무엇인가?'와 같이 전체 학습 내용을 정리하는 차원의 토론을 시키는 것이 적절하다.

- 교육 시간이 부족할 것 같은 때

강의 시간 부족을 해소하기 위해서는 레슨 플랜에 따라 중간중간 강의 내용을 조정할 필요가 있다. 레슨 플랜에는 각 강의 소요 표준 시간이 기록되어 있으므로 남은 시간을 기준으로 하여 강의 내용을 적절하게 조절하면 시간 내에 강의를 끝마칠 수가 있다.

무엇보다도 시간이 남을 것을 우려해 지나치게 많은 내용을 준비하는 경우가 있는데 시간을 고려하여 내용이 지나치게 많지 않도록 사전에 조정해야 한다. 또한 강의 내용을 과감히 삭제하는 것도 시간 부족을 해소하는 방법이다. 교육 내용으로 사전에 소개되지 않은 내용은 시간을 고려하여 항목 전체를 과감하게 삭제한다. 강의 내용의 중간중간을 삭제하면 오히려 내용 이해가 어려울 수 있으므로 이럴 때는 한 단락이 되는 한 항목 전체를 강의하지 않고 넘어가 시간을 맞추는 것도 요령이다.

강의를 사전에 준비할 때부터 시간이 부족할 것을 고려해 어떠한 내용을 강의에서 삭제할 것인지를 미리 정해 놓는 것은 시간을 맞추는 방법이다. 예를 들면, 시간이 나면 그룹 토의를 시킨다든가 하고 시간이 없으면 이러한 토의를 생략하는 등 유연하게 시간에 대응할 필요가 있다.

5) 강의 마무리 방법 강의 마무리 단계에서는 학습자에게 깊은 여운을 남기는 것이 중요하다. 교육이 흐지부지 끝나지 않게 하기 위해서라도 강사는 끝까지 긴장의 끈을 풀지 말고 깔끔한 마무리가 될 수 있도록 노력하여야 한다. 강의의 원만한 마무리를 위해 다음의 요령을 숙지할 필요가 있다.

① 교육 전체를 되짚어 본다

교육 목적에 비추어 지금까지의 교육 전체 흐름을 되짚어 보고 대략적인 주요 내용을 다시 확인한다. 교육 후 시간이 경과함에 따라 학습자의 기억이 감소하기 때문이다. 이해도를 확인하기 위하여 간단한 질문이나 테스트를 보는 것도 한 방법이다.

② 요점을 다시 확인한다

반복해서 요점을 말하거나 다른 표현을 통해 바꾸어 설명하는 등 교육 내용 중에서도 특히 중요한 점이나 강조해야 할 점을 재차 확인한다.

③ 학습자의 질문을 받는다

강의가 마무리 시점에 있으므로 학습자에게 더 궁금한 점이나 의문이 남지 않게 하여야 한다. 경우에 따라서는 교육 내용의 이해 촉진을 위하여 학습자들로 하여금 질문하도록 유도하는 것도 좋다.

④ 향후 활동에 연계한다.

학습자가 교육이 종료된 이후에도 계속하여 학습 내용과 스킬을 현장 활동에 연계하거나 활용할 수 있도록 격려한다.

⑤ 강사 자신의 주장이나 생각을 말한다.

교육 내용과 관련하여 특히 강사 자신의 주장이나 생각이 있으면 부연 설명하여 학습자들이 참고할 수 있게 한다.

⑥ 참고 자료나 문헌의 소개

교육 내용과 관련하여 학습자가 참고할만한 자료나 문헌이 있으면 소개한다. 참고 자료나 문헌을 소개함으로써 학습자들이 궁금해 하는 점이나 질문에 대한 보완적 대안을 제시할 수 있다.

강의를 마무리할 경우 강사는 중요한 내용을 재차 강조하게 되는데 이것이 지나치면 학습자에게 좋은 인상을 남기기 보다는 지겨움을 줄 수 있어 오히려 역효과가 발생할 수도 있으므로 적정 수준으로 강조를 하여야 한다.

시간이 부족하다고 하여 학습자에게 실습 등을 재촉하거나 대충 마무리하게 하면 효과가 없게 된다. 교육 시간이 지나면 학습자의 관심은 더 이상 학습에 집중하지 않게 되므로 교육 시간 내에 원만하게 마무리될 수 있도록 시간 관리를 철저히 하여야 한다.

학습자와의 커뮤니케이션

1) 학습자를 대하는 방법 강사가
한정된 교육 시간에서 학습 효과를 극대화하기 위해서는 학습자와의
친밀감을 형성하여야 한다. 어떻게 하면 학습자와 친밀한 관계를 형성
할 수 있는지에 대한 강사 나름의 연구와 노력이 필요하다. 학습자를
대하는 방법과 리드하는 방법에 따라 어느 정도는 인간관계에 영향을
미치게 되므로 이에 세밀한 주의가 필요하다. 학습자를 대할 때 다음과
같은 원칙을 지킨다면 무리 없이 좋은 인상을 줄 수 있다.

첫째, 공평하게 대해야 한다. 강사가 특정 학습자를 편애하여서는
안 된다. 편애 받는 학습자 입장에서는 기분이 좋을 수 있겠지만 그
렇지 않은 다수의 학습자는 기분이 좋을리가 없다. 이러한 편애는 학
습자의 반발을 일으켜 학습 효과를 끌어내리는 결과를 초래할 수도
있다.

둘째, 쌍방향 커뮤니케이션을 해야 한다. 강사가 일방적으로 강의
내용을 설명했다고 하여 전체 학습자가 이해했다고는 할 수 없다. 학
습자가 강의 내용을 이해하고 숙지하여 이를 현장에 적용하기 위해서
는 교육 중에 학습자에게도 사고하고 상호 토론하며 체화할 수 있도록
적극적인 참여 기회를 부여해야 한다. 또한 학습자들이 자연스럽게 자
신의 의견이나 생각을 제시할 수 있도록 기회를 제공해야 한다. 강사
는 마치 야구 선수들이 자연스럽게 야구공을 주고받듯이 강사와 학습
자 간에 자연스러운 대화가 오고 갈 수 있도록 쌍방향 커뮤니케이션과
관계를 유지하여야 한다.

셋째, 학습자 호칭에 유의한다. 학습자를 부를 때도 배려가 필요하다. 학습자를 어떻게 부를 것인가는 학습자와의 심리적 거리에 영향을 미치기 때문이다. 따라서 다음과 같은 요령을 따르는 것이 좋다.

• 가능한 한 학습자의 이름을 기억한다.

학습자와의 심리적 거리를 줄이기 위해서는 가능한 한 학습자의 이름을 부르는 것이 효과적이다. 학습자의 수가 많거나 시간이 짧아 전체 학습자의 이름을 외우기가 어렵다면 이름표를 활용해 이름 부르는 것도 한 방법이다.

① 부르는 방법

· 전체를 부를 경우 → '여러분'

· 개별적으로 부를 경우 → 'OO씨'

· 이름을 모를 경우 → '저쪽에 계신 분', '이 줄 마지막에 앉아 계신 분'과 같이 지명하여 부른다.

② 부를 때 유의 사항

· 나이가 어린 학습자라고 하더라도 'OO씨' 또는 'OO 대리님'과 같이 존칭을 사용하는 것이 좋다.

· 별명이나 비하하는 용어는 피해야 한다.

넷째, 학습자와 일체감을 높이는 호칭을 사용한다. 교육에서는 학습자만 배우는 것이 아니다. 강사 자신도 학습자와 함께 같은 주제에 대하여 배운다는 자세로 학습자를 대하는 것이 서로 간에 일체감을 형성하는데 도움이 된다. 학습자에 대해 이야기할 때는 '여러분들'이라고 하는 대신 '우리들'이라고 바꿔 부르는 것이 좋다. 이렇게 호명하면 상하 관계, 명령조, 강압적인 분위기를 낮출 수가 있고 학습자들은 위화감이나 반감 갖는 일 없이 강사의 이야기를 쉽게 받아들이게 된다. 예를 들면 다음과 같다.

· '여러분 이제부터 리더십에 대하여 배워봅시다' → '이제부터 함께 리더십에 대하여 생각해 봅시다'
· '여러분은 이에 대해 어떻게 생각하십니까?' → '우리는 이에 대해 어떻게 생각하면 좋을까요?'

<u>다섯째, 학습자와 구별을 명확히 한다.</u> 사내 강사의 경우 일반적으로 학습자가 일상 조직 생활을 함께하는 동료인 경우가 많다. 갑작스럽게 동료였다가 강사가 되는 것이 좀 부끄러운 일이 될 수도 있고 자연스럽게 강사의 역할을 수행하는 것이 부자연스러울 수도 있다. 하지만 학습자와 잘 알고 있는 사이라도 교육 시에는 학습 분위기를 해치지 않도록 강사로서 구별되게 행동하는 것이 바람직하다. 학습자와 지나치게 허물없는 대화나 말투를 사용하지 않아야 하며 학습자의 바람직하지 않은 행동에 대해서도 의연한 태도로 임해야 한다.

2) 효과적인 질문 기술 교육에서 효과적인 지도 방법은 강사 중심보다는 학습자 중심으로 강의를 전개하는 것이다. 이러한 전개를 가능하

게 만드는 방법이 질문이다. 강사는 질문의 목적을 잘 이해하고 질문 기술을 숙지하여 활발하게 활용하는 것이 중요하다. 질문을 잘 활용하면 다음과 같은 효과를 기대할 수 있다.

첫째, 학습의 이해도를 확인할 수가 있다. 학습의 중요한 포인트를 질문하고 답변을 듣는 것이다. 학습자의 답변을 통해 학습자의 이해도를 가늠해 볼 수 있다.

둘째, 학습자의 흥미와 관심을 끌어 낼 수 있다. 학습자에게 시간을 주고 질문하게 만든다.

셋째, 학습 의욕을 환기시킬 수 있다. '왜 이럴까?' '만약 ~ 한다면?' 등의 질문을 통해 학습의 필요성과 의의를 생각하게 한다.

넷째, 기억을 확실히 하게 만든다. 설명 후 실습하는 동안 '이곳에서 주의해야 할 점은 무엇인가?'와 같은 질문을 통해 주의점을 확실하게 기억할 수가 있다.

다섯째, 문제 해결력을 기를 수 있다. 질문 사항을 생각하는 것은 문제 거리를 파악하는 동시에 문제 해결력을 향상시킬 수가 있다.

여섯째, 학습자의 상황을 파악할 수 있다. '지금까지 OO를 경험한 적이 있는 사람은 누구입니까? 손들어 보세요'와 같은 질문을 통해 학습자의 현황을 파악할 수 있다.

① 질문 방법

질문은 효과적으로 중간중간에 하면서 진행해 나간다.

전체 질문 후에 개인 질문을 하면 대답하기 좋다.

학습자의 질문에 대한 대답을 활용하여 이야기를 활발히 전개시킨다.

· 질문하도록 유도하여 학습자를 참여시키고 생각하게 한다.

· 특정한 사람에게만 질문하지 않는다.

· 질문은 각기 다른 내용으로 하지 않는다. 여러 가지를 연관지어 잘 기억할 수 있도록 한다.

· 대답할 수 있는 질문을 한다.

· 동문서답을 하면 질문의 의미를 다시 전달하여 대답할 수 있도록 한다.

· 생각하지 않으면 대답할 수 없는 질문을 한다.

· 질문 방법을 바꿔가며 질문한다.

　　예) ① 전체 질문 → 전원을 향해

　　　　② 개인 질문 → 특정인을 지목하여

　　　　③ 순차 질문 → 좌석 순서대로

　　　　④ 반전 질문 → 받은 질문을 반전시켜 역으로 질문한다.

　　　　⑤ 중계 질문 → 질문을 중계한다

　　　　⑥ 유도 질문 → 대답을 유도하여 질문한다.

② 질문의 종류

· 전체 질문: 학습자 전원을 대상으로 하는 질문

→ '여러분 팀워크란 무엇일까요?'

· 개인 질문: 학습자를 지명하여 하는 질문

→ 'OO씨에게 질문 드리겠습니다. 이것은 올바른 것일까요?'

· 중계 질문: 캐치 앤 패스(catch and pass) 질문

→ 학습자로부터의 질문을 다른 학습자가 답변할 수 있도록 함

→ '지금 OO씨가 이러한 질문을 하였습니다. 이것에 대해 OO씨는

어떻게 생각하십니까?'

· 반전 질문: 리턴 질문

→ 질문한 학습자에게 다시 질문을 하여 학습자의 생각을 물어본다.

→ 'OO에 대한 질문을 하여 주셨습니다. 그렇다면 OO씨 자신은 이 문제에 대하여 어떻게 생각하고 계시는지 의견을 말해주시겠습니까?'

· 순차 질문: 좌석 순서대로 질문한다.

· 유도 질문: 대답을 유도하여 질문한다.

· 소집단 질문: 팀이나 소그룹을 대상으로 질문한다.

· 한정 질문: Yes나 No 어느 한 쪽으로 답을 하게 만드는 질문

· 릴레이 질문: 학습자의 답변을 다른 학습자에게 바통 터치시켜 답변하게 하는 질문

· 앙케이트 질문: 전원이 동시에 답변하게 하는 질문

질문을 할 때는 다음과 같은 방식으로 하는 것이 좋다.

→ 질문을 할 때에는 우선 전체 학습자에게 하고 나서 누군가를 지명한다. 갑작스럽게 지명하지 않는다.

→ 생각하지 않으면 안 되는 질문을 한다.

→ 대답할 수 있는 질문을 한다.

막상 학습자에게 질문하라고 해도 잘 하지 않는 경우가 있다. 어떻게 하면 학습자들로 하여금 질문하게 만들 수 있는가? 질문을 주고받음으로써 강사는 학습자와 상호 교류뿐만 아니라 이해도를 체크할 수

있기에 가능하면 학습자가 적절한 질문을 하도록 유도하여야 한다. 학습자가 자연스럽게 질문하도록 하기 위해서는 사전에 질문을 받는 타이밍을 정해 놓고 이를 학습자에게 고지하면 학습자는 이때를 맞추어 질문을 준비할 시간과 여유를 가지게 되고 나름대로 어떠한 질문을 할 것인지를 생각해 둘 수가 있다. 학습자로부터의 질문이 없을 경우는 반대로 강사가 질문을 우선 던지고 나서 학습자가 반응하도록 할 수 있다. 이래도 질문이 없으면 간단한 설문이나 그룹 토의 등을 통해 질문을 도출해 낼 수 있다.

이때 많이 사용하는 방법이 질문 카드를 사용하여 질문을 받아내는 방법인데 학습자에게 작은 카드나 포스트잇과 같은 작은 용지를 나눠 준다. 질문을 생각할 수 있는 5~10분 정도의 시간을 준 다음 각자 질문을 카드에 적게 한다. 이러한 방법을 사용하게 되면 짧은 시간에 학습자의 흥미와 관심을 파악할 수 있다.

③ 질문 받았을 때의 대처법

· 대답하기 전에 학습자의 질문 내용을 확인하라.

→ '지금 질문한 내용은 OO라는 말씀이지요?'라고 질문의 내용을 강사 자신의 말로 바꾸어 내용을 확인한다.

· 우선 답변 내용을 명확하게 제시한다.

→ 관련사항이나 참고내용 등은 답변 후에 말하도록 한다.

· 사례나 비유를 들어가면서 이해하기 쉽게 답변한다.

→ '그것은 바로 OO이기 때문입니다. 여러분도 잘 아시는 바와 같이 OO도 OO와 같은 예라고 말 할 수 있습니다.'

· 강의내용 중 불명확한 점, 의문점에 대한 답변은 전체 학습자가 공유할 수 있도록 한다.

→ '조금 전 휴식 시간에 이러한 질문이 있었습니다. 이에 대한 답변은 OO입니다. 매우 중요한 내용이므로 학습자 모두 기억해 주길 바랍니다.'

→ 곧바로 답을 주지 말고 학습자에게 생각하게 만든다.

→ 다른 학습자들도 답을 생각해 보게 한다.

  '방금 OO에 대한 질문이 있었습니다. 다른 학습자분들은 어떤 의견이 있는지 잠시 생각해 보시기 바랍니다.'

→ 강사 대신 다른 학습자가 답하게 한다.

  '방금 OO에 대한 질문이 나왔는데 OO씨 어떻게 생각하는지 답변 부탁드립니다.'

→ 기타 관련된 질문이 나오기를 기다린다.

  'OO라고 하는 질문이 있었는데요, 그 외에도 하고 싶은 질문이 있으시면 하십시오.'

학습자에게 질문할 때에는 주의할 점으로는 '질문 없으십니까?'하고 물어본 다음 학습자에게 시간을 주지 않고 곧바로 다음으로 넘어가 버리면 학습자에게 실례가 될 수 있다. 또한 질문에 대한 답변을 특정 학습자에게만 자세하게 설명하거나 논의하는 것은 피하여야 한다. 간혹 학습자의 질문에 답을 할 수 없을 때나 답을 모르는 경우에는 이를 슬쩍 넘기려 하지 말고 정직하게 상황을 말하고 이후 조사하여 답변해 주겠다고 하는 등 확실하고 성실하게 대응하여야 한다.

④ 질문 시 유의점

강사의 질문은 그 효과가 어떻게 하느냐에 따라 강의 분위기를 상당히 변화시킬 수 있다. 학습자의 질문에 대한 답변이 능숙하지 않거나 본론에서 벗어나 버리면 학습자에게 터무니없는 인식을 줄 수가 있으므로 유의해야 한다. 질문 시 유의점은 다음과 같다.

첫째, 강사의 질문이 학습자가 답변하는데 혼동을 겪지 않도록 명료하게 답변의 방향과 수준을 나타내어야 한다. 어떻게 답변해야 좋을지 모르는 질문의 경우는 학습자를 당혹스럽게 만든다. 강사의 질문 의도가 학습자 전원에게 명확히 어떤 형태의 답변을 해야 하는지 알 수 있어야 한다.

둘째, 질문에 답할 수 있는 충분한 시간을 제공하여야 한다. 어느 학습자도 강사의 질문에 곧바로 답을 하기는 쉽지 않다. 질문을 한 후 답변이 올 때까지 기다리지 않으면 안 된다. 강사의 입장에서 빨리 답을 주어 마무리 하고 싶은 생각이 들지만 어느 정도 학습자들이 생각하는 시간을 주지 않으면 안 된다. 하지만 답변을 기다리는 시간이 길어 오히려 분위기를 불안하게 만들 수도 있으므로 답변하기 쉬운 질문을 하는 것이 좋다.

셋째, 질문은 쉬운 것에서부터 어려운 것으로 하여 답변하기 쉽게 하고 질문에 서서히 적응할 수 있도록 한다.

넷째, 학습자로부터의 답변에 성실한 피드백을 한다. 학습자의 입장에서는 최선의 노력과 사고로 답변한 것이므로 답변이 틀리거나 무의미하다고 하여 무시하거나 성의 없이 피드백해서는 안 된다. 필요한 경우 답변한 학습자에게 재차 질문하여 질문 의도를 설명하고 올바른 답변을 유도하는 것이 좋다. 이렇게 하지 않고 무시하면 학습자는 강사에게 불신감을 갖게 되거나 학습 의욕을 상실할 수 있다. 학습자의 답변을 판서하는 것도 학습자의 의견을 강의에 반영하고 있다는 것을 느끼게 할 수 있으므로 좋은 방법이다. 강사가 기대하는 답변과 학습자의 답변에 다소 거리가 있다 하더라도 생각 밖의 중요한 이야기를 하는 경우도 있으므로 학습자의 답변을 확인하면서 잘 경청하는 것이 중요하다.

다섯째, 어떠한 답변이라도 교육의 테두리 안에서 소화하여야 한다. 강사는 질문에 대한 학습자의 답변에 대해 유연하게 교육 테두리 안에서 수용하고 해석할 수 있어야 한다. 나름대로 강의 주제를 벗어나지 않고 틀을 유지하면서 다양한 의견을 수용할 수 있는 능력을 보여야 한다. 처음 강의하는 강사의 경우 학습자의 생각지 못한 답변으로 인해 강의의 방향성을 잃고 시간을 낭비하는 경우가 있으므로 나름대로 강의 주제의 틀과 테두리 안에서 질의응답 할 수 있는 역량을 강화하여야 한다.

3) 칭찬하는 방법, 주의 주는 방법 학습자를 칭찬하면 학습자는 적극적으로 교육에 참여하려는 태도를 보이고 전체적인 학습 분위기를 고양시킬 수 있다. 반대로 학습자의 불량한 태도로 인해 다른 학습자가

학습을 방해받는 경우 적절한 주의를 주지 않으면 안 된다. 강사는 학습자를 대하는 방법으로 칭찬하는 방법과 주의 주는 방법 또한 알아두어야 한다.

학습자의 좋은 점이나 잘한 점에 대해서는 적극적으로 칭찬 하여야 한다. 칭찬 하면 학습자의 적극성이나 참여 의식이 높아진다. 또한 다른 학습자에게 간접적으로 모범을 보이게되어 학습 의욕을 고취할 수 있다. 칭찬할 때는 다음과 같은 방식을 참고해보자.

· 좋은 점은 적극적으로 발견해 칭찬한다.
· 듣기 좋으라고 하는 게 아니라 진심으로 칭찬한다.
· 구체적으로 어떠한 점이 좋은지 콕 집어서 칭찬한다.
· 칭찬할 때는 특정 학습자에게 치우치지 않는다.

강사는 칭찬 못지 않게 학습자의 태도나 행동에도 주의를 기울여야 한다. 주의가 필요하면 적절한 시간에 단계를 밟아 대처해야 한다. 주의가 필요한 상황은 다음과 같다.

· 다른 학습자의 학습을 방해하는 행동을 하였을 경우
· 시간이나 태도가 헐렁하게 되었을 때
· 작업이나 실습을 대충 하고 잡담 하는 등 집중력이 떨어졌을 때
· 다른 학습자의 의견을 무시하거나 비아냥거리는 태도나 발언을 할 경우
· 차별적인 발언이나 행동을 했을 경우

칭찬하는 일과는 달리 주의 주는 일은 왠지 기분 좋아할 수 있는 일이 아니다. 특히 학습자와 자주 사내에서 대면해야 할 일이 많은 경우는 더욱 그러하다. 그러나 학습 분위기 조성을 위해 주의를 줄 필요가 있다면 강사로서 의연한 태도로 제대로 대처해야 한다. 주의를 줄 때는 다음과 같은 단계를 따르는 것이 무난하다.

① 주의의 단계

• 1단계 – 주의 주기 전에 원인을 파악한다.

반드시 학습자의 잘못만이라고 할 수는 없다. 주의 주기 전에 강사 자신, 교육의 진행 방식에 문제는 없었는지, 설명이 부족하지는 않았는지 등 학습자의 행동이나 태도의 원인을 찾아보는 일이 필요하다. 현재의 강의 방식 상 주의를 주지 않아도 되는 부분이 있는지 판단이 필요하다.

• 2단계 – 아무래도 주의를 주어야 할 상황이라면 우선 전체 문제로 하여 주의를 준다.

갑자기 학습자 개인을 지명하여 주의 주는 것은 바람직하지 않다. 주의받은 학습자는 모든 사람 앞에서 창피를 당했다는 생각에 충격을 받을 수도 있고 강의 마지막까지 감정적인 앙금이 남아 있을 수가 있다. 이로 인해 강의장 분위기가 경직되고 강의 운영이 곤란해질 수도 있다. 따라서 강사는 가능한 한 개인적인 주의를 피하면서 개선이 이루어질 수 있도록 리드하여야 한다.

• 3단계 - 계속해서 눈에 거슬리는 태도나 행동이 계속되면 개인적으로 주의를 주어야 한다.

다만 너무 엄하지 않게 주의하여야 하며 교육 내내 학습자를 계속해 지목하지 않도록 배려해야 한다.

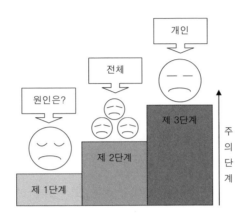

② 주의 시 유의점

주의를 줄 때는 다음과 같이 유의하여 주어야 한다.

· 진지하고 진심으로 주의를 준다.
· 지적만으로 끝나지 않고 '좀 더 OO하는 것이 좋다', '이렇게 했으면 좋겠다'
와 같은 충고를 함께한다.
· 보고도 못 본 척 하지 않는다.
· 적당히 마무리 하지 않는다.
· 감정적으로 대응하지 않는다.
· 성별이나 학력에 따라 차별하지 않는다.

· 투덜투덜 말하지 않는다.

· 다른 사람과 비교하지 않는다.

· 사실을 지적할 때는 개인의 성격이나 가치관을 꾸짖지 않는다.

· 학습자를 심리적으로 몰아붙이지 않는다.

· 계속해서 주의 준 점에 대해 언급하지 않는다.

4) 학습자를 학습에 참여시키는 방법 학습자들은 강의를 청강하는 것 외에도 스스로 사고하거나 행동하는 것 등을 통해 학습 이해도를 높일 수 있다. 따라서 강사는 어떻게 하면 학습자를 교육에 적극적으로 참여시킬 것인가를 생각하면서 강의를 진행하고 운영할 필요가 있다. 학습자를 교육에 참여시키기 위해서 다음과 같은 효과적인 방법을 활용하는 것이 좋다.

① 교육 중 학습자에게 역할을 주어 참여를 독려한다.

학습자 중 반장이나 조별 조장, 팀별 팀장을 선출하고 필요하면 총무를 선발하여 역할을 주는 것이 좋다. 필요하다면 자료 관리자, 강의장 환경 관리 담당자, 서기 등을 추가로 역할 배정할 수 있다.

· 강의에 몰입할 수 있도록 이벤트를 준비한다.

· 질문을 준비해 물어 본다.

· 학습자에게 큰 소리로 교재를 읽어준다

· 학습자 중 누군가와 실제 배운 것을 실연한다.

· 이야기에 유머를 섞어 재미와 흥미를 유도한다.

· 학습자들이 큰 관심을 보이는 화제나 사례를 제시하여 자신의 일로 생각하게 만든다.

· 생각할 수 있는 시간을 제공한다

② 그룹 또는 팀 활동에 참여 시킨다.

강의 중에는 다양한 그룹 또는 팀 활동이 이루어진다. 이때 학습자들에게 적극적으로 활동에 참여하게 함으로써 학습 의욕을 고취시킬 수가 있다. 그룹 또는 팀 활동은 다음과 같다.

· 각 그룹 내에서 역할을 분담하게 한다.(리더, 서기, 발표자, 총무 등)
· 각 그룹 내에서 개인의 의견을 발표하도록 한다.
· 각 그룹 내에서 토의나 공동 작업을 하도록 만든다.
· 다른 그룹의 발표에 질문이나 코멘트를 하도록 만든다.

③ 체험 학습을 도입한다.

강의에서는 강사의 동작이나 진행이 주가 되거나 일방적으로 이루어지는 경우가 많기 때문에 학습자는 수동적인 자세가 되기 쉽다. 따라서 실습이나 모의 체험과 같이 학습자의 주도성을 요구하는 체험적인 학습을 적극 도입하여 적용하여야 한다. 체험 학습의 예는 다음과 같다.

· 강의를 통해 설명한 후 역할 연기를 통해 체화하도록 한다.
· 이론적으로 학습한 내용을 실무에 어떻게 적용할 수 있는지 토론시킨다.

· 실제 직장 사례를 들어 설명한다.

· 강의 후에 평가 실습을 실시해 내용 이해를 돕는다.

· 교육 게임을 실시하고 이를 통해 얻을 수 있는 지식이나 정보를 설명한다.

④ 학습자의 참여를 이끄는 방법

· 교육 분위기를 조성한다.

· 기대감을 높인다.

· 수강의 이점을 분명히 한다.

· 프로그램에 변화를 준다.

· 경쟁심을 유발한다.

· 발언 기회를 제공한다.

· 강사가 모범을 보인다.

· 긍정적인 표현을 사용한다.

· 잘한 점을 적극 칭찬한다.

· 이해하고 있는지 확인하면서 진행한다.

· 자연스럽게 유머를 활용한다.

· 학습자에게 친밀한 화제, 사례, 용어를 사용한다.

강사는 학습자의 상황에 대하여 세심한 배려가 필요하다. 맨 뒤에 앉은 학습자가 강사의 목소리가 작아 잘 듣고 있지는 못한지, 판서의 글씨가 너무 작아 보이지는 않는지 등 세세히 신경써야 한다. 이러한 점을 간과한 채 강의를 진행하다 보면 학습자는 참여 의식을 잃을 수도 있기 때문이다.

교육 방법의 선택과 효과적인 진행

교육은 추구하는 목적에 따라 효과적인 교육 방법을 달리할 수 있다. 각각의 교육 방법은 운영 방식이 다르기 때문에 교육담당자들은 교육 방법의 특성을 잘 파악하여 그에 맞게 교육을 진행할 수 있어야 한다. 수많은 교육 방법이 있지만 그중에서도 기업 교육 현장에서 가장 많이 쓰는 방법 중심으로 특성과 활용 방안, 그리고 몇 가지 진행 형식에 대하여 살펴보자.

아이스 브레이크

강의 도입 부분에서 학습자의 긴장을 풀어주고 즐거운 분위기로 학습에 임할 수 있도록 일반적으로 활용하는 기법이 아이스 브레이크(icebreaker)이다. 효과적인 교육을 실시하기 위해서는 학습자의 긴장도가 높은 상황에서 적절한 아이스 브레이크를 통해 긴장감을 낮출 수 있는 능력이 강사나 교육담당자에게 필요하다.

1) 아이스 브레이크의 활용

① 실시 시기

• 교육 시작 시

· 학습자 간에 안면이 없을 경우

· 장시간 긴장이 계속되는 경우

② 실시 방법

· 강의에 적당한 유머를 소개한다(강사의 실패담이나 에피소드 소개 등).

· 머리뿐만 아니라 신체를 움직인다(체험 학습, 맨손 체조 등).

· 교육 게임을 실시한다.

· 자기 소개 등을 통해 상호 이해의 기회를 제공한다.

· 교육 장소를 바꾼다(야외 활동 등).

· 휴식 시간을 제공한다.

③ 자기 소개 요령

• 그림에 의한 자기 소개

자신의 현재 심경이나 자신을 표현할 수 있는 한 장의 그림을 그리도록 하고 이를 바탕으로 자기 소개를 하도록 한다. 이 방법을 사용하면 남 앞에서 이야기 하는 것이 서툰 학습자라도 의외로 편하게 이야기 할 수 있다.

• 항목 지정에 의한 자기 소개

학습자 가자 소개 항목이 적힌 시트를 받는디. 시트에는 경력, 고향, 닉네임과 그 유래, 장단점, 취미, 특기, 인생관, 장래 목표 등이 여러 가지 학습자를 파악할 수 있는 항목이 적혀 있다. 시간과 학습자 수에 따라 소개 항목을 줄여 몇 가지로 지정할 수 있다. 필요하면 이중 3개만 소개하도록 한다.

• 타인 소개

학습자끼리 짝이 되어 상대를 전체 학습자에게 소개하는 방법이다. 상대방에 관한 정보를 수집하는 가운데 빠른 시간 안에 긴장감을 해소할 수 있다. 항목 지정 자기 소개 방법과 결부하여 '항목 지정 타인 소개'로 해도 괜찮다.

• 강사의 자기 소개

강사 자신의 이름이나 하는 일과 관련한 소개를 할 경우 가능하면 유머 있고 편안하게 함으로써 학습자가 강사에게 친근감을 갖도록 만드는 것이 포인트이다. 또한 강사 소개를 통해 학습자들은 강사의 강의 스타일을 대략 파악할 수 있고 그에 따라 긴장과 편안함을 느끼게 되므로 가능하면 편안한 소개가 될 수 있도록 하는 것이 아이스 브레이크의 취지에 맞다.

④ 강사의 자기 소개 시 유의 점

• 자신의 소개는 적당히

자신이 강사로서 적합함을 지나치게 강조하거나 자신의 경력을 자랑하듯 장황하게 소개하면 학습자로부터 오히려 반감을 사게 될 수도 있으므로 자기 소개는 적당해야 한다.

• 간결하게

자기 소개는 간결해야 한다. 자칫 자기 소개 시간이 너무 장황하게 길면 학습자의 관심이 교육 주제로부터 강사 자신으로 옮겨 갈 수가 있다.

• 긴장하지 않도록 준비한다

교육 초기에는 학습자도 긴장되지만 강사 자신도 긴장하는 경우가 많다. 학습자를 편안하게 하려면 우선 강사 자신이 긴장을 풀고 편안함을 가져야 한다. 따라서 초기 긴장이 많이 되면 유머 있는 이야기를 준비하여 적절하게 활용할 수 있도록 연습해 두어야 한다. 이러한 유머나 아이스 브레이크를 통해 기분이나 감정을 차분하게 가라앉힐 수 있다.

⑤ 아이스 브레이크 활동 포인트

• 학습자의 입장에서 판단한다.

아이스 브레이크는 학습자의 태도나 반응을 보면서 할 것인지를 결정하는 것이 이상적이다. 학습자를 잘 관찰하고 학습자의 입장에 서는 것이 아이스 브레이크를 성공적으로 운영하는데 필수요건이다.

• 긴장은 적당히

아이스 브레이크는 학습의 긴장을 풀기 위해 적당한 타이밍에 사용하면 효과적이다. 하지만 지나치게 아이스 브레이크에 몰두하여 주제에서 이탈되지 않도록 하여야 하고 아이스 브레이크를 통해 지나치게 긴장이 이완 되면 학습에 집중하지 못할 수도 있으므로 적절한 긴장은 유지하도록 하여야 한다.

그룹 토론

그룹 토론법은 직무와 관련한 문제를 주제로 학습자 상호 간에 토론을 통해 결론을 도출하는 기법으로 대부분의 강의에서 일반적으로 활용하고 있다.

1) 그룹 토론법의 종류와 특징

① 토론법의 종류와 형식

· 실제 현업에게 직면하고 있는 문제점이나 개선 과제를 서로 이야기 하고 해결책을 검토하는 토론

· 일반적인 주제에 대해 개인의 경험이나 지식을 기초로 자유롭게 의견을 교환해 가며 진행하는 토론

· 좌담식 공개토론(패널 디스커션), 심포지엄, 포럼 등 다수의 참가자를 대상으로 행하는 집단 토론

이 외에도 이해 촉진 테스트나 사례 연구, 브레인스토밍 등 다른 교육 기법에서도 토론을 활용하고 있기 때문에 넓은 의미에서 이 방법들도 토론법에 해당한다고 할 수 있다. 따라서 다른 교육 방법에 포함한 토론 이외의 일반적인 토론법 중에서 제시한 과제에 대해 그룹 간 의견을 나누고 그룹으로서 도출한 결론과 견해를 정리하고 발표하는 토

론법을 중심으로 살펴본다.

② 그룹 토론법의 특징

그룹 토론에서는 학습자가 능동적으로 토론 주제를 다룬다. 학습자들이 합의를 통해 도출한 결론에 대해 납득을 잘하고 쉽게 받아들인다. 따라서 강의에 비해 현업 적용이 용이하다. 이런 때 그룹 토론이 도움 된다.

· 개인의 체험이나 상황을 정보 교환 또는 의견 교환함으로써 학습자 간에 상호 이해를 촉진한다.

· 문제 의식을 제고하고 과제설정과 문제 해결의 발판을 마련한다.

· 학습자의 적극적인 사고와 자세를 형성한다.

2) 그룹 토론법의 장점과 단점

① 장점

· 학습자 중심으로 진행하기 때문에 참여의식이 높아진다.

· 사실을 검토할 때의 다각적인 시각으로 볼 필요가 있음을 배울 수 있다.

· 타인의 의견을 자신의 의견과 비교해 봄으로써 자신의 의견을 평가해 볼 수 있다.

· 타인이 사고와 지시을 통해 상호 게발이 이루어진디.

· 개인적인 것보다 뛰어난 발상과 아이디어를 얻을 수 있는 가능성이 있다.

· 토론 프로세스를 통해 학습자의 상호 이해, 팀워크가 형성된다.

· 결론을 도출하는 과정에서 타인에 대한 영향력(설득 과정, 리더십 등)이나 문

제 해결력의 향상을 기대할 수 있다.

② 단점

· 강사가 직접 관여하는 부분이 줄어들고 지도 방법이 상대적으로 어렵다.

· 토론하는데 시간이 필요하므로 시간적 여유가 필요하다.

· 발언하는 사람이 일부에 치우칠 수 있다.

· 영향력 강한 사람 중심으로 토론이 이끌려 좋은 결론을 얻지 못할 수도 있다.

· 교육 장소는 정보가 한정될 수밖에 없어 평범한 결론 밖에 도출되지 못할 수 있다.

· 리더십을 발휘하여 주도하는 사람이 없으면 토론이 퇴색해 활발하게 이루어지지 않을 수 있다.

· 토론에 추상적인 내용이 중심이 돼버리고 시종 잡담으로 끝날 수 있다.

3) 그룹 토론법의 기본 진행 방법

① 목적의 명료화

→ 무엇을 위해 토론 하는지를 설명하여 학습자를 납득시킨다.

② 토론의 진행 방식 설명

→ 토론 주제, 순서, 제한 시간, 토론 내용 정리 방법, 주의점 등을 명시한다.

→ 토론에 참가하는 학습자의 마음가짐, 약속 사항 등을 이야기한다.

③ 역할 분담

→ 리더, 서기, 시간 관리자, 발표자 등을 그룹 내에서 정한다.

④ 토론 실시

→ 강사는 학습자들의 토론 모습을 주의 깊게 관찰하고 코멘트 할 수 있는 정보를 수집해 둔다.

→ 학습자의 토론 상황이나 필요에 따라 강사가 개입한다.

⑤ 토론의 정리

→ 노트북이나 태블릿, 노트 등을 활용한다.

⑥ 발표 방법의 설명

→ 발표 시간, 순서 등의 규칙을 결정한다.

⑦ 토론 실습 전체 정리

→ 질의, 전체 토론, 강사의 코멘트 등

4) 그룹 토론법 진행 포인트

① 교육 목적과 학습자에 부합한 주제를 선정한다

• 토론 주제를 선정할 때는 교육 목적과 학습자의 흥미를 가지고 주체적으로 임할 수 있는 주제를 고려한다.

• 주제의 제시만으로 학습자에게 흥미를 갖게 만드는 것이 어려울 때는 설명을 통해 주제 선정 의미를 부각시킨다.

② 토론 주제의 추상도를 조정한다

주제가 너무 구체적이면 토론을 위한 구체적인 자료가 필요하게 되며 교육이 아니라 실제 직장생활 시 검토되어야 하는 부담되는 주제가 될 수 있다. 반면 주제가 너무 추상적이면 세계 평화를 논하는 것처럼 대화로서 끝나버릴 수 있고 학습자 각자 진중한 토론 의무감을 망각할 수가 있다. 따라서 토론 주제는 너무 구체적이지도, 너무 추상적이지도 않는 적당한 주제가 좋다.

③ 토론의 진행 순서를 확실히 한다

최종 결론이 도출하지 않았거나 시간 내에 마무리되지 못하는 상황을 예방하기 위해서는 토론 순서를 확실히 해놓고 이대로 진행하는 것이 중요하다.

〈진행 예〉
· 진행 순서를 명확히 한다.
· 진행 순서가 주제를 벗어나지 않도록 주의한다.
· 사용할 자료를 충분히 검토한다.

그룹 토론법을 효과적으로 운영하기 위한 방안

사 례	대 응
시간을 초과할 경우	· 다른 그룹의 진척 상황을 알린다 · 늦게 진행되고 있음을 알린다 · 토론 목적을 재확인 시킨다 · 토론에 대한 관점을 조언한다 · 약간 지연되고 있다면 휴식 시간을 조절한다

시급하게 마쳐야 할 경우	· 토론 상황을 점검하여 잘못된 부분이 없는지 재확인한다 · 전원이 납득하였는지를 확인한다 · 강사는 질문을 통해 핵심내용을 학습자들이 사고하도록 한다 · 발표 준비를 시킨다
토론 시간 관리	· 토론 시간이 부족한 경우 낮 또는 저녁에 있는 휴식 시간을 활용하여 다른 교육에 지장을 주지 않도록 한다 · 토론 시간이 상당히 부족한 경우 미리 학습자 개인별로 토론 내용을 검토해 오게 하는 등 사전 학습을 하게 한다
토론 대상 학습자 수 조정	· 전원이 적극적으로 발언을 할 수 있는 그룹원수는 5~8명이 적당하다 · 최종적으로 그룹 별 발표를 실시한다면 6그룹이 적당하다

5) 그룹 토론법 사례(1)

• 문제 해결을 위한 토론

학습자들로 하여금 실제로 직장과 현업에서 당면하고 있는 문제점이나 개선점을 과제로하여 토론을 진행한다.

〈진행 방법〉

① 토론 주제 제시

· 개인이 직장에서 곤란해 하고 있는 문제점 등을 제시하고 그룹 내에서 발표, 공유화한다.

· 다음으로 그중에서 그룹 차원에서 토론하고자 하는 주제를 선택한다.

② 문제점 분석

· 문제의 발생 상황이나 경과 등 사실내용을 파악한다.

· 문제의 배경이나 본질을 찾아내고 원인을 구명한다.

③ 해결책이나 개선안의 검토

· 상호 토론을 통해 구체적인 해결책이나 개선안을 제안한다.

④ 발표

· 해결책이나 개선안을 전지나 플립차트에 정리한다.

· 한 그룹씩 발표하고 질의응답과 조언을 한다.

· 앞 그룹 발표 후 강사가 코멘트를 해주고 전체를 정리한다.

⑤ 액션 플랜의 작성

· 타 그룹이나 강사의 조언이나 코멘트를 바탕으로 제안사항을 수정한다.

· 개인별로 구체적인 행동 계획을 수립한다.

6) 그룹 토론법 사례(2)

• 자유 토론

강사가 일반적인 주제를 제시하고 제한 시간 내에 그룹 내에서 자유롭게 토론을 진행한 후 결론이나 제안 사항을 도출한다.

자유 토론 주제 예: (신입사원 입문 교육 시)

· 학교와 직장의 차이

· 팀워크 향상 방안

· 커뮤니케이션 활성화 방안

〈진행 방법〉

① 토론 주제 제시

강사가 제시

② 토론 순서나 진행 방법 설명

· 제한 시간

· 토론 내용 정리 방법의 지시

· 결론 도출을 위해 생각하거나 고려해야 할 부분 제시 등

③ 토론 실시

· 토론 중 강사는 각 그룹의 진척 상황을 살펴보고 토론 후 피드백 해야 하는 행동이나 내용을 수집하거나 잘 진행되지 않고 있는 그룹 있으면 적절한 도움을 주어 진행을 순조롭게 한다.

④ 전체 발표

· 그룹 대표자 또는 지정 발표자에 의한 전체 발표

· 질의응답

⑤ 전체 마무리

· 전체 그룹이 모두 발표한 후 강사가 관찰 내용을 피드백하고 토론을 마무리한다.

7) 그룹 토론 참여 촉진 방안 강사는 그룹 토론에 학습자의 참여를 촉진하기 위하여 다양한 방안을 강구해야 한다. 참여 촉진을 위해 그룹 토의에 관여하려 할 때 유의해야 할 사항은 다음과 같다.

유의점 1: 두 가지 관점에서 생각해 본다.

· 관점 1 → '내용'에 관한 것인가? 아니면 '진행 방식'에 관한 것인가?

· 관점 2 → 관여할 대상은 누구인가?

유의점 2: 직접 관여 또는 간접 관여

· 토론을 통해 도출한 내용이나 결론이 기대한 것보다 수준이 상당히 낮을 때 강사는 직접적인 관여를 할 것인지 아니면 간접적인 방식으로 관여할 것인지를 판단한다.

· 진행 방식에 대해 너무 관여하여 그룹 토론의 자주성을 상실할 수도 있다.

유의점 3: 처음부터 학습자 개인에게는 관여하지 않는다.

· 처음부터 학습자에게 관여하지 않고 다음과 같은 방법으로 접근해야 한다.

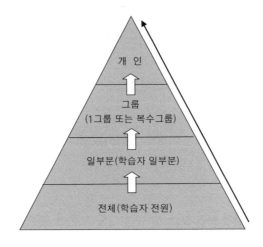

관여 순서

유의점 4: 교육 진행 상황을 고려하여 관여한다.

· 교육 시작 시에는 가능한 한 전체에 관여한다.

· 교육이 어는 정도 진행되고 학습자와 인간 관계가 형성되면 신중히 판단하여
학습자 개개인에게 관여한다.

역할 연기

역할 연기란 실제의 업무 상 발생할 수 있는 상황을 설정하고 이를 학습자가 각 역할들을 연기함으로서 신체적 경험을 통해 지식과 기능을 배우는 동적인 교육 방법이다.

1) 역할 연기의 특징과 종류

① 역할 연기의 특징

• 몸으로 배운다

신체적 경험을 통해 체득할 수 있기 때문에 지식과 기능을 함께 학습할 수가 있다.

• 강사의 능력에 좌우되기 쉽다

학습자의 체험이 중심인 만큼 교과서적으로 연기되지 않는 경우도 있다. 이 기법의 효과는 강사의 능력에 좌우되기 쉽다. 따라서 강사는 역할 연기를 어떻게 진행할 것인가 그 방식을 선정하여야 한다.

- 역할 연기가 도움될 때

  · 기본 동작이나 기능을 몸에 익히고 싶을 때 – 접대 매너, 업무 지도법 등

  · 대인 능력을 향상시키고 싶을 때 – 구매 상담, 부하 면담 등

  · 태도나 행동에 변화를 주고자 할 때 – 직장에서의 행동, 접객 태도 등

② 역할 연기의 종류

역할 연기에는 다음의 세 가지 종류의 진행 방식이 있다. 각각의 특징을 살리면서 제약 조건을 고려하여 어떠한 진행 방식을 선정할 것인지를 결정하여야 한다.

  · 간이법

  · 관찰법

  · 그룹별, 병렬 역할 연기

2) 간이법에 의한 역할 연기 진행 방식 간이법은 본격적인 역할 연기 실시를 위한 사전 역할 연기로서도 활용할 수 있다.

〈진행 방식〉

① 학습자 중에서 연기자를 선출한다.

  · 강사가 상대 역할이 된다.

② 장면 설정

  · 구두로 지시를 내리는 정도의 매우 간단한 장면을 설정한다.

③ 연기 실시

  · 학습자를 연기를 위해 전면에 내 보낸다.

④ 전체 역할 연기에 대한 검토와 분석

· 잘한 점, 개선점

⑤ 강사 피드백

· 연기에 대한 조언과 피드백을 제공하고 다음의 강의나 본격적 역할 연기에
  대비한다.

3) 관찰법에 의한 역할 연기 진행 방식

〈진행 방식〉

① 사전 준비

→ 미리 장면을 설정하고 설명 자료를 학습자에게 배포한다.

② 연기자의 결정

→ 그룹 내에서 자유롭게 결정한다.

③ 실기 실시

→ 연기자 이외의 학습자는 관찰 시트를 사용해 연기를 분석하면서 관찰한다.

④ 관찰자의 코멘트

→ 반드시 좋았던 점과 개선점 양쪽 모두를 발표한다.

⑤ 재연기

→ 개선점은 필요에 따라 재연기해도 좋다.

→ 이 경우 '이렇게 하는 것'이라는 원칙을 학습자에게 강요하지 않는다. 학습
  자 사이에서 자연스럽게 대답이 나오도록 유도하고 강사는 보충이나 보완하는
  정도로 언급하는 것이 좋다.

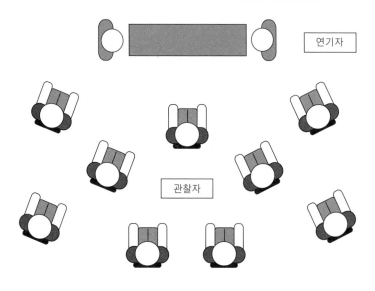

관찰법의 레이아웃

4) 그룹별, 병렬 역할 연기 진행 방식

이 진행 방식은 학습자의 수가 많은 경우와 강의장 제약이 있는 경우에 적절하다. 그룹으로 분산해 진행하므로 전체가 함께 있을 필요가 없다. 강사는 진행 순서를 명확히 하고 구체적으로 어떻게 진행해야 하는가를 상세히 설명해야 혼동이 없다.

〈진행 방식〉

① 사전 준비

→ 학습자를 소그룹으로 나눈다.

→ 미리 장면을 설정한 후 설명 자료를 학습자에게 배포한다.

→ 강사가 진행 방식 등을 설명한다.

② 역할 연기의 준비

→ 그룹 내 토론을 거쳐 제한 시간 내에 연기할 수 있는 스토리를 만든다.

→ 반복 리허설을 한다.

③ 연기 실시

→ 연기하고 있지 않는 그룹의 학습자는 '관찰 시트'를 사용해 연기를 분석하면서 관찰한다.

④ 관찰자의 코멘트

→ 반드시 좋았던 점과 개선점 양쪽 모두를 발표한다.

⑤ 강사의 피드백

→ 강사는 관찰자들이 코멘트 하지 못했던 점 등을 피드백한다.

5) 역할 연기의 진행 포인트

① 참여하기 쉬운 분위기를 만든다

역할 연기에서 중요한 점은 학습자들이 '나도 한번 해보자'하는 마음을 갖도록 하는 것이다. 이를 위해 강사나 교육담당자는 학습자가 참여하기 쉬운 분위기를 만들도록 해야 한다. 구체적으로 이러한 분위기를 만들기 위해서는

• 학습자에게 마음 준비를 하게 한다

→ '그렇게 어려운 일은 아니다'라는 의미를 잘 전달한다.

• 코멘트 방법에 주의한다

→ 학습자 연기에 대한 코멘트는 우선 좋은 점을 찾아내 칭찬한 다음에 개선점을 구체적으로 지적하는 것이 좋다.

② 보조 교재를 활용한다

보조 교재의 활용은 학습자의 참여 의식을 높여 교육담당자나 강사 등 교육운영자에게 적극적인 참여 자세를 갖게 해주기 때문에 적극적으로 활용한다. 예를 들면,

· 연기자에게 이름표를 붙이게 하여 역할을 분명하게 한다.
· 탁상 명패를 활용하여 부서명을 설정한다.
· 손님 접대에 대비해 다과세트, 컵 등을 준비해 놓는다.

③ 동영상과 관찰 시트를 활용한다

역할 연기의 피드백은 가능한 한 구체적인 사실에 근거해 이루어져야 한다. 또한 피드백은 그때그때 하지 말고 연기가 종료한 후 하는 것이 일반적이다. 하지만 연기를 보는 동안에 피드백할 내용을 관찰 시트에 기록하고 동시에 영상을 촬영하여 다시 연기를 보면서 피드백 한다면 효과를 극대화할 수 있다. 강사는 학습자의 역할 연기에 대한 피드백 이후 강의에 연계해 어떠한 점을 강조하여 학습이 이루어지게 할 것인가를 생각해야 한다.

교육 게임

교육 게임은 강사 주도에서 학습자 주도로 변화를 가져다주는 교육 방법이다. 학습자는 게임을 통해 즐기면서도 필요한 체험을 통해 조직 생활과 현업에 도움이 되는 사고, 리더십, 기술 등을 배울 수가 있다.

1) 교육 게임의 장점과 단점

① 장점

· 대체로 학습자의 학습 저항감이 적고 참여 의식이 높다.

· 체험 학습을 통해 실감나게 배울 수 있다.

· 어려운 내용을 단순한 모델을 이용하여 쉽게 이해할 수 있다.

· 학습자 간의 커뮤니케이션이나 팀워크를 형성할 수 있다.

· 교육 분위기를 고취하여 변화를 꾀할 수 있다.

② 단점

· 즐기기만 하고 실제 교육 목적을 달성하지 못할 수 있다.

· 강사의 능력이 부족한 경우 목적을 충분히 이해시키지 못할 수 있다.

· 게임의 결과가 의도한 대로 도출되지 못하면 보완하기가 어렵다.

2) 교육 게임의 선정 방법

교육 게임을 선정할 때는 다음과 같은 기준을 고려하여야 한다.

① 문제의식을 가진다

교육 게임을 선정할 때는 '무엇에 사용할 것인가?'와 '무엇을 가르치고 싶은가?'라는 질문을 우선 던져 보고 이에 합당한 교육 게임을 선정해야 한다.

② 세 가지 관점에서 판단한다

• 제 1관점: 어디에 활용할 것인가?

· 게임 이름만 가지고 판단하면 안 된다. '어떠한 주제에 부합하는가?', '학습 대상 범위는 어떤 사람들인가?' 등 실질적으로 게임 내용을 어디에 적용할 것인지를 확인해야 한다.

• 제 2관점: 게임 절차는 어떠한가?

· 게임 절차는 간단한가? 복잡한가? 사내 강사가 운영하기에 어떠한지 확인해야 한다.

• 제 3관점: 제약 조건은 무엇인가?

· 교육 장소, 시간과 같이 게임을 운영하는데 있어 제약 조건은 무엇인가를 확인하고 운영 가능한지를 확인한다.

3) 교육 게임의 목적을 확인한다

교육 게임은 게임 그 자체가 목적은 아니다. 교육 효과를 높이기 위해서는 교육 게임의 목적을 명확히 해 두는 것이 중요하다. 일반적으로 다음의 다섯 가지 목적 중에서 어떠한 목적으로 게임하려는지를 파악하는 것이 중요하다.

① 개념 파악을 위하여

예를 들면, 리더십 과목의 경우 리더십이란 이런 것이라는 것을 알려주기 위해 게임을 통해 학습자들이 리더십을 대략적으로 파악하기 위한 목적

② 아이스 브레이크를 위하여

교육 시작 시에 아직 학습자 간 친밀감이 형성되지 않았다면 교육 게임을 통해 긴장감을 해소하고 교육에 적극적 참여를 독려하기 위한 목적

③ 교훈의 제공을 위하여

체험한 게임을 통해 '이런 점에서는 조심하지 않으면 안 된다', '이 점에서는 적극적으로 해야 한다'와 같이 학습자에게 일정한 교훈을 주기 위한 목적

④ 가상 체험을 위하여

원래는 자신이 직접 체험을 통해 균형 감각을 습득하는 것이 중요하지만 현실적으로 그렇게 하는 것이 어렵다면 가상 체험을 시킬 목적

⑤ 교육의 진행에 변화를 주기 위하여

지금까지의 교육 진행 흐름을 다른 식으로 변화를 주기 위한 목적. 학습자가 주체적으로 교육 게임에 참여하는 것만으로도 자연스럽게 교육의 흐름을 변화시킬 수 있음.

4) 교육 게임의 기본적인 진행 방법 교육 게임은 그 내용에 따라 진행 방법이 매우 상이한 경우도 있지만 대체으로 다음의 순서와 절차가 일반적이다.

① 기본적 개념의 설명

대략적인 학습 내용을 설명하고 무엇을 위해 실행하는가를 명확히 한다.

→ 예: '커뮤니케이션 게임'의 경우 커뮤니케이션의 중요 개념을 게임을 통해 이해할 수 있도록 학습해 할 중요 개념을 미리 설명한다.

② 순서의 설명

· 게임 차례나 순서를 설명

· 차례와 순서는 게임 매뉴얼에 충실하게 설명

③ 게임 실시

· 강사는 게임의 진행상황과 게임 내용을 관찰한다.

· 전체를 파악함과 동시에 학습자들의 진행 방식이나 행동을 관찰하여 이후 교육 효과를 높일 수 있는 코멘트를 준비한다.

④ 게임 피드백

· 게임에 대한 피드백은 피드백 체크리스트를 활용하거나 그룹 토의를 통해 상호 피드백을 실시한다.

· 게임에 대한 전체적인 피드백과 결과 집계는 전체의 흐름에서 너무 비약하지 않고 현재 주어진 정보 내에서만 피드백을 한다.

⑤ 반론

· 피드백 내용이나 게임 중의 일련의 사건을 통해 학습자들이 그동안 알고 있었던 것에 대한 새로운 반론을 제기한다.

⑥ 보충 설명

· 게임의 내용에만 고집하지 말고 실제 업무 현장에서나 일상 생활에서 적용할
수 있도록 설명을 보충한다.

· 강사의 개인적인 의견을 추가한다.

5) 교육 게임 성공 포인트

① 게임 자체가 목적이 되어서는 안 된다

게임은 학습 내용의 이해를 돕고 학습 흥미를 일으키는 교수 방법의 일환으로
활용되어야지 교육 전체가 마치 게임을 위해 실시하는 것 같은 느낌을 주어서
는 안 된다. 그리고 게임 교수법만으로 너무 큰 효과를 기대하여서는 곤란하다.
교육 전체적으로 다양한 교수법이 활용되어야 하고 게임 또한 전체 교육 프로
세스 중의 하나로 자리매김하여야 그 존재 가치가 높아진다.

② 교육 게임의 한계를 인식한다

게임과 같은 유사 체험의 경우 실 상황이 아니므로 한계를 지니고 있고 무엇이
한계인지를 인식하는 것이 중요하다. 경영 시뮬레이션 게임을 성공적으로 하였
다고 하여 실제 경영을 잘 할 수 있다고 말할 수는 없다. 실제 경영 현장에서는
게임에서 없었던 수많은 새로운 변수가 있을 수 있기 때문이다.

③ 목적 없이 활용해서는 안 된다

간혹 교육 시간이 남아 시간을 보내기 위한 목적으로 게임을 하거나 재미만을
목적으로 한다면 오히려 교육 효과를 반감시킬 수도 있다.

사례 연구

사례 연구는 실제 현업에서 발생하거나 발생할 수 있다고 생각하는 문제를 사례로 하여 개인 검토나 그룹 토의를 통해 문제의 해결책이나 시사점, 원리, 원칙 등을 도출하는 교육 기법이다. 사례 연구, 사례 연구법, 인시던트 프로세스 등 다양한 유형의 사례 연구 방법이 있다

1) 사례 연구의 장단점

① 장점

· 사례를 통한 간접 경험은 문제 해결력 향상에 도움 된다.

· 학습자 스스로 생각해서 제시한 해결안은 쉽게 납득한다.

· 학습자와 친근한 사례를 활용하면 학습자의 흥미를 끌 뿐만 아니라 학습자의 참여도를 높일 수 있다.

· 문제 해결과 의사결정, 일반 조직 행동 원리를 이해할 수 있다.

· 사례를 학습하는 과정에서 자신의 사고와 문제 해결 방식을 돌이켜 볼 수 있는 기회를 가질 수 있다.

② 단점

· 절절한 사례 찾기가 쉽지 않다.

· 학습자의 현업 또는 업무 상황과 유사한 사례가 아니면 자신의 사례로서 받아들이기 쉽지 않다.

· 사례를 통해 해결안을 도출하기 위해서는 충분한 정보가 제공되어야 하는데

학습자들 입장에서 이렇게 방대한 자료를 읽고 내용을 파악할 수 있는 능력이 우선적으로 갖추어져 있어야 한다.

2) 사례 교육의 진행 방법 사례 연구를 통해 교육 효과를 얻기 위해서는 다음과 같은 기본적인 진행 방법을 숙지하여야 한다.

① 도입
· 목적의 확인
· 연구 시에 학습자가 유의하여야 할 태도, 순서, 제한 시간 등을 설명한다.

② 사례 연구 준비
· 학습자에게 사례를 가볍게 읽어 주고 내용 확인을 위해 질문을 받는다.
· 도입 부분의 기본적 사항들을 이 부분에서 한 번 더 확인시켜 준다.

③ 사례 연구
· 개인별 연구 실시(10~20분 정도): 문제 정의, 원인 탐색, 개선책 검토 등
· 그룹 연구 실시(10~20분 정도): 개인 연구 발표 및 토론, 토론 내용의 요약 및 정리
· 강사는 개인 또는 그룹 토론 활동을 참조해 코멘트 할 내용을 정리한다.

④ 발표
· 발표 순서는 그룹 번호 순서나, 자발적인 우선 발표자 순으로 정하거나 강평과 강의를 생각해 강사가 발표 순서를 정하거나 바꾸어도 상관이 없다.
· 각 그룹 발표 후 강사는 간단한 코멘트를 한다.

⑤ 강평 및 강의

· 각 그룹 별 공통점과 개별적인 특징에 대해 언급한다.

· '사례를 통해 이러한 점을 확인할 수 있다'와 같이 학습 포인트를 제시한다.

· '개인적으로 이렇게 하면 어떨까?'하는 방향성을 제시할 수도 있다.

3) 사례 작성 방법 사례는 가능하면 자사 사례를 활용하는 것이 좋다. 적절한 자사 사례가 없을 경우 동종 업계 사례를 찾아본다. 그렇게 하기 위해서는 다소 수고스럽더라도 현장감 있는 실제 사례를 작성하는 것이 좋다.

① 사례 작성 순서

· 사례 연구의 목적과 학습대상자를 확인한다.

· 사건 정보를 수집한다.

· 사례를 작성한다.

· 사례를 검토하고 수정한다.

· 사전에 테스트를 수행한다.

· 사례 연구를 실시한다.

② 사례 만드는 방법

• '사전' '발생' '사후'의 3개로 나눈다

사례를 교육에 활용하기 위해서는 가장 유효한 시점을 잡는 것이 중요하다. 사례의 전체 내용 중에서 학습자에게 가장 유효한 사건이나 내용을 '사전', '발생', '사후' 세 부분으로 나누어 볼 필요가 있다. 발생 시점을 어디로 할 것인가에 따라 내용이 바뀔 수도 있으므로 학습의 목적에 맞게 충분히 시점을 검토해야 한다.

- **'사전'에 해당하는 내용을 시계열로 정리한다**

다음으로 발생이 일어나기 전까지의 '사전'에 해당하는 부분을 5W2H에 맞게 시계열화하여 정리한다. 한층 정리된 내용을 바탕으로 전체적으로 하나의 이야기가 되도록 문장을 만들어야 한다.

- **사건 '발생'을 드라마틱하게 전개한다.**

사례의 '사전'에서부터 '발생'에 이르기까지의 프로세스를 극적으로 전개함으로써 사례에 대한 기대감과 박진감을 더할 수 있다.

- **그래서 어떻게 되었는지 '사후'를 정리한다.**

사례의 '사후' 부분은 주로 해결책이나 교훈이 주를 이룬다. 이 부분을 사례 연구 시 학습자에게 뭔가를 생각하게 하거나 토론하게 할 경우 상세히 기술하지는 않지만 사례를 통해 전달하고자 하는 교훈이나 학습 내용을 미리 생각해 두는 것이 좋다.

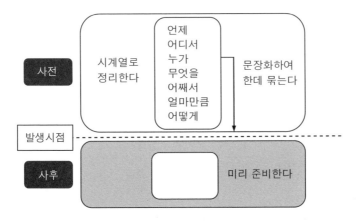

③ 사례 연구 방법 활용 시 유의할 점

· 강사가 의도하는 결론을 너무 쉽게 알아차리지 않도록 조심한다.

· 강사는 그룹 토의에 필요 이상으로 개입하지 않는다.

· 그룹 토의는 진행 방식보다 토론의 내용 그 자체를 중시한다.

· 발표 후 강사는 사례와 실제 상황을 연계하여 코멘트한다.

· 사례를 다른 각도에서도 생각해 볼 수 있도록 순서나 절차를 바꿔본다.

· 학습자가 당사자라면 어떻게 할 것인지를 생각해 보도록 유도한다.

· 전체적인 강평에서 자신의 사견과 감상을 피력하되 강요하지는 않는다.

④ 사례 연구 내용의 정리

전지에 정리한 경우

교육 목적에 부합한 교육 방법의 선택

조직원의 역량개발을 위해 다양한 형태의 교육 접근방식을 고려할 수 있다. 교육담당자로서 어떠한 교육 방식이 최선의 선택이 될 수 있는지를 파악할 수 있는 능력을 갖추어야만 교육 목적과 조직원에 필요한 역량을 효율적으로 습득할 수 있다.

교육의 구분

집합교육의 경우 다양한 교육 유형이 존재한다. 집합교육의 다양한 유형별 특색을 파악하여 어떠한 경우 어떠한 유형의 교육 방식을 활용할 것인지를 효과적으로 검토하여야 한다. 교육 방법의 선택은 교육 효과에 지대한 영향을 미친다. 따라서 교육 목적에 부합하는 교육 방법을 도모하여야 한다. 집합의 경우 자사 내에서 기획하여 이루어지는 교육과 외부 위탁 교육으로 크게 나눠 볼 수가 있고 자사 내에서 기획한 교육일지라도 집합교육과 개인 자기주도학습으로 교육을 나눠 볼 수가 있다. 개인 자기주도학습의 경우는 독서통신교육이나 온라인 교육이 대표적이다. 집합교육도 다양한 교육 방법이 존재하므로 각각의 방법별 특징을 정확하게 파악하고 있어야 한다.

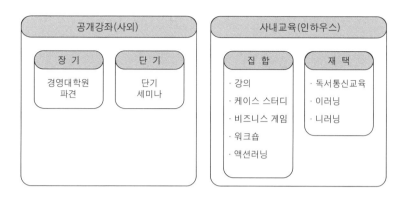

집합교육의 방법

1) **공개강좌(사외)** 일반적으로 기업 교육이라 하면 교육담당자가 기획하고 사내외 교육 시설에서 강사를 초빙하여 이루어지는 교육을 많이 연상한다. 이러한 사내 교육 외에도 최근 기업들은 핵심인력의 양성 차원에서 다양한 사외 교육을 교육 체계의 한 부분에 넣어 제도적으로 운영하는 경우가 늘고 있다. 해외 MBA 과정이나 지역전문가 과정 또는 장기 어학연수 과정 등은 특정 소수의 핵심인력에 한정하여 이루어지는데 기회비용과 실제 소요비용을 고려할 때 신중한 접근이 필요하다. 하지만 이러한 장기 해외연수 기회를 모든 조직원에게 동일하게 부여한다면 이 또한 교육담당자 입장에서는 전문적인 선발과 운영 지식이 필요하다.

사외 교육의 경우 그 교육 기간에 따라 구분하여 볼 필요가 있다. 장기간 교육은 주로 핵심인력 양성 차원에서 접근하거나 간부나 임원 교육을 위해 기획하는 경우가 많다. 하지만 단기 세미나나 교육은 주로 직무 능력 향상 차원에서 접근하며, 의사결정 또한 장기 교육의 경우는 최고 경영진에서 이루어지고 단기 세미나는 일선 관리자 또는 사업본부장 선에서 결정하는 경우가 많다.

① 사외 장기 교육(일반대학원, 경영대학원 파견)

기업이 인재개발 목적으로 조직원을 장기 교육에 파견 보낸다는 것은 매우 큰 결단이 필요하다. 대부분 장기 교육을 다녀온 사람의 경우 이 몇 배 되는 기간을 의무복무하기를 조직에서 요구한다. 사실상 조직이나 개인이나 상당 기간 서로 구속되는 것이다.

대표적인 장기 교육은 경영대학원(MBA) 과정에 파견하는 것이다. 2년의 교육 기간이 일반적이나 6개월에서 1년 간의 단기 과정도 운영한다. 경영대학원의 교육 방법은 각 대학의 방침에 따라 다양하며 강의와 상호 활동성을 중시하고 이에 사례 방법 등을 활용하여 실제 현장 수행 능력을 배가하고 있다. 이전에는 경영대학원에서 공부한다고 할 때 업무에서 벗어나 2년 간 전적으로 공부만 하는 경우가 많았으나 최근에는 다양한 형태의 대학원을 운영하고 있어 야간이나 주말을 이용해서도 공부할 수 있다. 따라서 현업과 학업을 동시에 수행할 수 있어 기업도 부담을 줄고 학습자의 경우는 현장 감각을 여전히 유지할 수 있는 장점을 얻는다. 또한 국내 대학 부설 경영대학원도 학생 모집을 용이하게 하기 위해 직장인의 상황에 맞추는 과정을 지속해서 개발하고 있으므로 교육담당자는 어떤 조건의 대학원이 조직 현황에 적합한지를 비교해 볼 필요가 있다.

경영대학원과 같은 장기 교육의 기획에서 교육담당자들이 평가해

보아야 할 부분이 있다면 이러한 장기 파견 교육에 따른 위험도에 비해 얻을 수 있는 부분이 얼마나 크냐는 것이다. 대체로 장기 파견 교육의 경우 투자비용은 파견비용, 기회비용, 퇴직 리스크에 따른 기회손실비용으로 나눠 볼 수 있다. 현업을 떠나 2년 간 전적으로 공부만 하는 풀 타임 학습자의 경우 실제 학업이 끝날 때쯤 퇴직하는 사례가 더 많다고 한다. 업무를 하면서 야간이나 주말을 이용하면 이러한 투자비용의 상당액을 줄일 수가 있는 장점이 있다. 하지만 풀 타임 학생인 경우에 얻을 수 있는 깊이 있는 지식과 스킬, 그리고 양질의 인맥을 생각한다면 무조건 야간이나 주말반이 좋다고만은 할 수 없다.

따라서 교육담당자들은 장기 교육 파견의 경우 투입비용 대비 얻을 수 있는 수익이 무엇인지 즉, 투자수익률(ROI)이 어떻게 되는지를 철저히 따져보아야 한다. 장기 파견 교육대상자 한 사람에게 상당한 비용을 투자한다는 것은 분명 복리후생적 차원을 넘어 조직의 전략적 차원에서 접근해야 한다. 교육담당자는 누구를 어떠한 목적으로 어느 학교에 파견할 것인지 충분히 검토한 후 결정해야 한다.

② 단기 사외 강좌

사내 교육만으로는 조직원이 필요로 하는 다양한 역량을 개발하는 데는 한계가 있다. 특히 조직원이 적어 단위 학습자를 모집하기 힘들면 단기 사외 강좌나 외부 교육에 파견하는 경우기 많다. 사외 교육은 경영대학원과 같이 장기적인 교육도 있지만 수많은 경영 또는 기업 교육 컨설팅회사나 전문 기관에서 운영하는 단기간의 공개강좌 수는 더 많다고 할 수 있다. 많은 기업에서 조직원들이 이러한 외부 강좌에 자원할 경우 일정한 한도 내에서 비용을 지원하는 곳이 많다.

이러한 단기 공개강좌를 경영대학원과 같은 장기 교육과 비교하는 것보다는 사내 교육 프로그램과 비교해 보는 것이 차후 교육 운영을 사내로 할지 사외 파견으로 할지를 결정하는데 도움이 될 것이다. 사외 공개강좌의 장단점은 다음과 같다.

〈장점〉

· 사외에서 교육 프로그램을 수강한다는 것은 사내 규율이나 상식을 벗어난 장소에 자신이 놓여져 있음을 의미한다. 따라서 자신과 업무 추진 방법 등을 객관적으로 관찰하고 이를 올바르게 수정할 수 있는 기회가 될 수도 있다. 평소 자신이 해왔던 것들을 반추해 볼 수 있으며 타 학습자를 통해 새로운 것을 배울 수 있는 경험 학습의 장이 되기도 한다.

· 사외 인맥을 형성하는데 도움 된다. 이러한 인맥은 학습자 본인 뿐만 아니라 조직에도 도움이 될 수 있기 때문에 지식 외에 얻을 수 있는 소중한 재산이라고 할 수 있다.

· 사내 교육담당자가 기획하기에는 지나치게 전문적인 주제의 강좌를 수강할 수가 있다. 특수한 분야나 지식이나 기술의 변화 속도가 매우 빠른 업무를 수행하는 사람에게 유효하다.

· 간단히 선택하고 신청할 수 있으므로 가입과 절차가 용이하다.

〈단점〉

· 일정이나 시간이 한정되어 있다.

· 강의 내용이 자사에 특화되어 있지 않고 일반적인 내용일 수 있다.

· 공개강좌의 경우 인원의 제한이 있을 수 있고 모집 인원이 일정 규모가 되지

않을 경우 강좌가 취소될 수 있다.

최근 기업들은 역량기반 교육 체계를 도입하여 자사의 부족한 역량을 개발하기 위해 자신들에게 가장 적합한 교육 방법을 개발하도록 장려하는 곳이 많다. 그러므로 조직에서 조직원들은 일정한 한도와 시간 내에서 자유롭게 사내외 교육을 신청할 수가 있고 수료가 증명되었을 시 전액 또는 일부 교육 비용을 조직이 부담한다.

인재개발을 복리후생 차원에서 접근하는 조직도 있다. 조직원의 능력개발을 조직보다는 조직원의 임무로 더 강조함으로써 조직원 각자가 오랫동안 고용되기 위해서 자기 계발을 조직원 스스로 해야 함을 중시하는 것이다. 사외 교육 수강을 인재개발 측면에서 보느냐 복리후생적인 측면에서 보느냐에 따라 교육담당자의 접근 방안도 달라질 수 있다.

2) 사내 교육 사외 파견 교육이 증가하고 있다고 하더라도 여전히 사내 HRD 부서에 의해 기획 운영하는 교육은 조직원 교육이 대부분이다. 기업 경영 목표나 이념을 조직원에게 전파하는 데는 사내 교육만큼 효과적인 방법이 드물다. 기업에서 교육하는 목적이나 의도에는 비전이나 가치관의 공유, 고유의 업무 방식의 전파, 자사에서 필요로 하는 능력 등을 포함한다.

사내 교육은 이러한 목적을 달성하기 위해 조직원이 모여서 학습하는 집합교육과 조직원 개개인이 스스로 독학하는 자기주도학습형 교육으로 나눠볼 수 있다.

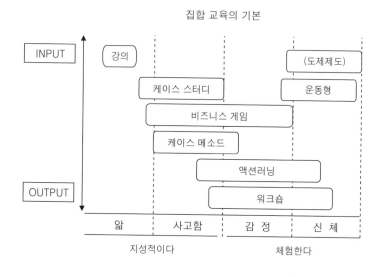

집합 교육의 기본

집합교육의 방법

① 집합교육의 분류

집합교육 방법에는 다양한 유형이 있다. 주요 교육 방법으로는 강의, 사례 연구법(case study), 사례 방법(case method), 워크숍, 비즈니스 게임, 액션 러닝, 체험형(athletic) 등이 그것이다. 이러한 다양한 방법 중 어떤 방법으로 교육을 운영할 것인가를 결정하기 위해서는 각각의 방법에 대한 특징을 파악해 둘 필요가 있다. 각각의 교육 방법을 두 개의 축으로 나눌 수 있는데 한 축은 투입(input)을 중요시하는가? 산출(output)을 중요시하는가에 따라 구분하고, 다른 한 축은 이해력, 사고력이라는 지성에 호소하는지 아니면 지성 이외의 감정이나 신체, 직관 등의 체험에 호소하는지에 따라 구분할 수 있다. 이를 표로 나타내면 좌측과 같다.

② 강의

강의의 경우 주로 지식의 주입을 목표하는 것이기에 가장 좌측 상단에 위치한다.

③ 사례 연구법과 사례 방법의 차이

다음으로 사례 연구법(case study)와 사례 방법(case method)이 있는데 이 둘은 자주 혼동하므로 그 차이를 알아두면 도움이 된다.

• 사례 연구법

원래 연구 방법을 말하는 것으로서 어느 기업이나 특정 산업계의 사례를 연구하는 것으로 그 연구 결과로 정리되는 것이 사례 연구논문이나 사례 연구보고서가 된다. 일반 기업 교육에서 활용하는 경우는 주로 연구자가 분석이나 해석을 하여 정리해 놓은 사례 연구논문에 나와 있는 사례(case)를 사용하는 경우가 많다. 사례 작성자가 개념화한 이론을 이해하는 것이 주요 활동이다. 뛰어난 사례는 깊은 통찰을 통해 사례 기업이나 업계의 경영상의 본질을 파악해 놓았기 때문에 이를 통해 유용한 지식과 이론을 습득할 수가 있다.

• 사례 방법

이는 연구 방법 보다는 학습 방법을 나타내는 말이다. 사례 방법에서 사용하는 사례는 사례 연구법에서의 사례와는 다르다. 문제가 되는 상황에 대한 상세 설명은 있지만 어디까지나 상황 기술에 머무르고 있다. 사례 작성자의 주관이나 해석을 가능한 한 배제하고 있다. 분석과 해석하는 주체는 학습자 자신이다.

말하자면 학습자가 상황의 주인공(대체로 경영자가 되는 경우가 많음)이 되어 분석과 판단을 통해 최종 의사결정을 한다. 따라서 사례 방법은 시뮬레이션이나 역할 연기에 좀 더 가깝다고 할 수 있다. 그리고 일반적으로 결론이 없는 경우가 많다. 이후 어떻게 되었는지 전말을 기술한 사례도 있지만 어디까지나 실제로 경영자가 취한 행동에 대한 것일 뿐 이것이 상황에 대한 정답이라고는 할 수 없다. 사례라는 학습 소재를 활용하여 학습자의 사고훈련과 의사결정 훈련을 수행하는 교육 방법이 사례 방법이다. 교육이기 때문에 가능한 한 다양한 경험을 쌓도록 하는 것이 중요하므로 다양한 사례를 제시하게 된다. 교육은 소그룹 중심 또는 강사와의 토론으로해 진행하는데 다른 학습자의 피드백을 통해 새로운 아이디어와 사고를 얻을 수 있고 실제 비즈니스 상황을 가정해 다른 사람을 설득하는 경험을 쌓을 수가 있다.

이상의 구분을 통해 사례 연구법이나 사례 방법 모두 학습자의 지성적 판단을 요구하는 교육 방법이지만 사례 연구법은 지식의 투입(input)에 좀 더 중심을 두고, 사례 방법은 학습자 스스로의 사고를 통한 결과로서 분석과 의사결정 등의 산출(output)에 더 무게 중심을 둔다고 할 수 있다.

④ 비즈니스 게임

컴퓨터를 활용한 비즈니스 게임도 회계나 경영 전략 등 기업 교육에 활발하게 활용하고 있다. 사례 방법이 사례를 문장으로 기술한 정태적 정보를 제공한다면 비즈니스 게임에서는 수많은 변수를 제시할 수 있고 이들 변수에 따라 학습자들이 상황을 판단하여 다음 행동을 결정함으로써 비즈니스의 결과를 얻고 계속해서 이들 결과를 바탕으로 다음 행동을 판단할 수가 있다. 따라서 컴퓨터를 활용한 비즈니스 게임은 보다 동태적이고 경험 학습의 핵심이라고 할 수 있는 통찰과 개념화 과정을 체험할 수 있다.

또한 비즈니스 게임은 게임 형식을 빌려 팀 단위로 경쟁을 붙일 수가 있어 팀 관리에 필요한 경험도 함께 쌓을 수가 있다. 이러한 게임 중에는 다른 팀과 협상해야 하는 것도 많다. 비즈니스 게임은 실제 경영 환경과 같이 시시각각 변하는 상황에서 의사결정한다는 것이 쉽지 않다는 것을 느끼면서 나름의 사고와 판단 능력을 배양할 수 있는 장점이 있다. 비즈니스 게임에서 승리하기 위해서는 기본이 되는 지식이나 합리적 사고력과 판단력뿐만 아니라 효과적인 팀 관리가 필요하다. 따라서 팀장은 팀원들 각각의 의사와 감정을 잘 배려하여 적극적인 문제 해결에 동참하게 만들어야 한다. 즉 리더십도 함께 배울 수가 있는 것이다.

다시 말하면 비즈니스 게임은 팀원들의 감정과 직관에 호소하면서 팀의 성과를 도출하는 교육 방법이라 할 수 있다. 또한 교재에 나와 있는 어려운 개념이나 이론두 게임을 통해 체험하면서 이해를 쉽게 할 수가 있는 장점이 있다. 예를 들면, 회계에 대한 개념을 글로 이해하는 것은 어렵지만 게임을 통해 회계의 기본 개념과 프로세스를 쉽게 이해할 수가 있다. 이러한 이유로 기업에서는 조직원 회계 교육을 위한 다양한 비즈니스 게임 과목을 도입하고 있다.

비즈니스 게임 방법을 고려할 때 참고해야 할 부분이 있는데 비즈니스 게임 자체의 완성도에 따라 얻게 되는 교육 효과가 상당히 다를 수 있다는 점과 학습자가 승부에 너무 집착하게 되는 경향이 있어 운영상의 주의가 필요하다. 게임이 주가 되는 교육 방법이라고 하여 강사의 중요성이 줄어드는 것은 아니다. 강사는 해당 교육 프로그램의 조작과 운영에 능숙하여야 하며 일반 강사와 마찬가지로 게임이라는 툴을 사용하지만 이를 통해 학습 목표를 달성하고 필요한 지식과 스킬을 배울 수 있는 장을 만들어야 한다.

⑤ 워크숍

워크숍(workshop)이란 용어는 기업 교육에서 매우 일반적으로 통용되고 있다. 워크숍을 정의한다면 '강의 등 일방적인 지식 전달의 형식이 아니고 학습자가 스스로 참여하고 체험하는 가운데 그룹원들과 상호작용을 통해 새로운 지식을 배우거나 창조해 내도록 쌍방향적인 배움과 창조의 교육 방법'이라고 할 수 있다. 워크숍을 활용하는 목적은 합의 형성, 교육 학습, 문제 해결 등을 들 수 있다.

워크숍의 영문인 'workshop'은 원래 그 의미가 '공방', '작업장' 등 공동 작업을 통하여 무엇인가를 만들어 내는 장소를 일컫는다. 이 용어가 연극이나 현대 미술 등의 세계에서 사용하였고 현재는 주민운동 등의 활동에도 일반적으로 사용하고 있다. 사실 기업 교육 현장에서 사용하게 된 것은 다른 업계에 비해 최근이다.

〈워크숍의 특징〉

· 학습자가 주체적으로 활동에 참여한다.

· 지성뿐만 아이라 감성, 감정, 신체 등 모든 감각을 활용한다.

· 학습자의 상호작용에 의해서 진행한다.

워크숍을 촉진하고 성공적으로 이끌기 위해서는 우수한 퍼실리테이터가 교육 목적을 달성할 수 있고 진행이 원활한 최적의 프로그램을 통해 효과적으로 교육의 장을 만들어가야 한다. 기업 교육에서 워크숍을 자주 활용하는 이유로는 어떠한 문제를 지니고 있는 조직이 문제를 조직원 공동으로 해결할 수 있는 능력을 배양할 목적으로 학습자들이 다른 학습자의 능력을 빌려 스스로 학습하도록 촉진할 수 있기 때문이다. 문제 해결을 목적으로 하는 경우 예를 들면, 업무 프로세스의 개선이나 기업 합병 후의 조직 통합의 촉진 등이 있다. 탑다운 방식으로 문제 해결을 도모하기보다는 조직원 스스로 자율적인 행동을 기대하는 경우가 많다. 다른 한편, 조직원 개인의 학습을 촉진할 목적에서의 워크숍은 경력 개발이나 대인 커뮤니케이션 향상 능력 향상 등과 같이 혼자서는 쉽게 알 수 없는 분야의 교육 등이 이루어진다.

기업 교육에서 워크숍을 활용하게 된 배경에는 지식 전달형의 학습 방식에 한계가 있음을 인식하고 쌍방향 학습에 대한 요구에 부응할 필요가 있기 때문이기두 하다. 또한 인터넷의 급속한 진화(SNS, 유튜브, 채널 등) 등의 영향으로 이제 지식의 창조가 강사뿐만 아니라 학습자 한 사람 한 사람 스스로의 노력으로도 충분히 가능해졌다. 따라서 자율형 조직을 목표로 하는 기업에서는 조직원 각자의 지식을 교환할 수 있는 열린 학습을 확대하고 워크숍 형식의 교육 방법에 큰 관심을 둘 필요가 있다.

⑥ 액션 러닝

액션 러닝(AL, action learning)도 워크숍의 일종이다. 액션 러닝은 현장과 가장 가까운 주제 또는 환경 아래에서 문제 해결과 같은 성과를 도출하는 학습 프로세스라고 할 수 있다. 성과를 중시할 것인지, 학습을 중시할 것인지에 따라 진행 방식도 달라진다. 따라서 액션 러닝을 진행할 경우 사전에 어떠한 방향으로 진행할 것인지를 결정해야 한다. 액션 러닝은 현장의 문제나 연구 과제를 교육의 소재로 활용하는 경우가 많으므로 실제 학습이 현장을 바탕으로 실감 나게 진행해야 한다. 물론 교육이므로 문제 해결과 의사결정에 따른 피해는 크지 않기 때문에 어떻게 보면 현장에서 쉽게 결정할 수 없는 일을 최소한의 리스크를 가지고 실험적으로 적용해 볼 수 있는 기회가 된다.

⑦ 체험형

체험형(athletic)이란 신체를 적극적으로 활용해 팀워크나 리더십 습득을 목표로 한다. 대표적인 프로그램으로는 실내 외에서 목재나 통나무, 밧줄 등을 혼용한 도구를 사용해 팀에서 다양한 활동을 통해 문제 해결력, 결단력, 팀워크뿐만 아니라 협력과 신뢰의 정신 등을 배운다. 머리와 신체 모두에 투입이 이루어지며, 교재를 읽고 강연을 청강함으로써 머릿속으로 이해하고 있던 것을 실제 몸을 사용해 체험해 봄으로써 머리와 신체에 체화할 수 있도록 하는 프로그램들이다. 각종 챌린지 코스, 아웃도어 프로그램 등이 이에 속한다.

⑧ 도제제도

예술이나 무예 등 오랜 기간 수련을 통해 기술이나 지식을 습득할 수 있는 분야의 교육 방법이다. 제자는 스승과 가족 같은 관계를 형성하고 오랜 시간을 함께 보낸다. 이와 같은 긴밀한 관계와 오랜 시간을 통해 습득하고자 하는 기술을 우선적으로 모방할 수 있다. 단지 스승을 모방하는 선에서 머무르면 개인의 독창성을 발휘할 수 없으므로 스승을 모방하는 이상으로 발전하여 자신의 영역을 구축하고 새로운 스승이 될 수 있다.

⑨ 자기주도학습으로서의 독서통신교육과 이러닝

조직 입장에서 범용적인 지식을 가능한 한 많은 조직원에게 학습시키고 싶을 때 선택할 수 있는 방법이 자기주도학습이다. 교육 대상이 많으면 이를 집합교육으로 할 경우 상당한 교육 비용이 발생할 수 있기 때문에 교육 비용을 절감할 수 있으면서 학습이 이루질수 있는 방안을 강구하게 된다. 자기주도학습을 선택하는 또 다른 이유는 업무 공백을 최소화하면서 학습할 수 있기 때문이다.

일반적으로 기업에서 이루어지는 자기주도학습은 독서통신교육과 이러닝이 대표적이라고 할 수 있다. 하지만 최근에는 모바일 러닝(m-learning, 스마트 러닝)이 더욱 보편화되어 자기주도학습의 기회는 그만큼 확대되었다고 할 수 있다. 자기주도학습의 경우 범용지식이 주를 이루므로 자사에 맞게 커스터마이징 하는 경우는 많지가 않고 전문 교육 서비스 업체를 통해 이루어지는 경우가 많다. 동일한 교재와 온라인 프로그램을 다수의 조직과 학습자들이 공유하는 형태가 되므로 인당 교육비는 집합교육에 비하여 상당히 저렴하다. 또한 학습이 업무시간 외에 이루어지기 때문에 교육으로 인한 기회비용이 크게 발생하지 않는다.

자기주도학습의 단점이라면 학습 자체를 개인에게 위임한 것이므로 개인이 어떻게 공부하느냐에 따라 학습 효과의 차이가 크게 난다. 특히 온라인 교육의 경우 집중하지 않고 단지 출석만을 위해 온라인을 연결해 놓는 경우도 있어 실제 교육 효과를 높이는 방안을 깊이 있게 고민해봐야 한다.

또한 자기주도학습은 학습자 간 학습자와 교수자 간의 상호작용이 부족하다. 이러한 부분을 보완하기 위해 다양한 모바일이나 인터넷의 인터액티브한 기능을 활용하여 상호교류를 활성화할 필요가 있다.

이상에서 설명한 것과 같이 교육에도 다양한 기법이 있고 각각의 기법은 장단점이 있다. 교육담당자로서 교육을 통해 학습자들이 무엇을 학습하기를 원하는지, 교육에는 어떠한 제약 조건이 있는지, 또한 어떻게 하면 선택한 기법을 효과적으로 활용할 수 있는지 등을 깊이 있게 검토해야 한다.

5장

관리자로서
HRD 담당자

　　HRD 담당자의 주요 업무는 교육을 기획하고 운영하는 것이라고
할 수 있지만 실제 조직 생활의 상당 부분은 사무적인 관리일이다. 교
육 외에도 각종 행사를 기획하거나 조직 활성화를 담당한다.

　　HRD 담당자들은 자신의 업무를 효율적으로 관리할 수 있도록 시
간과 업무를 잘 파악하고 있어야 한다. 또한 주어진 예산을 한도 안에
서 가장 성과가 높게 나올 수 있도록 관리할 필요가 있다. 교육부서는
교육에 필요한 다양한 교보재 및 장비를 구비하고 관리하고 있다. 또
한 필요로 하는 부서에 장비와 교육장을 빌려주기도 한다. 따라서 이
러한 관리적 업무도 꼼꼼하게 잘 처리할 수 있어야 한다.

HRD 담당자의
업무 관리

일반적으로 교육 부서에는 다양한 업무를 수행하는 조직원들이 있다. 교육 기획을 전담하는 조직원, 교육 운영을 전담하는 조직원, 사내 강의를 전담하는 조직원 등 다양한 역할이 존재한다. 그렇지만 교육기능이 대규모인 회사가 아닌 한 대부분의 HRD 담당자들은 이들 직무를 일부씩 맡아 수행하는 경우가 대부분이다. 예를 들어, 사내 강사라고 해서 항상 강의 업무만 하는 것은 아니다. 주 업무가 강의라는 것이지 실제 교육 부서에 근무하는 사내 강사는 강의 외의 업무가 만만치 않다. 하지만 사내 강사로 지정한 경우 강의 외 업무에 대한 중요성은 크게 부각되지 않아 강의 외 업무에 대한 적절한 보상을 기대하기 힘든 현실이다.

업무 분장의 명확화

교육 부서의 업무를 열거해 보면 다양한 관리업무가 존재함을 알 수 있다. 교육 전략이나 교육 계획의 장단기 수립, 수강 대상이나 부서와 교육 계획의 매칭, 교육 체계도 삭성, 교육 일정 수립, 교육 예산 책정, 경비 관리, 정보화 시대에 걸맞는 교육 정보 수집, 교재나 매뉴얼의 편집 및 제작, 교육 기자재 구매 설치, 수강 안내서 작성과 배포, 강의장 준비, 강사 섭외, 사내 강의, 과정

관리, 과정 종료 후 보고서 작성, 학습 평가, 과정 사후 관리 등 정말 다양한 활동이 존재한다. 위에서 열거한 업무는 실제 HRD 담당자들 업무의 일부분으로서 이 이상의 업무를 얼마든지 생각해 볼 수 있다. 중소기업에서는 소수의 HRD 담당자가 이 많은 업무를 대부분 수행하지만 대기업일수록 이중 자신의 주 업무가 있고 나머지 업무를 보조 업무로 수행하는 경우가 많다.

HRD 담당자의 주 업무 내용과 보조 업무 내용은 매우 폭넓고 다양하다. 문제는 어떠한 방법으로 이러한 업무를 효율적으로 수행할 것인가가 중요하다. 관리의 중심은 업무 자체의 양과 질, 양면의 관리가 이루어져야 한다는 점이며 이에 더해 시간 관리를 함께 생각하여야 한다. HRD 부서 관리자라면 다음의 사항을 고려하여 업무관리를 추진하여야 한다.

HRD 담당자의 업무 관리를 위해서는 첫째, 담당자 별로 업무 범위와 책임 범위를 명확히 하여야 한다. 담당자별로 능력 차이가 있으므로 이에 맞게 적절한 분담과 함께 업무를 명확히 하여야만 원활한 관리가 이루어진다. 둘째, 업무 분담은 회계연도가 바뀔 때마다 새롭게 정하는 것이 좋다. 왜냐하면 각 담당자의 희망 업무가 변할 수도 있고 조직 변경이나 회사 경영 전략의 변화에 따라 교육 방침 또는 운영에 변화가 발생할 수도 있기 때문이다.

따라서 보통은 차년도 교육 계획을 수립과 함께 HRD 담당자들의 업무 분장도 함께 생각하게 된다. 업무 분장을 할 때는 다음의 네 가지를 우선 고려하여야 한다.

· 할당 업무가 교육 방침이나 전략을 벗어나지는 않는가?

· HRD 담당자의 전문 영역 범위를 벗어나 분담할 업무가 있는가?

· 업무 양이 한 사람에게 지나치게 집중되어 부담이 크지는 않는가?

· 업무 자체가 담당자의 능력을 넘어선 경우 보조 담당자를 붙여줄 필요가 있는가?

이러한 고려사항을 참고한 업무 분장이 반드시 좋다고 할 수 없는 경우도 있다. HRD 부서장이 자신의 독단적인 판단으로 부서원들의 업무를 일방적으로 분담하는 경우가 그렇다고 할 수 있는데 부서장이 전체 부서원의 업무와 능력을 잘못 매칭할 가능성이 있기 때문이다. 따라서 업무를 분장할 때 무엇보다 중요한 것이 부서원과의 커뮤니케이션이라고 할 수 있다. 부서원 각자 자신의 취향이 다르고 하고 싶은 일이나 기대 업무 양이 다르기 때문이다.

부서원과 직접적인 소통과 동의 과정 없이 부서장의 일방적 업무 분장이 이루어진다면 부서원은 일 하면서 아무런 동기부여를 받지 못한 채, 수동적인 자세로 업무에 임할 가능성이 높다.

달성해야 할 과제의 설정

업무 분장이 끝나면 HRD 담당자들은 금년도 자신의 담당 영역에 있어서의 달성 과제를 적절한 범위 내에서 설정한다. 이렇게 하는 것은 담당자들 각자가 자신의 목표를 가시적으로 설정함으로써 적극적으로 교육 활동에 임하게 하는 것이 목적이다. HRD 부서원들이 아무런 목표나 과제 없이 막연하게 일 한 다면 생산성 있는 교육 활동은 기대하기 힘들다.

1) 과제 설정의 유의점 과제를 설정한다고 해서 각 HRD 담당자 마음 대로 설정하게 하는 것이 바람직한 것만은 아니다. 모든 담당자는 조 직과 팀의 일원이고 조직적으로 함께 달성해야 할 목표가 있어서 자 신이 설정한 과제가 가져다주는 결과를 고려해야 한다. 선정한 과제가 조직 생산성에 어떠한 기여를 할 것인가? 학습자의 동기를 얼마나 부 여할 것인지? 조직 목표 달성에 도움이 되었는지를 따져보아야 한다. 따라서 과제 설정 시에는 다음에 유의하여야 한다.

① 선정하고자 하는 과제는 교육 방침에 준거해야 하며 교육 목표를 달성하는 데 도움되어야 한다.

② 선정하고자 하는 과제는 구체적인 문구로 기술되어야 한다. 구체적이다는 말은 목적어와 동사가 분명해 읽는 사람 입장에서 보면 어떠한 행동이 취해질 것인지가 명확히 이해되어야 한다. 과제라고 나름대로 설정했지만 추상적이고 문장으로만 그럴듯하면 실제 실행하는데 어려움이 있거나 달성할 수 없는 과 제가 될 수도 있다.

③ 언제까지 과제를 달성할 것인지 시기를 명확히 기재하는 것이 필요하다. 기 한을 정하면 본인에게는 부담이 될 수 있지만 조직과의 약속이기 때문에 과제 에 대한 책임과 열정을 갖게 된다. 따라서 HRD 담당자의 자기 발전을 위해서도 스스로 기한 내 과제를 완수하겠다고 약속하는 것이 중요하다.

달성하고자 하는 과제는 연간 계획에 포함되는 내용으로 일차적으로 담당자가 과제를 선정하면 관리자는 그 내용과 수행 방안에 대해 검토하고 최종 결정한다.

2) 과제를 월 단위로 세분화 과제 설정은 일 년 단위로 수립하되 세부 수행 계획을 월 단위로 나누어 구체적인 시행 계획을 월 말이나 월 초에 수립할 필요가 있다. 대체로 월간 계획에서는 연간 설정 과제와 같이 굵직한 건을 내용으로 한다기보다는 보다 세부적이며 일상적인 과제가 주를 이루게 된다.

월간 계획 수립 시점에서는 대부분의 과정이나 교육 업무가 각 담당자에게 분장이 되어있는 상황이고 개선해야 해야 할 문제점도 어느 정도 인식하고 있어 문제 해결을 위해 어떠한 행동을 하여야 한다는 것을 충분히 알고 있다. 따라서 각 담당자의 업무는 과정의 준비, 과정 정리, 자료 작성, 외부 교육 참가 등 구체적인 업무 내용을 월간 단위 업무 계획에 구체적으로 기재하는 것이 중요하다.

신임 HRD 담당자는 자신의 업무를 스스로 계획하기 어렵기 때문에 선배나 부서장의 도움을 필요로 하는 경우가 많다. 이 경우 업무를 지시 받기를 기다릴 것이 아니라 스스로 자신이 할 수 있는 업무를 찾아 도전해 보는 것도 발전에 도움이 된다.

월간 업무 계획을 자성할 경우 중요한 점 중 하나가 가 업무 항목별로 완료 기한을 정하여 기재하는 것이다. 기한을 정함으로써 자기 규제가 되어 한 층 업무 완수 가능성이 높아지기 때문이다. 월말이면 각 HRD 담당자는 당월 업무 계획대로 업무를 완수했는지를 체크해 보아야 한다. 완료한 것은 O표, 완료하지 못한 업무는 X로 표시한다. 이러한 작업을 하지 않으면 매월 미완수한 업무를 다음 달로 이월하는 안이한 타협을 하게 된다. 또한 완료 기한을 정했다 하더라도 아무렇지도 않게 연기할 이유를 찾게 되고 결과적으로 아무런 성과를 내지 못한다.

간혹 과제가 커서 수개월이 걸리는 경우가 있는데 이러한 경우는 큰 과제를 월내 처리할 수 있는 작은 과제들로 세분화하여 계획을 짜야 한다. 이렇게 세분화 과제를 하나하나 수행함으로써 큰 과제를 결과적으로 수행할 수 있게 된다.

연간 계획이든 월간 계획이든 조직에서의 업무 계획은 수행 결과를 통해 각자 조직원이 자신의 업무를 조절하고 관리할 수 있도록 도와준다. 대부분의 사람은 타율보다는 자율을 선호하기 때문에 자기통제를 통한 자율적인 업무 수행만큼 동기를 부여해 주는 방법은 없다.

HRD 부서원들의 효율적인 업무 수행을 돕기 위해서는 무엇보다도 자율적인 업무 계획 수립에 익숙해질 수 있도록 협조해야 한다.

당월 목표

* 월 주요 예정

	업 무 내 용	결 과		
		완료	미완료	비고
	1.			
	2.			
	3.			
	4.			
	5.			
	6.			
	7.			
	8.			
	6.			
	10.			
	11.			
	12.			
	11.			
	12.			

3) 월간 스케줄 관리 HRD 부서의 스케줄 표(일종의 업무 달력)는 당월분과 익월분 2개월분을 함께 표시하는 것이 효과적이다. 2개월분의 부서 업무를 표시하고 전체 부서원이 볼 수 있는 위치에 게시하여 모두가 볼 수 있게 하는 것이 좋다.

대부분의 조직에서 업무 일정표를 당월분만 게시하는 경우가 많은데 당월 말이 되면 다음 달 업무 파악하기가 곤란해진다. 따라서 2개월분을 함께 게시하면 항상 다음 달 업무를 같이 볼 수 있는 장점이 있다. 각 담당자가 어떠한 일을 수행하고 있고 앞으로 수행할 것이 무엇인지에 대한 정보를 부서원끼리 공유하지 못하면 일의 생산성이 떨어지고 교육 업무가 한쪽으로 쏠릴 수도 있게 된다. 자칫 부서원 간의 업무 분장에 불만을 가져올 수도 있다.

따라서 각 부서원이 어디서 무엇을 하고 있는지에 대한 정보를 쉽게 알 수 있도록 월간 스케줄 표를 적절히 활용하고 게시하는 것이 업무 효율성을 향상시킨다.

2개월분의 스케줄을 월 초에 모두 채우는 것이 무리일 수가 있다. 이 경우 각 담당자가 자신의 스케줄이 결정되는 대로 일정표에 업무를 기재해 나가는 것이 좋다. 또한 일정표는 특성상 상시 변동이 있을 수 있기 때문에 그때그때 변동 내용을 바꿔 기재해야 혼란을 겪지 않는다. 아무리 좋은 스케줄 표를 만들고 시스템을 구축하였더라도 부서원들이 습관을 들이지 않으면 무용지물 될 수 있기 때문에 관리자는 자연스럽게 운영될 때까지 관심을 두어야 한다. 한 가지 방법은 매주 초 주간 회의 때 이 스케줄 표를 바탕으로 업무 회의를 주관하게 되면 부서원들은 자연스럽게 스케줄 표 상의 업무 내용을 업그레이드하게 될 것이다.

교육 예산
관리

교육 활동을 적극적으로 하면 할수록 많은 비용이 발생한다. 기업의 입장에서 신규 사업 개발이나 새로운 시장 개척을 활발하게 하지 않으면 오늘날 치열한 경쟁사회에서 살아남을 수가 없다. 글로벌화가 진행되고 창의적인 경영과 새로운 아이디어가 요구되는 시대가 될수록 더욱 유능한 인재가 필요하게 된다. 이와 동시에 기업 내에서도 고령화가 진행되어 인재 활성화가 필요한 상황이다.

교육 예산 책정과 관리

이러한 상황에서 교육 활동은 그 비용 대비 효과가 어느 때보다도 중요하게 부각되고 있다. 최고 경영자들은 교육의 성과에 대해 구체적으로 묻고 있으며 단순 이벤트성 교육이 아닌 조직의 역량을 강화하고 성과로 이어질 수 있는 교육을 주문하고 있다. 이러한 상황에서 HRD 부서는 교육 예산을 어떻게 설정하고 그것을 어떻게 활용할 것인지에 대한 전략적 사고가 필요하다. 효율적인 교육 예산의 진행을 위하여 다음과 같은 사고와 활용이 필요하다.

1) 교육은 투자인가? 비용인가?　기업에서의 교육 활동이 투자

(investment)인지 비용(expense, cost)인지를 판단하는 것은 이해 당사자들 간에 미묘한 차이가 있다. 교육담당자 입장에서는 투자라고 생각하고 지속 성장을 위해 투자를 주장하는 경우가 많다. 투자라고 생각하는 이유는 인재개발이나 인재육성은 장기적인 접근이 필요한 것으로 하루아침에 사람을 키우는 것은 불가능하다고 생각하기 때문이다. 물론 교육담당자로서 조직원의 역량개발이 단기간에 이루어지는 것이 아니라 장기적인 접근이 필요하다는 것을 인식하는 것은 당연한 사고이고 교육 훈련에는 현재 필요로 하는 역량의 개발도 있지만 미래 사업 전략에 따라 사전 인재육성이라는 차원의 접근도 필요하다.

교육담당자의 투자라는 입장과는 달리 회사 전체적인 경비 차원에서 보면 비용으로 간주할 수 있다. 보통 비용이나 코스트라고 하면 제조 공정에 있어서의 내부 제조 원가의 의미가 강하게 작용한다. 즉 시간의 관점에서 보면 지난 과거 일정 기간 들어간 비용 계산적 접근이 일반적이다. 기업에서의 교육 활동을 일 년 동안 진행한다면 과연 얼마의 비용이 발생할지를 예상하고 실적을 계산한다. 전체 기업 조직에서 HRD 부서가 차지하는 비중은 그리 크지가 않기 때문에 교육 예산을 투자라기보다는 비용으로 보는 견해가 강하다.

HRD 부서는 간접 부서 즉, 스텝의 입장이 강하기 때문에 생산과 영업부서와 같은 직접 부서의 노력으로 발생한 수익을 가지고 조직원의 능력개발을 수행하고 있으므로 진정으로 비용에 대한 성과와 효과성을 보일 수 있도록 노력해야 한다.

2) 교육 예산 설정 방법

① 교육 예산 설정 방법

• 비례 방식

어느 기준치에 대해 일정 비율을 설정하여 교육 예산액을 결정하는 방법으로 이 방법에는 대매출액비례법(매출의 높고 낮음에 비례하여 교육 예산액도 높아지거나 낮아짐), 대경상이익비례법, 총경비에 대한 비율로 결정하는 방법이 있다.

• 조직원 인당 예산을 미리 설정하고 이에 조직원 수를 곱해 교육 예산을 산출하는 방법

• 과거 교육 예산 지출 추이를 살펴보고 전년대비 조정비율을 곱하여 산출하는 방법

• 교육 예산을 독립적으로 설정하지 않고 교육 훈련의 횟수에 따라 수익자 부담으로 하는 방법 등이 있다.(이 경우 각 교육 현장 조직 별로 미리 교육 예산을 설정하게 된다.)

어떠한 방식으로 예산을 설정하든 교육을 실시하기 위한 비용적인 범위를 정할 필요가 있다.

② 교육 예산의 범위 안에 포함되는 항목

기업의 특성에 따라 어떤 항목을 교육 예산에 포함할 것인지는 다를 수 있다. 흔히 다음과 같은 항목이 예산 산정 시 포함된다.

- 강의장 임대료

자사 연수원이 있는 곳은 감가상각비로 당해 년도 비용을 할당하면 되지만 그렇지 않은 곳은 강의장을 별도 임대해야 하기 때문에 상당한 비용이 발생할 수 있다. 강의장 임대는 소그룹 회의실, 교육 기자재 비용 등이 포함되므로 예산 산정 시 이러한 부대시설 사용료를 함께 고려하여야 한다.

- 숙박비/식비

사업장이 전국에 분산되어 있는 경우에는 숙박비와 함께 식비도 함께 고려하여야 한다. 호텔과 같은 고급 연수 시설이 아닌 일반 연수 시설이라고 하더라고 실제 숙박비와 식비에 상당한 비용이 발생한다. 기업에 따라서 이러한 비용을 사업장 출장비용으로 처리하는 경우도 있다.

- 교육 기자재 사용료

근래 기업 교육은 정보기기의 발달 및 보급에 따라 이러한 기자재를 활용하는 교육이 일반화되어 가고 있다. 이러한 추세로 인해 교육 설비 투자액도 함께 증가하고 있다. 하드웨어적인 교육 시설 투자뿐만 아니라 소프트웨어적인 영역도 함께 발달이 이루어지므로 다양한 교육 소프트웨어를 활용하는 교육이 늘어나고 있으며 매뉴얼이나 교재 개발에 투입되는 비용 또한 상당하다. 따라서 이러한 경비를 예산 설정 시 빠뜨려서는 안 된다.

- 강사료

교육 시행 영역이 확대되고 조직원들의 이수 과목도 다양해지고 있는 오늘날의 조직환경에서는 교육의 성과를 중시하게 되고 결과적으로 능력 있는 외부 강사에 대한 수요가 확대되고 있다. 갈수록 강의 분야에 대한 전문성을 요구하는 추세라고 할 수 있다. 이에 맞추어 강사료도 충분히 시장 전문가 초빙에 맞추어 조정해야 하는데 필요하다면 사내 강사 제도를 적극적으로 활용하여 경비를 절감할 수도 있다. 물론 사내 강사도 일정액의 강사료를 지급하는 경우가 대부분이므로 이러한 비용도 강사료로 예산에 반영시켜야 한다.

- 교통비

교통비는 학습자가 강의에 참석하기 위해 사업장이나 자택에서 교육 장소까지 이동하는데 발생하는 비용이다. 한곳에 모여 함께 버스를 이용해 교육 장소로 이동하는 경우도 있지만 사업장이 여러 곳인 경우 학습자 각자가 교육 장소로 대중교통을 이용하여 참석하는 경우 상당액의 교육비가 발생할 수 있다. 따라서 이러한 교통비가 과도하게 발생할 경우 교육을 사업장별로 분산하여 시행하는 것도 경비 절감 차원에서 고려해볼 만하다.

그밖의 교육 관리

교육 기자재는 두 가지 계통의 것이 존재한다. 한 가지는 교육 훈련을 효과적으로 하고 효율을 향상시키는 교육 도구로서의 교육 기자재이다. 다른 한 가지는 강의 시 직접적으로 사용하는 매뉴얼, 교재, 설명서, 문헌, 문제집, 교육 게임 등 일반적으로 교보재라고 칭하는 것들이다.

전자는 설비투자의 대상 물건인 비품에 속하는 것이고 후자는 과정의 종류별로 개정하거나 새로운 것으로 개발하는 소모품에 속한다고 할 수 있다.

1) 교육 기자재의 종류 관리 4차산업혁명 시대를 맞아 급속한 정보통신 기기의 발달로 기업 내 교육에도 최첨단 교육 기자재들이 도입되고 있다. 기존의 OA나 컴퓨터 제어시스템, 빔프로젝터 등의 시청각 기기를 넘어서 종래의 칠판과 화이트보드의 대체 진화 상품인 전자 화이트보드, 플립차트, 원격 교육 솔루션, 화상회의 앱(App)과 장비 등 기자재 종류는 매우 다양하다. 교육 기자재 중 일부는 매우 고가여서 구입하는데 어려움이 있기 때문에 이러한 장비를 대여해 주는 업체도 증가하고 있어 교육 환경에 적합한 장비를 적절한 비용으로 활용할 수 있는 상황이다.

교육 기자재들은 교육의 생산성을 높이는데 필요한 것임에 틀림없지만 그렇다고 해서 일회 교육을 위해 고가의 장비를 선뜻 구매하기도 쉽지 않다. 매해 실시예정인 교육 과정의 특성을 살펴 목적에 부합하고 유용한 것부터 우선순위를 정하여 장비나 기자재를 구매하는 것이 현명하다. 대부분의 첨단 장비는 빠르게 최신형으로 대체되는 속성이 있으므로 자주 사용하는 것이 아니라면 임대하여 사용할 것을 고려해 볼만하다.

구입한 장비는 필요한 교육에서 언제든 사용할 수 있도록 잘 관리하여야 한다. 아무리 고가의 장비라고 하더라도 관리 여부에 따라 수명이 달라진다. 교육의 특성상 교육 기자재들을 여러 교육 장소로 이동하므로 고정되어 있는 장비보다 파손의 위험성이 크다. 따라서 기자재 보호 장비 등을 충분히 갖추고 사용하지 않는 경우라도 작동 여부를 파악하고 필요하다면 신속히 조치해야 한다. 강의실의 데스크에 고정된 PC라면 강사를 포함하여 다양한 사람들이 공용으로 사용하기 때문에 불필요한 프로그램 설치나 바이러스, 악성코드 등에 감염될 가능성이 높다. 따라서 주기적으로 불필요한 프로그램을 삭제하고 바이러스 점검을 실행하여야 한다. 또한 강의장 PC의 경우 전원이 종료되지 않고 방치되는 일도 잦기 때문에 반드시 전원이 꺼져있는지 수시로 확인해보아야 한다.

이러한 관리를 소홀히 하여 막상 교육을 실시해야 하는 시점에서 기자재가 작동하지 않거나 뒤늦게 문제점을 파악하게 되면 교육 운영에 어려움을 겪게 되고 학습자들은 이러한 오작동이나 미숙한 운영 모습에 학습 의욕을 잃을 수도 있다.

2) 강의장 관리 조직 내 연수 시설이 있는 경우와 외부 연수 시설을 임대하여 사용해야 할 경우 강의장에 대한 관리 방법이 서로 다르다.

① 연수 시설을 임대하는 경우

연수 시설이나 강의장을 임대하는 경우에는 HRD 부서가 해야 할 이렇다 할 관리는 많지 않다. 대부분 임대 시설의 경우 임대자 측에서 이러한 관리를 전담하고 있기 때문이다. 따라서 교육담당자는 교육 목적에 합당한 연수 시설이나 강의장을 확보하는 것이 중요하다. 매년 동일한 연수 시설을 활용하여 교육을 진행한다면 관리에 큰 문제가 없겠지만 처음 활용하게 될 연수 시설이면 강의장이나 각종 편의시설을 꼼꼼하게 점검해 보아야 한다.

교육에 임박해서 연수 시설을 찾는 것보다는 평소 연수 시설 관련 홍보 책자나 브로슈어, 안내 팸플릿 등을 수집하여 교육에 적합한 연수 시설에 대한 정보를 다양하게 확보하고 있는 것이 도움이 된다. 연수 시설에는 전문 연수 시설뿐만 아니라 각종 리조트, 호텔, 청소년 수련관 등 다양한 형태의 시설이 있으므로 이들 연수 시설에 대한 장단점뿐만 아니라 교통, 편의시설 등을 비교분석하여 교육 과정별로 적당한 시설을 미리 염두에 두는 것이 교육 운영에 효과적이다.

② 연시 시설 사전 관리

모든 교육은 사전에 연수 시설 관리를 실시해야 한다. 교육 기자재의 설치, 강의 방법에 따른 강의실 레이아웃, 교재 인쇄 및 배포, 화이트보드의 청소 및 보드마커 준비, 스크린, 포인터, 노트북 세팅 등 다양한 준비가 필요하다. 컴퓨터는 간혹 고정 데스크톱 컴퓨터도 활용하지만 대부분 강의용 노트북을 사용하므로 강의 전 전원 체크부터 연장케이블이나 스피커 연결 등을 확인해 보아야 한다. 가장 중요한 부분 중 하나는 노트북과 빔프로젝터 간 작동이 제대로 되는지 점검부터 해보아야 한다. 간혹 강사가 준비한 영상이나 멀티미디어 자료를 활용하는데 별도 소프트웨어가 필요한 경우가 있으므로 사전에 이를 파악하여 설치해 놓거나 유튜브 등은 링크를 저장해 두면 편리하다.

사전 연수 시설 준비는 규모에 따라 두 방법으로 나눠 접근할 필요가 있다. 한 가지는 지금까지 여러 번 활용했던 교육 준비용 체크리스트를 활용하는 것이다. 체크리스트에는 책상의 배열 방법부터 교육 기자재의 사용 여부, 교재 준비 여부, 노트북 사용 시 준비 할 소프트웨어나 앱 등 교육에 필요한 사전 준비사항들이 적혀 있다. 따라서 체크리스트를 활용하면 교육담당자는 빠뜨림 없이 교육을 준비할 수 있게 된다.

　다른 한 가지 준비 방법으로는 대규모 교육을 운영하는 경우다. 이때 교육담당자 혼자서 교육을 준비하기에는 무리가 있는데 특히 담당자가 여성이라면 더욱 도움이 필요하다. 교육 장소가 대규모고 여러 장소라면 HRD 부서원들이 역할을 나눠 교육 준비를 해야 한다. 특히 강의를 월요일에 실시하는 경우 주말을 이용해 교육장 준비를 할 수도 있다. 완벽한 준비가 되어야만 주초에 모든 교육 일정을 원만하게 진행할 수 있고 학습자도 또한 상쾌한 기분으로 강의에 참여할 수 있다. 주말에 강의장 준비를 한다는 일이 귀찮은 일이 될 수도 있지만 부서원 간에 팀워크와 일체감을 갖게 하기 때문에 나름 보람을 느낄 수가 있다.

참고 문헌

김기혁(2006). HRD가 경쟁력이다. 북갤러리.

김정문(2007). 핵심 인재개발전략. 엑스퍼트컨설팅.

김종표(2006). 기업 교육론. 양서원.

김진홍(2009). 조직시민의 인적자원개발. 에이치엠유.

양병무(2006). 한국기업의 인적자원개발과 관리. 미래경영개발연구원.

양석균, 박성규, 손윤국 역(2009). 빠르고 쉬운 HRD 수행분석핸드북. 학이시습.

오헌석(2009). ASTD 인적자원개발 트렌드. 학지사

유승우(2008). HRD 101: 인간자원개발원론. 문음사

유영만(2006). 행복비타민과 생태학적HRD. 원미사.

유영만(2009). 제4세대 HRD. 학지사.

이희구(2011). HRD 플래닝. 국일증권경제연구소.

장수용(2009). 21세기 기업 교육 훈련 전략. 전략기업컨설팅.

장원섭 역(2003). 인적자원개발론. 학지사.

정재삼(2006). 수행공학의 이해. 교육과학사.

천영희(2000). 기업 교육의 실제. 교육과학사.

최용범(2009). 성과지향 HRD. 학이시습

최연식(2009). CEO와HRD, 초일류기업은 왜 직원교육에 몰두하는가?. 학이시습.

최은수, 이만표 역(2006). CEO가 기대하는 기업 교육. 거목정보.

한국기업 교육학회(2011). HRD 용어사전. 중앙경제.

현영섭(2011). 인사 교육담당자가 꼭 알아야 할 HRD 핵심지식 1. 2. 고려아카데미컨설팅.

平松陽一(2006). 教育研修の効果測定と評価のしかた. 日興企画.

平松陽一(2009). 教育研修 スタッフマニュアル. ナショナル出版.

平松陽一(2009). 教育研修 ワークシートサンプル. ナショナル出版.

教育技法研究会編(1996). 教育担当者. 經營書院.

堤宇一(2009). はじめての教育効果測定. 日科技連出版社.

森和夫(2008). 人材育成の見える化. JIPMソリューション.

福澤英弘(2009). 人材開発マネジメントブック. 日本経済新聞出版社.

関島康雄(2004). Aクラス人材の育成戦略. 日本経団連出版.

遠山法子(2009). 教える技術 養成講座. 秀和システム.

Carliner, S. (2003). Training Design Basics (ASTD Training Basics). ASTD Press.

Charney, C. & Conway, K. (2005). The Trainer's Tool Kit. AMACOM

Cook, S. (2004). Compendium of Learning and Development Quizzes. HRD Press. Inc.

Hanegerg, L. (2005). Organization Development Basics. ASTD Press.

McConnell, J. H. (2003). How to Identify Your Organization's Training Needs. AMACOM.

Miles, D. H. (2003). The 30-Second Encyclopedia of Learning and Performance: A Trainer's Guide to Nilson, C. (2004). The AMA Trainers' Activity Book. AMACOM.

Piskurich G. M. (2003). The AMA Handbook of E-Learning: Effective Design, Implementation, and Technology Solutions. AMACOM.

Piskurich G. M. (2003). Trainers Basics. ASTD Press.

Race, P. & Smith, B. (1997). 500 Tips for Trainers. Kogan Page.

Russel, J. & Russel, L. (2003). Leading Change Training. ASTD Press.

Silberman, M. L. (2005). 101 Ways to Make Training Active. Pfeiffer.

Thorne, K. (2007). Everything You Ever Needed to Know about Training. Kogan Page.

Theory, Terminology, and Practice. AMACOM.

도서출판 이비컴의 실용서 브랜드 **이비락**🐝은 더불어 사는 삶에 긍정적인
변화를 줄 유익한 책을 만들기 위해 끊임없이 노력합니다.

원고 및 기획안 문의 : bookbee@naver.com